Apenas Começando

Elisa Masselli

Apenas começando
Elisa Masselli
Copyright © 2014-2025
by Lúmen Editorial Ltda.
7ª edição – Maio de 2025

Coordenação editorial: *Ronaldo A. Sperdutti*
Revisão: *Sumico Yamada Okada*
Projeto gráfico e editoração: *Ricardo Brito | Estúdio Design do Livro*
Capa: *Cler Mazalli | ZAP Design&Publicidade*
Impressão e acabamento: *Renovagraf*

Dados Internacionais de Catalogação na Publicação (CIP)
(Câmara Brasileira do Livro, SP, Brasil)

Masselli, Elisa.
  Apenas começando / Elisa Masselli. – São Paulo : Lúmen Editorial, 2014.

  ISBN 978-85-7813-148-7

  1. Espiritismo 2. Romance espírita I. Título.

14-02037   CDD-133.93

Índice para catálogo sistemático:
1. Romances espíritas : Espiritismo   133.93

LÚMEN
EDITORIAL

Av. Porto Ferreira, 1031 - Parque Iracema
CEP 15809-020 - Catanduva-SP
17 3531.4444

www.lumeneditorial.com.br | atendimento@lumeneditorial.com.br
www.boanova.net | boanova@boanova.net

Proibida a reprodução total ou parcial desta
obra sem prévia autorização da editora

Impresso no Brasil – *Printed in Brazil*
7-5-25-100-9.720

Sumário

Surpresa, 7

Momento de decisão, 14

Descoberta, 20

Palavras de conforto, 26

Uma história incrível, 32

O recomeço, 57

Receita da infelicidade, 68

A força do dinheiro, 74

A vida recomeça, 96

Situação inesperada, 102

Tomando conhecimento, 108

A história de Júlia, 119

Tomando atitude, 153

Decisão fatal, 160

Ato de desespero, 170

Visita amiga, 186

Apenas começando, 194

O sonho, 201

Socorro espiritual, 212

Eulália, 228

Uma história real, 241

O baile, 252

Vida nova, 269

A cerimônia, 281

A entrega, 298

A espera, 307

O desfecho, 316

Livre-arbítrio, 337

Sentindo na pele, 350

O esclarecimento, 357

Epílogo, 369

Surpresa

Suzana abriu os olhos, estendeu o braço para o lado da cama em que Anselmo dormia. Ele não estava ali. Sorriu e pensou:

Ele, como sempre acontece quando está bravo, saiu sem se despedir.

Voltou-se e olhou para o relógio:

Estou atrasada, preciso me preparar e ir para o trabalho. Hoje é o grande dia!

Levantou-se e, enquanto se vestia, analisava:

Não entendo por que Anselmo fica tão nervoso com o meu trabalho. Ele não entende que tenho uma carreira e que preciso zelar por ela...

Em poucos minutos estava pronta para sair. Antes, passou pelo quarto de Rodrigo que dormia tranquilo.

Sorriu e foi para a cozinha. Edite estava junto ao fogão.

— Bom dia, Edite.

— Bom dia, dona Suzana.

Enquanto tomava uma xícara de café, Suzana perguntou:

— Quando Anselmo saiu, você já estava acordada?

— Sim, ele tomou um café e saiu, rapidamente. Não estava com a cara boa, não.

Suzana sorriu:

— Sei disso, mas não se preocupe. Hoje à noite, quando eu voltar com uma ótima notícia, o mau humor dele vai passar.

— Tomara, dona Suzana. Não gosto quando vocês brigam e o Rodrigo também não. Ele fica irritado.

— Ele não viu nossa briga. Já estava dormindo.

— Ainda bem, acho que ele não precisa assistir a isso. O menino sente quando alguma coisa não está bem.

— Talvez você tenha razão, vou prestar atenção, mas tudo isso vai passar. Agora, preciso ir.

— A senhora só vai tomar essa xícara de café, não vai comer?

— Não, Edite, preciso ir.

— A senhora precisa se alimentar...

Suzana sorriu, pegou a bolsa e saiu. Chamou o elevador, que, para ela, demorou a chegar.

Na garagem, entrou em seu carro, o modelo do ano, ligou o motor, acelerou e saiu.

Durante o caminho, pensava:

Não entendo por que Anselmo fica tão nervoso e briga comigo quase todos os dias. Ele sabe que estou trabalhando e que meu trabalho toma quase todo meu tempo. Por mais que eu fique no escritório, nunca termino minhas tarefas. Eu adoro meu trabalho...

Enquanto dirigia, com o trânsito quase parado, refletia:

Ontem à noite, quando cheguei, ele estava assistindo a um filme na televisão. Assim que entrei, me aproximei, dei-lhe um beijo e falei:

— Boa noite, Anselmo.

Ele olhou para mim, ficou calado e voltou os olhos para o filme a que estava assistindo. Aquilo me deixou nervosa.

— Estou dando boa-noite, Anselmo!

— Você sabe que não gosto de conversar, quando estou vendo um filme.

— *Sei que não quer conversar agora. Vou ver se tem alguma coisa para comer.*

Para minha surpresa, ele desligou o aparelho de televisão, levantou-se e disse:

— *Precisamos conversar, Suzana! Estava esperando você chegar.*

— *Agora não, Anselmo. Estou morta de cansada. O dia não foi fácil. Vou tomar um banho, comer alguma coisa e me deitar. Preciso dormir...*

Ele, não conseguindo esconder o nervosismo, disse:

— *É justamente sobre isso que precisamos conversar.*

— *Já sei o que vai dizer. Por isso, prefiro não conversar agora. Vamos deixar para outra hora.*

— *Você sempre diz isso! Sempre quer conversar em outra hora! Porém, essa hora nunca chega!*

— *Por favor, Anselmo...*

Ele, olhando firme em meus olhos, quase gritou:

— *Não posso mais esperar! Nosso casamento não existe mais!*

— *Não entendo o que está dizendo. Somos casados há seis anos. Como pode dizer que este casamento não existe?*

— *Não existe, Suzana! Quase não nos vemos! Você só se preocupa com o seu trabalho!*

Furiosa, eu gritei:

— *Preciso me preocupar! Do meu trabalho depende tudo o que temos, a vida que levamos! Por causa dele vivemos em um apartamento como este e temos o melhor carro do ano! Por causa dele, não precisamos nos preocupar com as contas para pagar nem com a comida que vamos comprar! Por causa dele, Rodrigo pode frequentar uma das melhores escolas! Como você quer que eu não me preocupe com o meu trabalho?*

— *Sei que tudo isso é importante para você, mas, para mim, o mais importante é ter uma família! É chegar do trabalho, poder jantar e conversar com minha mulher, mas ela nunca está. Nem parece que você é minha mulher! É uma estranha, uma companheira de quarto! Estou farto de tudo isso e vou embora!*

Até agora, não me conformo com a atitude dele. Nervosa, continuei gritando:

— O que você quer? Quer que eu pare de trabalhar?

— Não, Suzana! Quero que encontre um trabalho em que não precise ficar até tão tarde! Que possa começar a trabalhar às oito horas e sair às seis da tarde, como quase todo mundo faz! Quero ter a sua presença! Quero ter uma mulher em casa para poder conversar e até namorar! Isso não acontece há muito tempo, você está sempre cansada!

— Você não sabe o que está falando, Anselmo! Se eu trabalhar da maneira como você fala, meu salário vai cair muito e não foi para isso que passei a minha vida toda estudando, me preparando para o futuro!

— Meu salário não é tão baixo, Suzana! Não precisamos morar em um apartamento luxuoso como este, podemos morar em um menor, porém, poderemos viver como uma família de verdade!

Não suportei e comecei a rir:

— O que está dizendo? Com o seu salário, voltaremos a morar em apartamento de dois quartos, igual ao que moramos quando nos casamos!

— Por que não, Suzana? Naquele tempo, tínhamos uma vida mais simples, porém feliz. Conversávamos muito, fazíamos planos.

— Está certo, fazíamos planos! Queríamos ter filhos, melhorar de vida, morar em um lugar melhor, ter um bom carro! Conseguimos tudo com o que sonhamos! Não entendo por que está reclamando! Esperei trinta e cinco anos para ter meu primeiro filho! Fiz isso, porque queria que ele tivesse de tudo! Isso, ele tem!

— Realmente, ele tem de tudo, só não tem uma mãe!

— O que está dizendo?

— Isso que ouviu! Sou eu quem o leva para a escola e quem o pega à tarde. Quando você chega, ele já está dormindo. Ele pensa que a professora ou a empregada é sua mãe! Ele não conhece você como mãe, Suzana! Você é aquela que, nos fins de semana, leva-o para passear e dá a ele tudo o que ele quer, muito mais do que ele realmente precisa!

Ao ouvir aquilo, não suportei, saí da sala e fui para meu quarto. Não me conformo com o que ele pensa de mim! Não disse, mas se quiser ir embora que vá! Não preciso dele nem de ninguém! Tenho meu trabalho e hoje vai ser o grande *dia! Nossa empresa foi comprada por uma multinacional. Daqui a pouco, haverá uma reunião e, provavelmente, vou me tornar presidente da empresa aqui no Brasil e vou crescer ainda mais. Meus sonhos ainda não terminaram.*

Chegou diante do portão da empresa. O guarda que estava na guarita sorriu e abriu o portão, por onde ela, acelerando o carro, entrou.

Estacionou o carro na vaga que lhe pertencia. Olhou o relógio em seu pulso, sorriu e desceu. Foi em direção à portaria:

Ainda bem que cheguei a tempo. Da maneira como estava o trânsito, temi não chegar na hora. Tenho, ainda, alguns minutos para me preparar. Meu futuro depende dessa reunião.

Entrou e, quando passou pela recepção, uma moça que estava sentada diante de um computador disse:

— Bom dia, dona Suzana.

— Bom dia, Helena.

— Dona Suzana, tenho um recado para dar à senhora.

— Recado? Qual?

— O doutor Santana pediu para que a senhora passasse no Recursos Humanos, antes de entrar para a reunião.

— No Recursos Humanos? Por quê?

— Não sei. Apenas estou dando o recado.

— Está bem, obrigada.

Preocupada, caminhou em direção ao elevador:

O que está acontecendo? Talvez seja por eu não ter tirado minhas férias ou, quem sabe, vou ter um aumento de salário...

Ansiosa, chegou a uma sala. Bateu levemente e, assim que entrou, uma senhora se aproximou:

— Bom dia, Suzana.

— Bom dia, Judite. Recebi um recado para vir até aqui. Do que se trata?

— Infelizmente, não tenho uma boa notícia, Suzana.

— O que aconteceu, Judite?

— O doutor Santana pediu que você assinasse esta carta de demissão.

— O quê? Demissão?

— Sim...

— Não pode ser! Ele não pode ter feito isso! O que aconteceu?

— Não sei, Suzana. Você conhece o doutor Santana. Ele não fala muito. Helena, a secretária dele, me trouxe a carta e disse que era para comunicar a você.

— Não pode ser! Vou conversar com ele!

— Helena disse também que, hoje, ele não vai poder conversar com você porque está se preparando para uma reunião muito importante. Disse que era para você ir para casa e, quando ele tiver um tempo, vai mandar chamá-la.

— Sei dessa reunião. Também me preparei para ela! O que aconteceu, Judite?

— Não sei, Suzana. Também estou intrigada. Você é uma das principais assessoras dele. Não sei mesmo...

Suzana, sem conseguir evitar, começou a chorar.

— Isso não pode estar acontecendo, devo estar sonhando...

Judite, penalizada, segurou a mão de Suzana e disse:

— Sei que este momento é difícil, mas não passa de um momento, Suzana. No final tudo sempre dá certo.

— Como pode dar certo, Judite? Nunca passou pela minha cabeça que isso pudesse acontecer! Pensei que, com a compra da empresa por outra, minha posição seria melhorada! Como você mesma disse, eu era a principal assessora do doutor Santana! Preciso muito deste emprego! Acabei de comprar um apartamento. Sem o emprego, como vou conseguir pagar as prestações?

— Não se preocupe, Suzana. Você tem capacidade. Logo encontrará um novo emprego e, quem sabe, até melhor do que este. Nada sabemos da nossa vida. Pensamos que temos controle sobre ela mas, no final, não temos controle algum. Deus é quem sabe o que é melhor para cada um de nós e nada acontece sem a sua permissão.

Suzana, ao ouvir aquilo, ficou possessa:

— De que planeta você é, Judite? Acredita mesmo que posso encontrar outro emprego em que receba um salário melhor do que este que recebo aqui? Isso é impossível!

— Impossível, por quê?

— O país não está em um bom momento. Está em recessão! Sabe que não existem muitas vagas para pessoas com um currículo igual ao meu! O que vou fazer?

— Agora, nada pode fazer, Suzana. Sugiro que vá para sua casa e que entregue sua vida nas mãos de Deus. Ele, com certeza, sabe daquilo que você precisa e vai indicar um caminho. Tenha fé, minha amiga...

— Para você que está empregada, é fácil pensar assim, mas, para mim, é um horror! Deus não está preocupado comigo, Ele tem muito o que fazer! Não sabe do que preciso, eu é que sei!

Judite sorriu, mas ficou calada.

Suzana, sem ter mais o que dizer, despediu-se e saiu.

Na garagem, entrou no carro e, desesperada, acelerou e saiu sem destino.

Momento de decisão

Enquanto isso, Anselmo chegava à empresa onde trabalhava. Antes de entrar, foi a uma lanchonete que ficava em frente ao edifício. Ainda na porta de entrada, olhou para uma das mesas. Nela estava sentada uma moça, que, ao vê-lo, sorriu.

Ele também sorriu e foi até o balcão, pediu café, um pão com manteiga e caminhou em direção onde a moça estava sentada. Sentou-se.

— Bom dia, Júlia!

— Bom dia, Anselmo. Hoje, você se atrasou. Aconteceu alguma coisa?

— Nada aconteceu, foi somente o trânsito.

— Está tudo bem na sua casa? Conversou com ela?

— Não. Nada está bem, Júlia. Tentei conversar com Suzana, mas, como sempre, não consegui. Ela está muito preocupada com seu trabalho e com uma possível promoção.

— Você precisa tomar uma decisão, Anselmo. Não podemos continuar da forma como estamos.

— Também acho que essa situação não pode continuar, mas você não tem o direito de me cobrar coisa alguma.

— Como não? Estamos juntos há mais de dois anos!

— Não precisa se alterar, Júlia. Estou dizendo isso, porque, quando começamos, você sabia que eu era casado e que não pretendia abandonar minha família. Lembro-me de que deixei isso bem claro. Eu não enganei você.

Ela, incrédula, ficou olhando para ele, que continuou:

— Sabe que não posso simplesmente abandonar meu filho. Ele é ainda muito pequeno...

— Você não se separa apenas por causa de seu filho ou por que ainda gosta dela?

— De onde tirou essa ideia? Claro que é por causa do meu filho!

— Alguém disse que o homem casado sempre vem com a conversa de que não abandona a mulher por causa dos filhos, mas está mentindo.

— Como mentindo? Por quê?

— Simplesmente mentindo. Quando ele não gosta mais da mulher, não suporta mais ficar com ela, dá toda assistência aos filhos e sai de casa. Quando o homem usa os filhos como desculpa, na realidade, quer ficar com as duas.

— Isso não é verdade! Sabe o quanto gosto de você, mas meu filho é muito importante. Ele nasceu porque eu quis, não é justo que cresça longe de mim! Eu sempre disse a você o quanto ele é importante para mim!

— Sei disso, mas, depois de tanto tempo e da maneira como se queixa da sua mulher, achei que isso ia mudar.

— Pode ser que eu deixe minha casa, mas você precisa esperar. Preciso pensar muito bem, antes de tomar uma atitude como essa. Não quero traumatizar o menino.

— Você diz que gosta de mim...

— Gosto, Júlia, mas precisa ter paciência. Ainda vamos ficar juntos.

— Tem certeza?

— Claro que tenho. Se não tivesse você ao meu lado, não suportaria a vida que estou tendo.

— Está bem. É só isso que tenho feito... esperar por você...

Ele sorriu:

— Se não estivéssemos aqui, eu daria um beijo em você, mas como não posso, acho melhor irmos trabalhar.

Ela, levantando-se, também sorriu e disse:

— Tem razão. Vamos trabalhar. Está na hora.

De mãos dadas, caminharam em direção à empresa. Ele apertou sua mão levemente. Ela sorriu, também apertou a mão dele. Atravessaram a rua e entraram no prédio.

A empresa em que ele trabalhava desde quatorze anos era do ramo alimentício. Começou como ajudante e, agora, era gerente do departamento de vendas. Seu salário era bom, embora não fosse nem um terço do de Suzana, mas, com ele, poderiam ter uma boa vida.

Assim que entrou no escritório, Anselmo sentou-se. Dois rapazes entraram em seguida. Eram vendedores que estavam sob sua supervisão.

Atendeu aos dois, deu alguns telefonemas. Olhou tristemente para um porta-retratos, onde havia uma fotografia de Suzana e de Rodrigo.

Meu filho, amo tanto você, mas acho que vou ser obrigado a sair de casa. Não tem como continuar vivendo com a sua mãe. Ela se transformou em uma pessoa desconhecida para mim.

Sem que ele imaginasse, estavam ali dois vultos, um homem e uma mulher. Ela olhou para ele que sorriu e estendeu suas mãos em direção à cabeça de Anselmo, que, sem saber por que, lembrou-se do dia em que conheceu Suzana.

O que está acontecendo? Por que estou me lembrando daquele dia? Acho que estou sentindo saudade daquele tempo. Quando nos casamos, nos amávamos e tínhamos muitos sonhos, mas com o tempo, eu mudei, Suzana mudou e tudo mudou.

O telefone tocou, ele atendeu. Era um cliente que fez uma reclamação. Ele contornou a situação e o cliente, satisfeito, desligou.

Até aqui, por Suzana ser como é, tenho me envolvido com várias mulheres, mas por nenhuma senti o que sinto por Júlia. Ela é maravilhosa.

Marta, sua secretária, entrou. Ele assinou alguns papéis e voltou a pensar:

Nosso casamento se tornou uma rotina. Ela trabalha, eu trabalho. Ela, apesar de tudo o que adquiriu, sempre quer mais. Para mim, o importante é a aventura, a conquista.

— O que foi agora, Marta?

— O doutor Alfredo pediu para o senhor ir até a sala dele agora.

— Agora, não posso sair daqui! Estou recebendo os vendedores!

— Eu disse isso a ele, mas ele falou que precisa ser agora.

— Você sabe o que está acontecendo?

— Não. Não sei. Ele me pareceu muito ansioso. É melhor o senhor ir e, se algum vendedor chegar, pedirei que espere.

— Está bem, vou ver o que ele quer. Deve ser alguma bomba que está para estourar. Ele quase não conversa comigo...

Ela sorriu:

— É verdade, mas a notícia pode ser boa.

— Tomara. Estou indo e, se alguém chegar, peça que espere.

Intrigado, levantou-se e foi para a sala do diretor. Não podia imaginar do que se tratava, mas, pela urgência, parecia ser importante.

Caminhou alguns passos e parou em frente a uma porta. Demorou alguns segundos, depois bateu e entrou. Por detrás de uma mesa, um senhor, que estava sentado, levantou-se:

— Bom dia, Anselmo, que bom que veio logo. Estava ansioso para conversarmos. Sente-se.

Ainda intrigado, Anselmo afastou uma poltrona e sentou-se.

Sorrindo, o senhor disse:

— Sei que não está entendendo o que está acontecendo, nem o motivo de eu ter chamado você.

— Confesso que é verdade. Não imagino o que possa ser.

— Você trabalha nesta empresa, desde que era muito jovem. Passou por vários departamentos, aprendeu tudo sobre ela, mas só se encontrou realmente quando foi trabalhar com vendas. Mostrou-se um ótimo vendedor e, depois, um excelente gerente de vendas. Hoje posso garantir que, graças a você, temos a melhor equipe de vendas que possa existir. Nossos vendedores, influenciados por você, sentem-se motivados e valorizados. Por isso, fazem um bom trabalho.

— Obrigado, senhor, mas devo destacar que eles são excelentes.

— Porque você soube escolher os melhores.

— Obrigado mais uma vez, mas ainda não entendi o motivo de eu estar aqui.

— Como disse, temos a melhor equipe de vendas que possa existir, porém, o mesmo não está acontecendo com nossa filial em Recife. Estamos tendo prejuízo e precisamos reverter essa situação.

Anselmo olhou para ele e perguntou:

— Aonde o senhor quer chegar?

— Viu como você é esperto? Quero chegar exatamente aonde está pensando. Tivemos uma reunião de diretoria e resolvemos fazer uma proposta a você.

— Que proposta?

— Precisamos que vá a Recife por um ou dois anos, ou antes, até conseguir montar uma equipe de vendas tão boa como a que temos aqui.

Anselmo, um pouco tonto, levantou-se e, quase gritando, perguntou:

— Para Recife?

— Isso mesmo. Não se preocupe, terá um aumento de salário e ajuda de custo para alugar uma casa.

Anselmo voltou a sentar-se:

— Não posso, senhor. Tenho uma vida aqui. Minha mulher trabalha em uma grande empresa e exerce um bom cargo. Ela não vai querer se mudar.

— Sabemos que terá alguns problemas para se mudar, mas, com o salário que vai receber, poderá viver muito bem.

— Não sei. Não posso responder agora, senhor. Preciso conversar com minha mulher, mas devo antecipar que vai ser muito difícil convencê-la a se mudar.

— Por que essa indecisão? Afinal, você é o homem da casa!

— Os tempos mudaram. Hoje, o homem não é mais o homem da casa. A mulher tem seu trabalho, sua carreira e pode viver tranquilamente sem a presença de um homem ao seu lado. Minha mulher ganha três vezes mais do que eu. Não é só por causa do dinheiro. Ela tem uma carreira. Está lutando para chegar à presidência da empresa.

— Sim, mas você também precisa crescer profissionalmente e esta é uma grande oportunidade. Precisa pensar no seu futuro. Vamos fazer o seguinte: saia agora, vá encontrar sua esposa, convide-a para almoçar e, durante o almoço, conte a novidade. Diga como é importante para você aceitar esse convite. Assim que tiver uma resposta avise-nos. Temos pressa.

— Está bem, vou fazer isso.

Saiu da sala. Pensou:

É realmente uma grande oportunidade, mas sei que vai ser difícil Suzana aceitar. Se fosse com Júlia, sei que não haveria problema algum, mas com Suzana não há uma mínima chance. Não posso fazer o que doutor Santana sugeriu. Preciso pensar no que vou dizer a ela.

Olhou para o relógio em seu pulso:

Está quase na hora do almoço. Vou me encontrar com Júlia e, enquanto almoçamos, vou contar o que aconteceu. Vamos ver o que ela diz.

Descoberta

Enquanto isso, Suzana, há muito tempo, dirigia sem destino. Com uma das mãos, enxugava as lágrimas que insistiam em cair. Não conseguia entender o que havia acontecido:

Como isso foi acontecer? Durante quase dez anos, dediquei-me totalmente à empresa. Trabalhei todos os dias até altas horas para que todo o trabalho ficasse pronto. Sempre fui uma funcionária exemplar. Como o doutor Santana pôde me despedir, logo agora que pensei ter chegado ao que sempre desejei? Pensei que fosse me tornar presidente da empresa! Isso não pode estar acontecendo! Devo estar sonhando! Sonhando, não! Tendo um pesadelo!

Nervosa, parou o carro em um semáforo.

Preciso conversar com Anselmo. Sei que ele não vai acreditar no que aconteceu. Não sei o que fazer. Talvez ele tenha alguma ideia.

O semáforo abriu e ela continuou em direção ao trabalho de Anselmo.

A hora do almoço chegou. Anselmo pegou a carteira e saiu. Quando chegou à rua, Júlia, sorrindo, já o esperava. Ele se aproximou e, também sorrindo, beijou sua testa.

Juntos e de mãos dadas caminharam até o restaurante onde comiam todos os dias.

Nesse exato momento, Suzana passava pela rua. Estava procurando um lugar onde pudesse estacionar o carro. Viu quando Anselmo saiu da empresa. Tentou chamar, mas ele não ouviu. Ficou petrificada, quando o viu se aproximar de Júlia, beijar seu rosto e sair caminhando com ela de mãos dadas. Furiosa, parou o carro no meio da rua e pensou:

O que está acontecendo aqui? Quem é essa mulher?

Os carros que estavam atrás começaram a buzinar. Suzana, descontrolada, acelerou o carro e continuou procurando um lugar para estacionar.

Após dirigir por alguns metros encontrou um lugar junto à calçada, onde poderia parar. Rapidamente, estacionou o carro, desceu e, apressada, quase correndo, foi para o restaurante que havia ali perto.

Eles devem ter entrado ali para almoçar!

Entrou e, ainda da porta, pôde ver Anselmo e Júlia conversando. Ele começava a contar sobre o convite que havia recebido.

Suzana entrou e se aproximou:

— Anselmo, quem é essa mulher?

Ao vê-la, Anselmo empalideceu. Júlia sentiu o coração disparar e quase não conseguia respirar. Após alguns segundos, ele conseguiu dizer:

— Suzana! O que está fazendo aqui?

— Isso, agora, não importa! Quero saber quem é essa mulher!?

Anselmo olhou para Júlia, percebeu como estava nervosa. Gaguejando, respondeu:

— É Júlia, uma amiga do trabalho.

Olhou novamente para Júlia e continuou:

— Júlia, esta é Suzana, minha esposa.

Furiosa, Suzana falou alto:

— Amiga do trabalho? Não precisa mentir. Vi quando se encontraram, você a beijou na testa e, depois, caminharam juntos de mãos dadas!

— Não é o que você está pensando, Suzana... mas... o que está fazendo aqui?

Antes que ela respondesse, Júlia ao ouvir o que ele disse, levantou-se e, sem nada dizer, tentou ir embora, mas Suzana segurou-a pelo braço e gritou:

— Aonde pensa que vai, mocinha?

O grito foi tão alto que as pessoas que também almoçavam olharam para eles.

Júlia, com um empurrão, conseguiu se livrar das mãos de Suzana e, envergonhada, saiu rapidamente.

Anselmo, constrangido, pegou com força o braço de Suzana. Falou baixo:

— Vamos sair daqui, Suzana. As pessoas estão apreciando a cena que você está fazendo.

Ela, descontrolada, gritou:

— Cena? Claro que estou fazendo uma cena! Encontrei meu marido aos beijos com outra mulher, queria que eu fizesse o quê? Além do mais, não me importo com o que as pessoas pensam! É bom que saibam que você é um canalha!

Anselmo levantou-se e disse:

— Suzana, vamos sair daqui. Vamos conversar em casa e tudo será esclarecido.

— Não, não vamos sair daqui! Vamos ficar! Quero que todos saibam quem você é!

Ele, nervoso, continuou:

— Se quiser, pode ficar, mas eu vou embora! Quando estiver mais calma e pronta para conversar, estarei em casa!

Antes que ela pudesse dizer algo, ele saiu do restaurante.

Ela ficou ali, olhou para os lados e percebeu que todos a estavam observando. Constrangida, saiu e foi para o lugar onde havia deixado o carro estacionado. Entrou, ligou o motor, acelerou e saiu. Enquanto dirigia, pensava:

O que está acontecendo com minha vida? Tudo está desmoronado! Primeiro, foi o trabalho e, agora, isso! Que dia de cão é este? Pela manhã, não devia ter me levantado da cama.

Os vultos, que antes estavam ao lado de Anselmo, agora estavam ao lado dela e sorriram. No mesmo instante, sem saber o porquê, Suzana lembrou-se de sua mãe.

O que ela diria sobre o que está acontecendo em minha vida?

Sorriu:

Como se eu não soubesse. Com certeza, ela diria:

— Não se preocupe, minha filha. Quando as coisas não estão da maneira que gostamos, algum motivo tem, só precisamos parar e tentar descobrir o que está errado, pois, se não fizermos isso, a vida se encarregará de nos mostrar.

Nunca levei muito a sério o que ela dizia e sempre que ela falava algo assim, eu argumentava:

— Para a senhora pode ser assim, mas, para mim, não. Sei muito bem o que quero da minha vida. Tenho todo o controle sobre ela. Vou conseguir tudo com o que sempre sonhei.

— Tomara que consiga, Suzana. Tomara que consiga...

Suzana lembrou-se do sorriso da mãe e também sorriu:

Será que ela tinha razão? Começo a pensar que sim. Até ontem eu tinha minha vida sob controle, meu emprego, meu marido. Hoje não é mais assim. O que vou fazer? Por que fui até aquele restaurante? Como fui fazer uma cena como aquela? Por que não consegui me controlar? Sou uma pessoa esclarecida, uma executiva! Mãe, o que vou fazer com a minha vida? Depois de desmascarar Anselmo, preciso tomar uma atitude, mas qual? A senhora dizia que nós temos a oportunidade de escolher o caminho que queremos, mas que caminho devo escolher? Não sei, não sei. Como fazer uma escolha neste momento que não tenho mais nada, nem um caminho para escolher?

O vulto de mulher estendeu as mãos sobre ela e disse:

— Sempre temos um caminho, minha filha, sempre temos uma escolha.

Suzana não a ouviu, mas sentiu uma brisa sobre seu rosto.

Diante de tudo o que aconteceu, a única escolha é abandonar Anselmo! Não posso aceitar sua traição!

Um dos vultos olhou para o outro, depois para Suzana e acenou a cabeça de um lado para outro, dizendo:

— *Não, Suzana! Essa não é a melhor escolha!*

Suzana continuou dirigindo.

Anselmo, envergonhado, saiu do restaurante, foi até a garagem da empresa, onde seu carro estava. Entrou, ligou o motor e saiu.

Agora está tudo terminado. Suzana não vai me perdoar. Algumas vezes, senti vontade de que isso acontecesse, mas no fundo eu não queria. Júlia tem razão, eu amo meu filho, mas não posso negar que amo Suzana também. Agora não tem mais volta. Ela não vai aceitar o que viu. Se antes eu sabia que ela não ia aceitar deixar o seu emprego para me acompanhar, agora, tenho certeza. Não queria que fosse assim.

Por estar nervoso, dirigia vagarosamente:

Não entendo como Suzana foi aparecer daquela maneira. Jamais poderia imaginar que isso pudesse acontecer, muito menos hoje, um dia tão importante para ela: o dia em que ela seria promovida. Será que ela desconfiou do meu relacionamento com Júlia? Não, isso não teria como acontecer. Ela não tinha tempo para pensar em algo assim. Sempre preocupada com o trabalho, quase nem me olhava. Será que alguém contou a ela? Não sei. De uma coisa tenho certeza, nosso casamento terminou.

Parou em um semáforo e, enquanto ele não abria, lembrou-se de Júlia.

Ela ficou nervosa e constrangida. Afinal, naquela hora, no restaurante, estavam pessoas que trabalham conosco na minha empresa e na dela. Com certeza os comentários devem ser muitos. Talvez cheguem até o ouvido do seu chefe e ela pode até perder o emprego. Isso não é justo.

Parado no semáforo, continuou pensando:

Não tenho vontade de ir para minha casa. Não sei o que vai acontecer nem o que vou dizer para Suzana.

O semáforo abriu e ele continuou a pensar:

Ao invés de ir para casa, vou telefonar para Júlia e ver como ela está. Com o fim do meu casamento, estarei livre. Pedirei a ela que vá comigo para Recife. Será que vai aceitar?

Passou por uma praça e viu um telefone público. Parou o carro e desceu. Olhou à sua volta e avistou uma padaria.

Ali, provavelmente, deve ter cartão telefônico.

Encaminhou-se para a padaria. Comprou o cartão e foi até o telefone. Discou o número do telefone do escritório de Júlia. Uma moça atendeu:

— Alô!

— Por favor, preciso falar com a Júlia.

— Ela não está.

— Não está?

— Não, não voltou após o almoço.

— Está bem, obrigado.

Desligou o telefone:

Ela deve ter ficado tão envergonhada que não teve coragem de voltar para o trabalho. Será que foi para casa? Vou telefonar e descobrir.

Ia discar os números, mas se conteve:

Acho melhor não telefonar e conversar com ela pessoalmente. Deve estar nervosa e pode não atender a meu chamado...

Voltou para o carro e foi em direção à casa de Júlia. Ele conhecia muito bem o caminho, pois era ali que uma ou duas vezes por semana passava momentos felizes.

Palavras de conforto

Júlia, envergonhada e chorando, saiu do restaurante. Caminhou até a esquina, onde acenou para um táxi. Assim que ele parou, ela entrou e continuou chorando. Chorava sem parar. Era tanto desespero que o motorista, um senhor, preocupado, perguntou:

— Aconteceu algo grave, moça? Alguém da sua família está doente?

Ela se deu conta de onde estava e, secando os olhos com as mãos, sem saber o que responder, mentiu:

— Estou bem, é somente um problema no trabalho. Fui despedida.

Ele começou a rir;

— Isso não é motivo para chorar dessa maneira. Existe muito trabalho por aí e logo vai encontrar outro e, às vezes vai ser melhor do que esse que perdeu. Não existe problema sem solução. Sempre há uma saída. A vida, às vezes, nos prega algumas peças, acho que é para testar a gente, mas logo tudo se resolve.

Ela, voltando a chorar, disse:

— Para minha vida não existe solução. Não sei como vou continuar vivendo. Está tudo acabado. Estou muito triste.

— Estou percebendo que foi muito magoada, mas deixe para lá. Confie em Deus, ele sempre nos mostra um caminho a seguir.

— Deus nada tem a ver com o que me aconteceu. Eu sou uma boba, acreditei em quem não merecia. Cometi um grande erro!

— Moça, pela minha experiência, não está chorando por causa de trabalho.

Ela, tentando parar de chorar e não sabendo por que confiava naquele homem que poderia ser seu pai, disse:

— O senhor tem razão. Não fui despedida, o que aconteceu comigo foi muito pior. E eu fui a única culpada. Embora soubesse que poderia acontecer, acreditei que era diferente de todas as outras mulheres, mas não sou!

— Está se culpando, mas não deve se culpar, por que não existem erros ou acertos. Existem apenas aprendizados que dia a dia vamos vivendo. Isso faz parte do nosso crescimento. Quando passamos por momentos difíceis, sentimos e pensamos que o mundo vai acabar, mas não é bem assim. Mais tarde, lá na frente, vamos ver que aquilo que parecia ser tão ruim, o fim do mundo, foi o melhor que poderia nos ter acontecido e quase sempre rimos de tanto sofrimento à toa.

Ela voltou a secar os olhos. Olhou para aquele homem estranho que parecia saber o que ela estava sentindo. Perguntou:

— O senhor acredita, mesmo, nisso que está dizendo?

— Acredito, sim. Já vivi muito e passei por muitas coisas. Hoje, quando me lembro de tudo, vejo que sempre quando pensava estar tudo perdido, acontecia alguma coisa ou aparecia alguém para me ajudar, naquele momento difícil. Entendi que nunca estamos sós, moça. Temos sempre, ao nosso lado, amigos, que nem sabemos que existem, que nos ajudam a caminhar por esta terra de Deus. Acho que Deus sempre encontra uma maneira de nos mandar um recado e, para isso, usa pessoas que nem conhecemos.

— Assim como está acontecendo agora com o senhor? Acha que está sendo usado por Deus para me ajudar?

Ele começou a rir:

— Não, moça! Quem sou eu para ser usado por Deus? Sou apenas um motorista de táxi. Tudo o que falei foi somente para acalmar você!

Os vultos, ao ouvirem aquilo, sorriram e jogaram luzes sobre os dois. Ele continuou:

— Quem sempre nos ajuda são nossos amigos espirituais.

— Amigos espirituais?

— Sim.

— Não estou entendendo o que está dizendo... é muito complicado...

— Não é complicado. Pena que não podemos continuar conversando. Chegamos ao seu endereço. Quem sabe algum dia nós nos cruzaremos por aí e poderemos continuar essa nossa conversa.

— Gostaria muito de continuar conversando com o senhor, mas, como o senhor disse, cheguei.

Ela pagou e desceu. Sorrindo, disse:

— Obrigada, senhor. A nossa conversa me ajudou muito.

O homem, também sorrindo, falou:

— Deus a abençoe, moça. Espero que tudo dê certo em sua vida.

Acelerou o carro e se afastou.

Júlia ficou olhando o carro se afastar e pensou:

Que homem estranho é esse? Parecia saber o que estava se passando comigo.

Entrou no edifício onde morava e tomou o elevador. Desceu no quinto andar, tirou da bolsa, um chaveiro, escolheu uma chave, abriu a porta e entrou.

Assim que entrou, encontrou Sueli, uma amiga com quem dividia o apartamento. Sueli, assim que viu Júlia entrando, assustada, perguntou:

— Júlia, o que aconteceu para estar a esta hora em casa?

Júlia, tentando disfarçar, respondeu:

— Nada aconteceu, Sueli.

— Como nada aconteceu? Você está com os olhos vermelhos. Esteve chorando?

Sem responder, Júlia voltou a chorar. Sueli, intrigada e preocupada, perguntou:

— O que aconteceu, Júlia? Por que não está no trabalho?

— Nunca mais voltarei ao trabalho...

— Por quê? Foi despedida?

Júlia foi para o quarto e sentou-se na cama.

— Está bem, Sueli. Sei que não vai me dar sossego enquanto não souber o que aconteceu. Sente-se aqui na cama. Vou contar o que aconteceu. Depois, você vai me dizer se tenho razão por estar desesperada e se posso voltar ao trabalho...

Sueli, assustada pela expressão do rosto da amiga, sentou-se e ficou esperando.

Júlia contou tudo o que havia acontecido e terminou dizendo:

— Ele me enganou, Sueli! Nunca teve intenção de deixar a mulher! É um canalha!

Ao ouvir aquilo, Sueli levantou-se da cama e, olhando firme para a amiga, disse:

— Espere aí, Júlia! Eu conheço o início desse romance e Anselmo sempre deixou claro, desde o início, que nunca abandonaria o filho, pelo fato de seu pai ter abandonado a sua mãe com quatro crianças pequenas. Sempre disse que teve uma infância muito difícil e que não queria que o mesmo acontecesse com seu filho! Você não pode culpá-lo por querer ficar com o filho, por não querer desmanchar a família!

— Você está contra mim, Sueli?

— Não, Júlia. Estou do lado da verdade. Ele nunca enganou você. Sempre foi muito honesto!

— Ele dizia isso, mas, quando estávamos juntos, nos nossos momentos de amor, sempre afirmava que eu era uma mulher perfeita. Que o entendia e que o deixava feliz! Dizia que não havia outra igual a mim! Embora não falasse, dava a entender que, um dia, ficaria comigo. Eu tinha esperança, mas, diante do que aconteceu hoje, vejo que não há esperança alguma. Fui uma burra mesmo! Hoje vejo que perdi um tempo enorme esperando que ele a abandonasse, que ficasse comigo para sempre.

— Você fantasiou, imaginou algo que nunca existiu, Júlia. Ele nunca disse que faria isso. Quanto ao emprego, por que disse que nunca mais vai voltar?

— Depois de tudo o que contei, acha que posso voltar ao trabalho?

— Por que, não? Você gosta do que faz e o salário é muito bom. Dificilmente encontrará outro trabalho igual.

— Sueli! Você não ouviu o que eu disse?

— Claro que ouvi, mas ainda não entendo por que você não pode voltar ao trabalho.

— Tudo o que contei, aconteceu na hora do almoço, no restaurante onde quase todos os meus colegas de trabalho estavam almoçando e os que não estavam, a esta hora, já devem estar sabendo. Todos estão rindo de mim! Como posso voltar, Sueli?

— Voltando como se nada tivesse acontecido. Você acha que é a única mulher que fez a burrice de namorar um homem casado? Garanto que não é. Muitas já fizeram isso e outras tantas farão.

— Não posso encará-los...

— Claro que pode. Amanhã, vá trabalhar e, quando chegar, cumprimente a todos, dê um sorriso como se nada tivesse acontecido. Garanto que, mesmo que estejam pensando algo, não terão como falar com você.

— Mesmo que não falem comigo, com certeza estarão pensando.

— E daí? Você é apenas uma funcionária, ninguém tem nada a ver com sua vida particular. Entre e somente pense: quem nunca errou que atire a primeira pedra. Garanto a você que todos esconderão muito bem as mãos. Você não deve satisfação a ninguém.

— Também sempre pensei assim, mas, agora, vejo que não era verdade. A opinião dos outros importa, sim. Estou envergonhada.

— Não tem do que se envergonhar. Como já disse: você não é a primeira nem será a última que deixou ou se deixará envolver por um homem casado.

— Eu sempre soube disso, mas com ele era diferente. Parecia que ele gostava mesmo de mim. Agora que tudo terminou, não sei como vou continuar vivendo sem ele! Não sei, Sueli! Ele é a razão da minha vida. Durante esses dois anos em que estivemos juntos, vivi somente para ele. Minha vida sem ele não tem sentido... prefiro morrer... — desesperada, voltou a chorar.

Ao vê-la chorando, Sueli começou a rir. Júlia, indignada, perguntou:

— Por que está rindo, Sueli? Está feliz com o meu desespero?

— Não, Júlia! Não estou feliz com seu desespero, só estou me vendo em você.

— Não entendi, me vendo em você?

— Isso mesmo. Moramos juntas há muito tempo. Já conversamos sobre muitas coisas, mas nunca sobre o meu passado.

— Tem razão. Nunca conversamos sobre o passado, você tem alguma história no seu passado?

Sueli voltou a rir:

— Claro que tenho, Júlia, e quem não tem?

Júlia parou de chorar:

— Quer falar sobre isso?

— Querer, não quero, mas sinto que este é o momento.

— Estou ansiosa.

— Está bem, vou contar a você o que aconteceu comigo, mas, antes, vamos tomar um chá. Você está muito nervosa.

Júlia sorriu:

— Acho que você tem razão. Estou precisando mesmo de um chá.

— Vamos para a cozinha e, enquanto eu faço o chá e o tomamos, vou contar a minha vida.

Uma história incrível

Na cozinha, Sueli colocou água em uma panela, levou-a ao fogo e, sentando-se, começou a falar.

— Hoje, você me vê feliz com o Eduardo, mas nem sempre foi assim. Eu morava no Rio de Janeiro com meus pais e dois irmãos. Era a princesa da casa. Todos cuidavam de mim e faziam as minhas vontades. Era feliz. Meus pais são maravilhosos, porém sempre se preocuparam com a moral e a decência das pessoas. Com dezoito anos, terminei o colegial, queria muito ir para uma faculdade. Não sabia bem o que queria ser, mas, fosse o que fosse, eu precisava estar preparada para enfrentar um vestibular. Para isso, precisava continuar estudando. Embora não fosse pobre, meus pais não tinham como me manter em uma faculdade. Eu precisava tentar uma Federal. Ao mesmo tempo em que queria continuar os estudos, sentia uma vontade imensa de ter o meu próprio dinheiro. Resolvi que trabalharia e estudaria também. A princípio, meu pai não aceitou a ideia e disse:

— *Você não precisa trabalhar fora, Sueli. Tem tudo do que precisa para continuar estudando. Sua mãe nunca trabalhou e você, quando se casar, não vai trabalhar também. Vai ter que cuidar da sua família.*

— Aquilo era tudo o que eu não queria, Júlia. Sem pensar, falei:

— *Preciso trabalhar fora. Não quero passar o resto da minha vida em casa, cuidando da família.*

— *Não quer, por quê?*

— *É um trabalho sem valor, mãe.*

— *Você acha que cuidar de uma família, criar e educar os filhos, é um trabalho sem valor?*

— *Não, mãe, claro que criar um filho é algo maravilhoso, mas acho que a mulher precisa de algo mais. Quero trabalhar fora, ter meu próprio dinheiro. Não quero ficar em casa trabalhando muito, sem receber salário.*

— Sabia que minha mãe estava magoada, Júlia, mas pensei:

Não, eu não quero ser como a senhora! Quero ter a minha própria vida, ser dona de mim! Não quero viver em função dos outros.

— Pensei isso, mas não falei. Não queria magoar minha mãe, Júlia. Com muito custo, consegui convencê-los. Meu pai e meus irmãos aceitaram, mas minha mãe impôs uma condição:

— *Pode trabalhar fora, mas só se continuar estudando.*

— *Como posso trabalhar e estudar ao mesmo tempo, mãe?*

— *Não sei como vai fazer, mas essa é a minha condição. Você disse que não quer cuidar da casa e da família, pois bem, para que isso aconteça, terá de ter uma profissão para poder ter a liberdade de escolher se quer ficar em casa ou não. Quero que saiba que não me arrependo de ter ficado em casa, cuidando de vocês. Por isso mesmo, quero que estude e tenha opção de escolher a vida que quiser.*

— Ao ouvir aquilo, fiquei envergonhada, Júlia, pois percebi que minha mãe sabia o que eu sentia em relação a ela. Senti que estava magoada e desvalorizada e isso era o que menos eu queria. Apena sorri e, beijando-a, fui para meu quarto.

— Não pode negar que sua mãe foi sábia. Hoje, você é uma chefe de cozinha respeitada. Não se esqueça de que essa é uma profissão de homens!

— É verdade, mas isso, com o tempo, vai mudar. Acredito que em breve, a mulher estará exercendo as mesmas funções que o homem.

Estou dando os primeiros passos. Porém, não é sobre minha mãe que estamos falando, estamos falando do meu passado, da minha história

— Tem razão, continue.

— Depois de muito procurar, consegui um emprego em um restaurante como auxiliar. Minha mãe concordou, pois eu trabalharia à noite e teria todo o dia para estudar. Comecei como auxiliar, mas, em pouco tempo, dedicando-me muito, deram-me a chance e me tornei garçonete. Gostava muito de atender às pessoas, por isso as gorjetas eram altas. Com o tempo, apaixonei-me por tudo aquilo e me convenci de que queria trabalhar em um restaurante por toda a minha vida. Chegava mais cedo ao trabalho para ajudar o cozinheiro e aprender como preparar e apresentar os pratos. Descobri que havia uma Faculdade que preparava as pessoas para trabalharem em hotéis e restaurantes. Resolvi que estudaria naquela escola. Procurei me informar e descobri que as vagas eram limitadas, por isso, estudava a tarde e trabalhava à noite. Tinha as manhãs para descansar. Estudei e trabalhei muito. Em menos de um ano, eu estava pronta para tentar a escola. Ela ficava em outra cidade, distante daquela em que eu morava, por isso precisava ter dinheiro não só para pagar a escola e comprar o material necessário, mas também para me manter. Sabia que minha família me ajudaria, mas não poderia arcar com todas as despesas. Por isso, escrevi uma carta à escola contando a minha situação e a imensa vontade que eu tinha de estudar. No final, pedi uma bolsa de estudos. Sabia que seria difícil, mas não custava tentar. Enviei a carta e fiquei esperando uma resposta.

— Você conseguiu a bolsa, Sueli?

— Fiquei esperando a resposta, Júlia, mas a vida nem sempre é da maneira como imaginamos.

— O que aconteceu?

— Em uma noite, ao entrar no salão onde eram servidas as refeições, notei que vários homens entraram e sentaram-se em uma das mesas que ficavam no meu setor. Fiquei feliz, pois, pelo porte dos homens, a gorjeta seria alta. Servi a mesa da melhor maneira possível.

Eles comeram, beberam e conversaram. Quando terminaram de comer, eu apresentei a conta e, como previra, a gorjeta foi alta, o que me deixou muito feliz. Todos se levantaram e eu fiquei esperando que se afastassem. Todos saíram, porém um dos homens ficou para trás, me deu um cartão, dizendo:

— *Você é muito bonita, gostaria de poder voltar a vê-la em outro lugar para podermos conversar. Neste cartão tem o meu nome e o número do meu telefone. Quando tiver um tempo, telefone e poderemos nos encontrar.*

— Peguei o cartão e, assim que ele saiu, sorri e joguei fora.

— Por que fez isso?

— Não posso negar que fiquei impressionada com ele. Alto, moreno, com mais ou menos trinta anos e um sorriso lindo, mas eu já estava acostumada com aquilo. Muitos clientes haviam me dado cartões ou simplesmente escreviam em papéis o número do telefone, mas eu nunca telefonava e eles nunca voltavam ao restaurante. Passaram-se alguns dias e eu já havia me esquecido dele, quando, em uma noite, para minha surpresa, ele voltou sozinho e sentou-se novamente em uma das mesas do meu setor. Estranhei vê-lo de volta e, como era minha obrigação, aproximei-me e, sorrindo, entreguei-lhe o cardápio. Ele pegou, olhou e em poucos minutos fez o seu pedido. Servi a comida e me afastei para atender as outras mesas. Quando ele terminou de comer, fez um sinal para que eu me aproximasse. Assim que me aproximei, sorrindo, ele disse:

— *A comida estava muito boa. Pode me trazer a conta, por favor?*

— Também sorrindo, me afastei e voltei alguns minutos depois, trazendo-lhe a conta dentro de uma caderneta própria. Ele olhou e colocou o dinheiro:

— *Pode ficar com o troco.*

— *Obrigada, senhor.*

— Estava me afastando, quando ele falou:

— *Espere um momento.*

— Olhei para ele, intrigada. Ele perguntou:

— *Como é o seu nome?*

— *Sueli* — respondi, constrangida.

— *Tem namorado? É casada?*

— *Não!*

— *Isso é muito bom, pois a partir desta noite você vai ser minha namorada e depois minha mulher.*

— Ao ouvir aquilo, pensando ser uma piada, comecei a rir. Ele continuou:

— *Por que está rindo, acha que estou brincando?*

— *Só pode estar brincando.*

— *Nunca falei tão sério em toda minha vida.*

— Continuei achando graça e fui atender a outra mesa, Júlia. Depois de atender a mesa, voltei a olhar para aquela em que ele estava. Ele havia saido. Era um pouco mais da meia noite, quando eu e uma amiga, também garçonete, saímos. Para minha surpresa, ele estava ali, dentro de um carro, me esperando. Assim que me viu, saiu do carro, aproximou-se e, sorrindo, disse:

— *Como está a minha futura esposa?*

— Não consegui conter uma risada, Júlia. Ele, parecendo bravo, perguntou:

— *Por que está rindo? Não acredita no que estou falando?*

— Pelo seu tom de voz, acreditei que estava sendo sincero e respondi:

— *Não sei se o que está dizendo é verdade, mas, hoje, não podemos conversar. Está tarde e preciso ir para casa. Quem sabe em outro dia, em outra hora.*

— *Entre no carro, posso levá-la até a sua casa.*

— Fiquei perturbada, sem saber o que fazer. Ele insistiu:

— *Entre no carro, não tenha medo. Minhas intenções com você são as melhores possíveis. Quero mesmo que seja minha esposa!*

— Olhei para minha colega, Débora. Ela também me olhava com os olhos arregalados. Com a voz trêmula, respondi:

— *Não, obrigada. Eu e minha colega, todas as noites, dividimos o táxi. Moramos aqui perto.*

— *Tudo bem. Posso levar as duas. Entrem!*

— *Não, obrigada. Olhe, lá vem um táxi.*

— Um táxi se aproximou. Com a mão, dei um sinal e ele parou. Quando estávamos entrando, ele, segurando em meu braço, disse:

— *Está bem. Entendo que hoje é tarde, que você não me conhece e que precisa ir para sua casa. Quero que saiba que estou sendo sincero. Precisamos conversar, nos conhecer melhor. Por isso, amanhã, às duas horas da tarde, estarei esperando por você ali na naquela praça.*

— Sem saber o que fazer ou falar, Júlia, entrei no táxi e Débora me seguiu. Dentro do carro, Débora, rindo, perguntou:

— *O que foi aquilo, Sueli? Esse homem parece estar apaixonado mesmo!*

— Eu estava nervosa e tremendo, Júlia. Meu coração batia forte. Nervosa, disse:

— *Apaixonado? Ele parece um louco, Débora!*

— *Não, Sueli! Ele está mesmo interessado em você. Também não se pode negar que ele é muito bonito. Você vai se encontrar com ele amanhã à tarde?*

— *Está louca, Sueli? Claro que não! Eu não o conheço!*

— *Por isso mesmo deve ir.*

— *Eu não! Estou com medo!*

— *Medo do quê? O que acha que ele pode fazer com você em uma praça no meio do dia? Vá se encontrar e descubra se o que ele está dizendo é sério mesmo. Não tem nada a perder. Ele, além de bonito, pelo carro que tem, parece ser rico. Eu não pensaria um minuto.*

— *Não sei, não. Estou confusa.*

— *Não pense muito! Vá se encontrar com ele só para vermos até onde vai tudo isso. Se quiser, eu fico de longe olhando vocês e, se ele fizer qualquer coisa diferente, me aproximo e salvo você. Não pode perder essa chance de encontrar alguém, Sueli. Você só pensa no trabalho e no estudo. É jovem, precisa pensar em outras coisas também.*

— Olhei para ela e sorri. Ela morava uma rua antes da minha. Assim que o táxi parou em frente à sua casa, antes de descer, ela, sorrindo, disse:

— *Até amanhã, Sueli. Não deixe passar essa chance.*

— *Até amanhã, Débora. Vou pensar.*

— Assim que o táxi parou em frente à minha casa, a porta da sala se abriu, Júlia. Era minha mãe que nunca dormia antes de eu chegar. Desci do táxi e entrei em casa.

— *Boa noite, Sueli. Está tudo bem?*

— *Boa noite, mamãe. Está tudo bem, como sempre.*

— *Ainda bem. Tome o seu chá e vá se deitar. Não consigo me conformar com você trabalhando até tão tarde. Precisa arrumar outro emprego.*

— Fomos para a cozinha. Todas as noites, ela preparava chá com torradas para eu comer antes de me deitar. Tomei o chá, comi as torradas e fui para a cama. Assim que me deitei, comecei a pensar naquele homem estranho:

Débora tem razão, ele é mesmo muito bonito. Será que não está somente querendo brincar? Não sei, ele me pareceu sincero. Não sei se vou me encontrar com ele... se eu for e ele não estiver lá? Entretanto, não custa ir para ver o que acontece. Não sei o que fazer.

Júlia, que ouvia com atenção, pegou mais um pouco de chá e, ansiosa, perguntou:

— O que você fez, Sueli, foi se encontrar com ele?

Sueli começou a rir.

— Está mesmo curiosa, não é, Júlia?

— Claro que estou! Nunca ouvi uma história como essa!

— Vou continuar, Júlia. No dia seguinte, assim que acordei, voltei a pensar nele. Em seu rosto, seu sorriso, mas principalmente em seus olhos, que eram lindos. Passei toda manhã pensando no que fazer. Depois do almoço, troquei-me e saí. Minha mãe não estranhou, pois todos os dias eu saía para ir à escola. Como morava perto da praça e do restaurante em que trabalhava e por ser durante o dia, eu ia caminhando. Durante todo o caminho, pensava se ia para a escola ou para a praça. Finalmente, decidi:

Vou até a praça e, se ele não estiver lá, ainda dá tempo de eu ir para a escola.

— Continuei andando e, assim que cheguei à praça, vi que ele estava sentado em um dos bancos. Comecei a tremer e tentei me afastar, mas já era tarde. Ele também me viu e, levantando-se, caminhou em minha direção. Eu estava apavorada, sem saber o que iria dizer quando ele chegasse. Ele se aproximou:

— *Que bom que você veio, Sueli! Fiquei com medo de que não viesse!*

— Eu, tremendo, calada, peguei a mão que ele me estendia.

— *Sente-se aqui, temos muito que conversar. Nada sei sobre você, somente que é linda e que trabalha naquele restaurante. O que mais você faz?*

— Sentei-me e, sem saber o porquê, senti-me bem e comecei a falar. Contei da escola e dos meus planos para o futuro. Gostava de trabalhar no restaurante e queria, um dia, ser uma cozinheira de prestígio. Ele sorriu e disse:

— *Fico feliz em saber que gosta de cozinhar, porque eu gosto de comer. Mesmo que não seja uma cozinheira de prestígio, vai cozinhar para mim e para nossos filhos.*

— *Você não está indo depressa demais?*

— *Não! Assim que a vi, soube que você é a mulher da minha vida. Aquela com quem quero passar o resto dos meus dias.*

— Comecei a rir, Júlia. Fomos até uma lanchonete e, enquanto comíamos um lanche e tomávamos um refrigerante, ele me contou que era dono de uma fábrica de calçados e que tinha quarenta funcionários. Ela fora iniciada por seu avô, passada para os filhos e depois para os netos. Estavam no mercado há muito tempo, por isso tinham uma boa clientela. Conversamos muito. Quando saímos da lanchonete, vi Débora sentada em um dos bancos da praça. Ela sorriu para mim. Também sorri e continuamos andando. Passamos a tarde toda conversando. Quando estava na hora de eu ir para o restaurante, ele disse:

— *Como você trabalha à noite, o melhor que temos a fazer é nos encontrarmos à tarde.*

— *Não posso, preciso ir à escola.*

— *Pode faltar uma ou duas vezes por semana.*

— *Não sei... preciso estudar...*

— Ele beijou minha testa e disse:

— *O que você precisa, é ser minha mulher!*

— Comecei a rir novamente:

— *Você só pode estar brincando.*

— *Não estou brincando e vou demonstrar isso a você!*

— Daquele dia em diante, Júlia, começamos a nos encontrar duas ou três vezes por semana. Sempre que ele vinha me ver, trazia um maço de rosas amarelas e, quando não nos víamos, ele mandava entregar as flores no restaurante. Passeávamos, íamos ao cinema, à lanchonete ou simplesmente ficávamos sentados em um banco na praça, conversando. As vezes íamos, com o carro, até uma rua deserta, dávamos beijos e trocávamos carícias, nada além disso. Aos poucos, fui me apaixonando por ele e em pouco tempo só queria estar ao seu lado o tempo todo. Saíamos durante a semana. Durante os fins de semana, ele sempre tinha uma desculpa para não vir me ver, porque precisava trabalhar, viajar para visitar clientes ou ir a um almoço de família que não podia faltar. Eu estava tão apaixonada que não me importava. Nunca desconfiei do que ele falava.

— Não desconfiou mesmo, Sueli?

— Não, Júlia. Você já não ouviu dizer que, quando estamos apaixonados , não enxergamos um palmo diante do nosso nariz? Hoje posso garantir que isso é verdade. Para mim, tudo o que ele fazia e dizia era o certo e a verdade.

— Depois, o que aconteceu?

— Fazia quase seis meses que estávamos nos encontrando, quando, em uma tarde, na praça, ele tirou do bolso um chaveiro com várias chaves e me deu.

— *Que chaves são essas, Nilson?* — perguntei, intrigada.

— *São suas.*

— *Minhas? Não estou entendendo.*

— *Comprei uma casa para termos onde morar, depois que nos casarmos. Quero que você vá até lá para ver e, depois, poder escolher os móveis que quer comprar.*

— *Casa?*

— *Sim, qual é a surpresa, eu sempre disse que íamos nos casar, não é?*

— *Disse, mas não pensei que fosse tão rápido. Nem contei à minha família que estou namorando.*

— *Acho melhor, por enquanto, não contar. Quando a casa estiver pronta, vou falar com eles e posso levá-los para conhecê-la, assim eles não terão como não consentir nosso namoro e, depois nosso casamento.*

— Ele fez isso, Sueli?

— Ele fez. Por isso, disse a você que Anselmo nunca a enganou. Você sempre soube que ele era casado.

Os olhos de Júlia voltaram a ficar molhados e uma lágrima se formou. Ao ver aquilo, Sueli, nervosa, disse:

— Se você for chorar outra vez, eu paro de contar o que aconteceu comigo!

Júlia, rapidamente, secou a lágrima que se formara:

— Não vou chorar. O que você fez, Sueli?

— O que acha que fiz? Foi o dia mais feliz da minha. A única coisa que queria era conhecer a casa que seria minha! Ele abriu os braços e eu o abracei com toda a força. Depois do abraço, ele, sorrindo perguntou:

— *Vamos até a casa?*

— *Claro que sim!*

— Entramos no carro e ele saiu dirigindo. A casa ficava em um bairro próximo àquele em que eu morava. Entramos em uma rua onde havia casas muito bonitas e todas possuíam um jardim. Eu estava cada vez mais encantada. Ele parou o carro em frente a uma casa pintada de verde bem claro com as janelas pintadas em branco. Do lado esquerdo, havia um corredor largo e no final dele, podia-se ver uma garagem que tinha porta grande de madeira. Olhei para casa e perguntei:

— *É essa?*

— *Sim. Gostou?*

— *Ela é linda!*

— *Ainda não viu por dentro! Vamos entrar?*

— *Vamos!* — respondi, alucinada.

— Entramos pela porta da sala e eu fiquei mais impressionada ainda, Júlia, pois a sala era imensa, bem maior do que a casa em que eu morava com minha família. A casa tinha só dois quartos, mas eram amplos. Ele me pegou pela mão e me levou para que eu visse o quarto que seria o nosso. Entusiasmada e curiosa, segui-o. Ele abriu uma porta e pude ver um quarto, enorme! Senti que meus olhos brilharam de felicidade. Fomos ver a cozinha, o banheiro e o quintal. Entramos novamente na casa. Ele, me abraçando, perguntou:

— *Que tal, gostou?*

— Eu estava tão emocionada que não conseguia responder. Lágrimas correram pelo meu rosto. Ele me abraçou e beijou com carinho:

— *Não precisa chorar. Esta casa é nossa e vamos ser muito felizes aqui.*

— Saímos do quarto e ele abriu outra porta. Outro quarto surgiu. Um pouco menor que o anterior, mas ainda assim grande. Com os braços sobre o meu ombro, ele, rindo, disse:

— *Você vai escolher os móveis para toda a casa, menos para este.*

— *Por quê?*

— *Porque este vai ser o quarto do nosso filho. Como não sabemos se vai ser menino ou menina, precisamos esperar a criança nascer.*

Júlia não se conteve:

— Nossa, Sueli, que bonito!

— Nossa mesmo, Júlia! Eu não conseguia acreditar que aquilo estava acontecendo. Ele me deixou alucinada de tanta felicidade, mas me deixe continuar, pois, se demorar mais um pouco, não vou ter condições de terminar. Essas lembranças me fazem muito mal.

— Tem razão, Sueli. Você deve ter sofrido muito, mas como descobriu que ele era casado?

— Voltamos para a sala. Embora a casa toda estivesse vazia, na sala havia um sofá usado. Ele olhou para o sofá, depois para mim e disse:

— *O antigo dono deixou esse sofá, mas disse que vem buscar logo mais.*

— *Não tem importância, Nilson. Estou tão feliz que seria capaz de ficar com ele aqui.*

— Ele sorriu e, abraçando-me novamente, fez com que me sentasse. Começou a me beijar e abraçar com o mesmo carinho que eu já estava acostumada. As carícias foram ficando mais fortes e em poucos minutos me entreguei a ele com muita felicidade. Embora tenha sido a minha primeira vez, eu me senti muito bem, pois o amava e tinha a certeza de que íamos nos casar.

Júlia que estava com a xícara na mão, tomou o chá de uma só vez. Não se conteve e disse:

— Ele era um ator, Sueli!

— Era, sim, Júlia, e, felizmente, para ele, conseguiu o que queria.

— O que aconteceu depois, Sueli? Ele desapareceu?

— Não, Júlia. Depois daquele dia, começamos a nos encontrar na casa e fomos comprar os móveis. Escolhi todos que queria e em pouco tempo a casa estava linda, com os móveis, e até cortinas. Compramos roupas de cama, de mesa e toalhas. Eu era a mulher mais feliz deste mundo. Tinha uma casa linda que seria só minha e um homem que eu amava e por quem era amada também.

Júlia suspirou fundo:

— Você viveu momentos incríveis e felizes, não viveu, Sueli?

— Sim, vivi, mas, no final, não compensou, pois os momentos de tristeza também foram incríveis. Não desejo a ninguém, nem ao meu pior inimigo, o que passei.

— O que aconteceu, depois?

— Em uma tarde, eu estava na casa, quando ele chegou. Como sempre, nós nos abraçamos, nos beijamos e acabamos no quarto e nos entregamos ao amor. Quando terminamos, perguntei:

— *Quando vamos nos casar, Nilson?*

— Naquele dia não percebi, Júlia, mas, depois, ao lembrar-me de tudo, ocorreu-me que ele empalideceu e que levou algum tempo para responder:

— *Por enquanto não é possível...*

— *Por que não?*

— *Amo você, mas tenho alguns problemas para resolver. Outro dia, voltaremos a falar sobre isso.*

— Como sempre, acreditei no que ele disse e não toquei mais no assunto. Mais algum tempo se passou. Continuamos a nos encontrar duas ou três vezes por semana. Eu estava esperando que ele dissesse que queria conhecer a minha família para podermos marcar o casamento, mas isso não acontecia. Sempre que eu tocava no assunto, ele desconversava. Aquilo começou a me incomodar. Por isso, algum tempo depois, insisti:

— *Não podemos continuar assim, Nilson. A casa está pronta, já podemos marcar o casamento. Não aguento mais ficar sem contar a minha família como estou feliz. Vou marcar para o próximo domingo, você vai até lá em casa e conversa com todos. Tenho certeza de que, apesar do susto, da surpresa, eles ficarão contentes em saber que já temos até uma casa.*

— Ele ficou me olhando, calado, Júlia. Depois de algum tempo, vi que seus olhos ficaram vermelhos, cheios de água e uma lágrima escorreu pelo seu rosto. Assustada, perguntei:

— *O que está acontecendo, Nilson? Por que está chorando?*

— Ele me abraçou e deixou que os soluços se soltassem da sua garganta. Voltei a perguntar:

— *O que está acontecendo, Nilson?*

— Ele não respondeu e continuou chorando. Afastei-me de seus braços, segurei suas mãos e, olhando firme em seus olhos, perguntei:

— *Vai me contar o motivo desse choro?*

— Ele sentou-se no sofá, abaixou a cabeça sobre o colo e, sem me olhar, disse:

— *Sei que nunca vai me perdoar, Sueli, mas tudo o que fiz foi porque a amo muito e não queria perder você...*

— *Me perder, por quê? Levante a cabeça, Nilson! Olhe para mim!*

— *Eu não quis enganar você, mas, assim que a vi, senti que era a mulher da minha vida, aquela que estive procurando por tanto tempo. Não queria perder você!*

— Pare de repetir isso, Nilson, e conte o que está acontecendo!

— Com a voz trêmula e entre soluços, falou:

— *Não posso ir até a sua casa para falar com seus pais, porque não posso me casar com você.*

— *Não pode, por quê?*

— *Já sou casado...*

— Ao ouvir aquilo, larguei sua mão, me afastei e gritei:

— *Casado? Como pôde fazer isso comigo? Como pôde me enganar dessa maneira?*

— *Eu fiquei com medo de contar e você me abandonar! Se isso acontecesse, não sei o que seria da minha vida!*

— *Sua vida? O que vai acontecer na minha, Nilson? O que você fez comigo?*

— *Perdão, Sueli, mas não posso perder você, me perdoa, por favor.*

— *Perdoar? Como posso perdoar você depois de ter sido enganada dessa maneira?*

— *Você tem razão por estar tão nervosa e eu mereço tudo o que falar de mim e pensar a meu respeito, mas, por favor, escute o motivo de eu ter escondido de você a minha condição.*

— *Sua condição? Não há condição! Você é casado e ponto-final!*

— *Não sou casado, estou casado, mas isso vai ser por pouco tempo.*

— Eu estava nervosa e comecei a sair da casa, Júlia. Ele me segurou pelo braço:

— *Não vá embora, Sueli! Deixe-me contar o motivo de eu ter ficado calado. Você precisa saber toda a verdade...*

— Ele me segurou firme e fez com que eu me sentasse, Júlia. Continuou falando:

— *Sou casado há cinco anos. Tenho um menino com quatro anos. Tudo corria bem, até um ano atrás. Minha mulher sentiu muita dor no estômago, fomos ao médico e foi constatado que ela tinha câncer em um estado avançado. O médico me chamou, disse que ela teria no máximo um ano de vida. Perguntou se eu queria que contasse para ela. Eu disse que não, pois ela sofreria muito com essa notícia. Resolvi ficar ao seu lado, dando todo o conforto possível. Foi o que fiz e estou fazendo. Não tenho como abandoná-la. Foi nesse meio tempo que conheci você. Eu logo percebi que você poderia ser minha mulher e mãe do meu filho. Ele é lindo e, assim que conhecê-lo, vai se apaixonar por ele. Ela está muito mal. O médico disse que não há mais o que fazer, que sua morte acontecerá a qualquer momento. Pode ser em um dia, uma semana, mas que não passa de seis meses. Não posso abandoná-la, Sueli. Eu amo você e quero que seja minha mulher, mas também amo e respeito a mãe do meu filho, a mulher com quem passei momentos maravilhosos. Tenha paciência, espere mais um pouco. Logo poderemos nos casar e começar uma vida de felicidade e sem mentiras...*

Júlia estava boquiaberta:

— Depois de tudo isso que ele contou, você teve coragem de abandoná-lo, Sueli?

— Não, Júlia. Ele me pareceu tão sincero que não tive como me afastar. Estava tão apaixonada que não podia imaginar a minha vida sem ele.

Sueli percebeu que Júlia ia começar a chorar novamente. Falou rápido:

— Ele abriu os braços e eu, chorando, me aconcheguei. Depois de me abraçar e beijar várias vezes, ele disse:

— *Não vai se arrepender de ter me perdoado, Sueli. Vou fazer de você a mulher mais feliz deste mundo!*

— O que deu errado, Sueli? Por que vocês não estão juntos?

— Porque aprendi que, quando estamos no caminho errado, a vida se encarrega de nos trazer de volta.

— Não estou entendendo...

— Daquele dia em diante, tudo voltou a ser como antes. Alguns dias, durante a semana, nós nos encontrávamos naquela casa. Ele pediu que eu não fosse mais à escola, pois, por causa da doença da mulher, não sabia quando poderia vir me ver. Eu, apaixonada e burra, aceitei tudo o que ele dizia. Deixei de frequentar a escola e ficava todas as tardes na casa, esperando que ele aparecesse a qualquer momento. Isso levou meses. Sempre que nos encontrávamos, ele me falava da mulher, do quanto ela estava sofrendo e de como ele sofria por vê-la daquela maneira, que ela não merecia tanto sofrimento.

— Coitado...

— Também achava isso e muitas vezes pedi a Deus que a levasse logo, não só para ela parar de sofrer, mas para que eu pudesse me casar com ele e completar a minha felicidade.

— Você pensou isso, Sueli? Que horror!

Sueli começou a rir.

— Tem razão, foi um horror mesmo e me arrependo muito. Só não estou entendendo por que você está fazendo essa cara de acusação, Júlia.

— Desejar a morte de alguém é horrível, Sueli.

Sueli continuou rindo.

— Do que está rindo?

— Da falsidade das pessoas.

— Não entendo o que está dizendo.

— É muito simples, Júlia. Pode jurar que nunca desejou que a mulher de Anselmo morresse para poder ficar com ele para sempre?

Júlia olhou para Sueli como se não estivesse entendendo:

— O que está falando, Sueli?

— Vou repetir a pergunta: nunca desejou a morte da esposa de Anselmo para poder ficar com ele para sempre? Seja honesta não comigo, mas com você mesma. Não se preocupe em ter desejado, pois isso acontece com todas as amantes. A única esperança de ficarem com o homem que amam é que a sua mulher morra e posso garantir que todas, sem exceção, já pensaram nisso, mesmo que seja só uma vez e por um só minuto.

— Você está sendo muito dura, Sueli!

— Será, Júlia? Será que só não estou sendo honesta? Pode mesmo jurar que nunca teve esse pensamento?

Júlia ficou calada, apenas pensando.

Sueli voltou a rir:

— Está vendo como não pode responder de imediato, Júlia? Porque você teve, sim, esse pensamento, nem que tenha sido apenas uma única vez.

— Não sei o que dizer...

— Não se preocupe com isso. Não foi a primeira nem será a última.

— Está certa, Sueli, mas ainda não entendi, o porquê de não estar com ele até hoje...

— Como eu disse, a vida se encarrega de nos mostrar o que precisamos ver e de nos trazer de volta ao rumo certo. Eu ficava a cada dia mais dependente dele e vivia em função de tudo o que ele me dizia e pedia. Nos fins de semana, eu sabia que ele não viria me ver. No Natal, Ano Novo e em todos os feriados prolongados acontecia a mesma coisa: eu passava sozinha, pensando nele, em como ele deveria estar sofrendo por estar longe de mim. Em um sábado, antes de sair do restaurante, Débora, minha amiga, me convidou para ir almoçar na sua casa, pois era o aniversário de sua mãe e seria um almoço especial. Por não ter o que fazer e saber que Nilson não viria, aceitei. No domingo, bem cedo, saí de casa e fui me encontrar com Débora. Ela era casada e morava perto da minha casa, com sua família em um bairro próximo. Seu marido trabalhava como motorista em uma empresa de ônibus, por isso, naquele dia, estaria trabalhando e não poderia ir almoçar. Encontrei-me com ela e, juntas, tomamos um ônibus. Enquanto o ônibus andava, fomos conversando. Eu falei mais, contando de Nilson e da doença da sua mulher. O ônibus parou em uma praça. Descemos. O dia estava ensolarado, por isso, muitos pais passeavam e brincavam com seus filhos. Assim que desci do ônibus, vi a uns quarenta metros, Nilson com uma bola nas mãos. Parecia que ele ia jogá-la para alguém. Olhei com atenção e vi que, diante dele havia um menininho que sorria, esperando a bola. Nilson jogou a bola e o menino correu para pegá-la. Sorri e fiquei feliz por ver Nilson brincando com o filho. Aquela era uma oportunidade de eu conhecer o menino. Caminhei em sua direção. Quando estava me aproximando e, antes que Nilson me visse, o menino correu para o outro lado. Acompanhei-o com os olhos e, estarrecida, parei. Ele foi ao encontro de uma moça que, com os braços abertos, esperava que ele se aproximasse. Nilson também foi até ela. Assim que chegou, deu-lhe um beijo no rosto e os três saíram andando em minha direção. Eu estava petrificada, paralisada, não só por ele estar com a mulher e o filho, mas, muito mais, por ela estar grávida. Assim que ele me viu, notei que empalideceu, mas fingiu não me ver. Passou por mim, sem me olhar e se encaminhou para um restaurante que havia ali. Eu não sabia o que fazer. Fiquei lá, parada, até que Débora se aproximou:

— *O que foi aquilo, Débora? O que o Nilson estava fazendo com aquela mulher? Ele não disse que ela estava doente?*

— *Vamos embora, Sueli. Está na hora do almoço. Meus pais estão esperando.*

— *Desculpe-me, Débora, mas não estou em condições de almoçar nem de ficar junto com outras pessoas. Preciso ficar sozinha e pensar em tudo o que aconteceu.*

— *Não pode ficar sozinha, Sueli. Vamos lá para casa, minha família é muito animada e você vai se distrair.*

— *Não posso, Débora. Preciso ficar sozinha. Leve este presente para sua mãe, peça desculpas e diga que um dia desses eu vou almoçar com ela.*

— *Está bem, se é assim que deseja, vou fazer isso, mas tome cuidado com o que vai fazer. Não faça nenhuma loucura.*

— *Não se preocupe, só vou pensar no que vou fazer, daqui para frente, com a minha vida. Vá almoçar e divirta-se.*

— Preocupada, ela saiu e eu fiquei ali, parada, olhando para o restaurante.

— Como ele pôde fazer isso com você, Sueli? — Júlia, boquiaberta, perguntou.

— Fez porque eu permiti. Acreditei em tudo o que ele disse sem me preocupar em saber se era verdade ou não e me entreguei totalmente.

— O que você fez? Foi até o restaurante?

— Minha vontade foi a de ir até lá e desmascará-lo, Júlia, mas pensei na mulher e no menino que nada tinham a ver com aquilo nem com o mau-caratismo dele. Olhei à minha volta e vi um banco onde poderia me sentar e ver a porta do restaurante por onde Nilson havia entrado. Sabia que, quando ele saísse não poderia me ver. Fiquei ali esperando, por muito tempo, até que finalmente eles saíram. Assim que apareceu na porta, notei que ele olhou para todos os lados, provavelmente me procurando. Quando achou que eu não estava por ali, passou um dos braços sobre os ombros da mulher e com a outra mão segurou a do menino e caminharam em direção ao carro, que, só agora, eu vi que estava estacionado do lado oposto ao que eu estava. Entraram no carro, e eu fiquei ali sem saber o que fazer com a minha vida. A única coisa que eu queria era morrer.

— Nossa! Imagino o que você sentiu, Sueli! Imagino, porque é o mesmo que estou sentindo em relação a Anselmo...

— Não, Júlia, não pode imaginar, porque Anselmo nunca enganou você da maneira como Nilson fez comigo. Sempre soube que ele era casado. Teve a opção de aceitar ou não. Resolveu aceitar. Eu não tive essa opção.

Júlia ficou calada. Sueli continuou:

— Fiquei sentada naquele banco por muito tempo. Desesperada e inconformada, não conseguia aceitar que ele tivesse feito aquilo comigo. Comecei a delirar:

Não, ele não fez isso. Aquela mulher não é sua esposa. Deve ser sua irmã ou amiga.

— Assim pensando, fui para nossa casa na esperança de que ele viesse para podermos conversar. Chorei o tempo todo. Eu faria qualquer coisa para não perdê-lo, Júlia. Fiquei ali o resto do dia, até que chegou a hora de ir para o trabalho. Não sentia vontade alguma de ir, mas, por ser domingo, sabia que haveria muitos clientes para o jantar. Apesar de tudo, eu era e sou uma boa profissional. Fui para o restaurante e, como previra, houve muitos clientes. Débora percebeu que eu não estava bem, mas ficou calada, apenas me ajudou. Aquilo foi bom para mim, pois, com tanto trabalho, não tive tempo para pensar. Por alguns minutos em que eu ficava parada esperando uma mesa vagar, eu pensava:

Tudo isso é um grande engano, um mal-entendido. Quando eu sair, sei que ele vai estar aí fora me esperando como fazia no começo.

— Quando saí, olhei para o lugar onde ele ficava me esperando, mas ele não estava lá. Chorando, tomei o táxi ao lado de Débora e fui para casa. Antes de entrar em casa, sequei os olhos para que minha mãe não notasse que eu havia chorado, mas foi em vão. Ela notou e, preocupada, perguntou:

— *Esteve chorando, Sueli?*

— *Sim, mas não se preocupe. Estou bem, é apenas problema no trabalho. Sabe o quanto brigo com o cozinheiro por ele demorar em preparar os meus pedidos.*

— *Não entendo por que você continua trabalhando com esse homem. Não precisa trabalhar, seu pai e seus irmãos ganham o suficiente para que fique em casa.*

— *Gosto do meu trabalho.*

— Eu não queria continuar aquela conversa, por isso, disse:

— *Não vou tomar chá, estou muito cansada. Vou tomar um banho e me deitar. Vá se deitar também, mãe. Quantas vezes eu disse para a senhora não me esperar? Não precisa. Eu venho de táxi, não há perigo algum.*

— Ela não estranhou, porque, às vezes, quando eu estava muito cansada, não tomava chá. Entrei no banheiro e, enquanto me banhava, deixei que as lágrimas se misturassem com a água e caíssem pelo meu rosto. Após o banho, fui me deitar e chorei até que o sono me dominasse.

— Conseguiu dormir, Sueli?

— Sim, Júlia. Embora não entenda como, adormeci. Acordei, olhei para as frestas da janela e vi que havia amanhecido. Continuei deitada, pensando em tudo o que havia acontecido. Ao me relembrar, recomecei a chorar. Iludida como estava, não conseguia enxergar a verdade diante de mim.

Aquela moça não pode ser a mulher dele! Ela está doente e não poderia estar grávida! Ele disse que tem uma irmã, deve ser ela. Vou telefonar. Sei que ele deve ter uma explicação.

— Levantei-me, disse à minha mãe que ia estudar na casa de uma amiga. Saí, fui até a esquina e, de um telefone público, telefonei para a sua empresa. Uma moça atendeu e, depois de alguns segundos, disse que ele não estava lá. Acreditei. Tomei um ônibus e fui para a nossa casa, esperando que ele aparecesse. Durante essa espera, limpei tudo, troquei e lavei lençóis e toalhas. Queria que, quando ele chegasse, encontrasse tudo em ordem. Porém, a espera foi em vão. Ele não veio. Fiquei lá até a hora de ir para o trabalho. Todos os dias eu telefonava e ele nunca estava ou não podia me atender por se encontrar em reunião. Mesmo assim, eu me recusava a acreditar que tudo havia terminado. O fim de semana chegou. Sabia que não poderia vê-lo, mas, mesmo assim, fui para a casa e fiquei esperando.

— Mesmo após passar uma semana, você ainda continuou esperando?

— Continuei. Não concebia minha vida sem ele, Júlia. Na segunda-feira, para que minha mãe não desconfiasse, não saí pela manhã. À tarde, na hora em que devia ir para a escola, fui até a casa, ainda esperando que, a qualquer momento, ele viesse. Quando cheguei à frente da casa, parei. Havia uma grande placa: "vende-se". O portão estava aberto. Entrei por ele. Coloquei a chave na porta da sala, mas ela não abriu. Olhei pelo vitrô da sala e vi que ela estava vazia. Fui até os fundos e tentei abrir a porta da cozinha, mas também não abriu. Olhei para a garagem e vi uma porção de caixas de papelão. Fui até lá e, incrédula, vi o nome escrito, em letras grandes. Abri uma e, para meu desespero, dentro dela estavam os lençóis que eu havia comprado com tanto carinho. Abri as outras e, nelas, estavam as toalhas, escova de dentes, pentes e todos os meus objetos pessoais. Só aí entendi e aceitei o que havia acontecido, que tudo estava terminado. Ele, realmente, durante todo aquele tempo, me enganara...

Sueli terminou de falar, chorando. Júlia se comoveu:

— Sinto muito, Sueli. Realmente não deve ter sido fácil.

Sueli secou os olhos com as mãos e continuou:

— Sentei-me no chão da garagem e chorei como nunca havia chorado em minha vida. Mais até do que quando vi Nilson com a esposa. Depois de muito chorar, fui tomada por uma raiva incontrolável:

Ele vai me pagar por tudo o que fez! Não sei onde mora, nem onde fica a empresa, só tenho o número do telefone, mas vou descobrir os dois endereços e vou desmascará-lo. Vou contar a sua esposa tudo o que ele fez comigo! Minha vida está destruída, mas vou destruir a dele também!

— Sabia que, por ser domingo, não teria como descobrir o seu endereço. Fiquei ali, sentada, até a hora de ir para o restaurante. Nesse dia, agradeci a Deus por ter um trabalho. No restaurante, concentrei-me no trabalho e atendi aos clientes da melhor maneira possível. Quando saí, não olhei para o lugar em que ele sempre me esperava. Sabia que não estaria ali. Com muita raiva e sem mais chorar, fui para casa. Entrei, tomei o chá com minha mãe e fui para o meu quarto. Nunca lamentei tanto não ter telefone em casa. Não que eu fosse telefonar dali, mas poderia consultar a lista telefônica. Naquela noite, não dormi, Júlia. A raiva era tanta que eu, por mais que quisesse que a noite passasse rápido, ela não passou. Fiquei o tempo todo pensando como fazer para me vingar. Pela manhã, tinha um plano e o colocaria em ação. Menti outra vez para minha mãe, dizendo que precisava estudar na casa da minha amiga. Ela não desconfiou e eu saí, sabendo o que ia fazer.

— O que você fez, Sueli?

— Como não conseguia dormir, levantei-me, peguei um caderno e escrevi uma longa carta, endereçada à esposa de Nilson. Contei tudo o que ele havia feito comigo e com ela. Para que comprovasse que o que eu estava dizendo era verdade, escrevi o endereço da casa que seria nossa. Peguei um envelope, coloquei na bolsa, saí de casa e fui para o restaurante. Quando cheguei lá, a porta ainda estava fechada. Eu sabia que seria assim. Entrei pela porta dos fundos e, quem passasse por fora, não imaginaria o movimento que havia lá dentro. Algumas pessoas limpavam e arrumavam as mesas. Outros, na cozinha, preparavam o almoço. Por ter sempre trabalhado à noite, não conhecia funcionário algum, a não ser o gerente, pois ele só ia embora quando o gerente do horário noturno chegasse. Assim que o vi, caminhei até ele. Depois de nos cumprimentarmos, pedi que me emprestasse a lista telefônica. Ele não imaginava por que e para que eu queria uma lista, mas não perguntou. Foi até o balcão onde estava o telefone e, da parte de baixo, pegou a lista e me entregou. Com a lista nas mãos, sentei-me em uma das mesas e comecei a procurar pelo alfabeto. Procurei a letra ene e encontrei. Com os dedos, percorri as páginas, até chegar àquela em que provavelmente estaria o nome e telefone da casa de Nilson. Logo apareceu seu nome. Com uma caneta, anotei em um papel. Agradeci ao gerente e saí. Na rua, sabia onde havia um telefone público. Fui até ele, tirei de minha bolsa algumas fichas e disquei o número que havia anotado. Do outro lado, uma voz de mulher atendeu. Pelo som, percebi que se tratava de alguém jovem. Perguntei:

— *É da casa do senhor Nilson?*

— *É sim, senhora.*

— Percebi que se tratava de uma empregada da casa. Não tinha certeza, mas arrisquei.

— *A esposa dele está em casa?*

— *Não, senhora. Ela está esperando neném e foi até o médico fazer uma consulta, mas não está doente, não. Só foi ver se está tudo bem com o neném.*

— *Perfeito!* — pensei, feliz.

— *É justamente sobre isso que queria conversar com ela. Sou gerente de uma loja de roupas para bebê e queria enviar algumas peças para que ela avaliasse o nosso trabalho.*

— *Vai dar de presente?*

— *Isso mesmo* — respondi, rindo por dentro, e continuei:

— *Mas para isso eu preciso do nome completo dela e do endereço. Pode me passar?*

— *Posso, sim! Ela vai ficar feliz!*

— *Eu imagino que vai, sim. Pode ter certeza.*

— Ela falou o nome e me passou o endereço. Eu anotei no mesmo papel onde havia anotado o número do telefone. Agradeci e desliguei. Feliz, pensei:

Pronto, agora já tenho o endereço, basta atravessar a rua, ir até o correio, endereçar e enviar. Quando ela receber e ler, vai descobrir com quem está casada.

Da maneira como escrevi, duvido que ele consiga dizer que é mentira! Da mesma maneira que gostei dele, agora o odeio e quero que seja destruído, que sofra!

Júlia se levantou e foi até o fogão pegar mais um pouco de chá. Com a xícara na mão, voltou a se sentar. Perguntou:

— Você não se importou de ela estar grávida, de perder o bebê, Sueli?

— Até que pensei, mas pensei, também:

Sei que ela pode perder o bebê, mas depois de tudo o que ele me fez, o que sua mulher possa sentir é sua culpa, portanto, seu problema, não meu!

— Atravessei a rua e entrei na agência dos correios. Esperei em uma fila para ser atendida. Quando estava quase chegando minha vez, pensei:

Pelo correio vai demorar muito para chegar e eu não vou saber se ela recebeu. Se o Nilson pegar antes dela? Se isso acontecer, ele vai destruir a carta. Não, não vou mandar por aqui, vou pessoalmente. Sei que a mulher dele não está em casa. Vou até lá e entrego nas mãos da empregada. Só assim, terei certeza de que tudo deu certo. Não posso me arriscar a deixar que ele se safe!

— Pensou nisso, Sueli? Pensou em ir pessoalmente? Não era muito arriscado? A mulher dele já poderia estar em casa. Se ela visse você, o que ia fazer?

— Nem pensei na possibilidade de encontrá-la, mas se isso acontecesse, seria bom, pois entregaria a carta a ela e iria embora. Assim, ela saberia que eu existo realmente.

— Você foi muito corajosa, Sueli...

— Não foi coragem, Júlia, foi a raiva, o ódio. Antes de continuar, preciso tomar um pouco de chá. Falei sem parar e estou com a garganta seca.

Sueli colocou chá na xícara, adoçou e tomou um gole. Depois, continuou falando:

— Fui até a calçada, esperei um pouco e um táxi surgiu. Acenei e ele parou. Entrei, mostrei o endereço para o motorista. Ele colocou o carro em movimento. Algum tempo depois, chegamos à rua onde ficava a casa. Estremeci e falei:

— Pode parar, por favor. Vou descer aqui.

— Ele falou o valor da corrida, paguei e desci. Olhei o número que estava escrito no papel, depois o número da casa. Precisava andar alguns metros. Comecei a caminhar, olhando os números. Estava quase chegando, quando um táxi passou por mim e parou na frente da casa. O motorista desceu e abriu a porta. Por ela desceu uma mulher. O motorista entregou-lhe algumas sacolas e pacotes. Assim que a vi, reconheci. Era a mulher de Nilson. Ela sorriu, pagou ao motorista e entrou em casa. Durante todo esse tempo, fiquei parada, nervosa, sem poder caminhar.

Não posso fazer o que estou pretendendo. Pelo tamanho da barriga, parece que a criança está para nascer. Ela me pareceu tão feliz. Não posso envolver uma inocente naquilo que me aconteceu. O culpado foi o Nilson, não ela. Assim como eu, ela é vítima dele. Não quero ser a responsável pela vida dela ou da criança. Não posso. Nilson me envolveu, enganou e com certeza um dia vai ser desmascarado, mas não agora, nem por mim. Não posso arriscar duas vidas.

— Cabisbaixa e com passos lentos, voltei-me e comecei a andar. Não sei explicar o que estava acontecendo comigo, Júlia, mas eu estava bem. Senti como se um grande peso saísse dos meus ombros. Andei até a esquina e fiquei esperando outro táxi passar. Acenei, ele parou. Entrei nele e voltei para casa.

O recomeço

Sueli tomou um gole de chá. Júlia fez o mesmo.

A entidade que estava acompanhando Júlia sorriu e olhou para uma outra entidade que havia chegado um pouco antes de Sueli parar de falar:

— Como ela está, Alzira?

— Agora, bem, Ciro. Chegou arrasada, mas, enquanto estava ouvindo a história de Sueli, esqueceu-se, por algum tempo, de seus problemas.

— Foi muito bom você ter incentivado Sueli a contar sua história. Júlia, a partir de agora, terá muito no que pensar.

Ciro olhou para Júlia, sorriu e disse:

— Tem razão. A curiosidade nos acompanha para sempre, mesmo depois da morte.

Realmente, Júlia estava curiosa para saber o que havia acontecido. Sentou-se novamente e, incrédula, olhou nos olhos de Sueli. Perguntou:

— Você desistiu, Sueli?

— Desisti, Júlia. Enquanto o táxi ia para minha casa, não chorei, apenas lembrei-me de tudo o que havia acontecido. Das várias vezes que sinais apareceram, de como gostei de me deixar enganar e de como aceitei uma ilusão.

Entendi que Nilson me enganou porque eu permiti. No final só me restou uma certeza, precisava tirar aquele homem da minha cabeça e, principalmente, da minha vida. Não conseguiria se permanecesse ali. Precisava ir para bem longe e tentar reconstruir minha vida.

— Assim como aconteceu comigo. Também me deixei levar pela ilusão de que, um dia, Anselmo deixaria a mulher para ficar comigo, mesmo sem ele nunca haver me enganado.

— Ainda bem que entendeu isso, Júlia. Por experiência própria, posso dizer que romance com homem casado, na maioria das vezes ou quase sempre, nunca dá certo. A mulher é sempre quem sofre mais.

— Sei disso. Neste momento estou sofrendo muito...

— Esse sofrimento vai passar e lá na frente você vai perceber o quanto foi bom isso ter acontecido. Você, agora, é livre para seguir o seu caminho. Não está mais presa a uma ilusão.

— Não sei como vou conseguir viver sem ele...

— Vai conseguir. Todas conseguem.

— Como você conseguiu?

Sueli começou a rir.

— Não fui eu, Júlia. Foi a vida, algum anjo da guarda ou o próprio Deus que se encarregou de mudar tudo.

— Não estou entendendo...

— Quando desci do táxi, vi que minha mãe estava no portão. Ela estranhou por me ver chegar:

— *Já voltou, Sueli? Pensei que fosse fazer como antes.*

— *Fazer o quê, mãe?*

— *Sempre que vai estudar na casa da sua amiga, não volta para casa. Vai para a escola e depois para o restaurante.*

— *É verdade, mas ela não está passando bem. Está com muita dor de cabeça. Por isso não pudemos estudar. Vou fazer isso sozinha.*

— *Está bem, o almoço está quase pronto.*

— *O que a senhora está fazendo aqui fora?*

— *Hoje é dia do correio, que vem sempre pela manhã. Estou estranhando por ele não haver passado ainda.*

— *Por que está esperando aqui fora?*

— *Hoje é o dia de receber a conta de luz. Estou ansiosa para ver quanto gastamos. Está um absurdo! Todo mês gastamos mais. Não sei mais o que fazer para gastarmos menos.*

— Comecei a rir:

— *Não se preocupe com isso, mãe. Vamos ter dinheiro para pagar a conta. Vamos entrar?*

— *Não, vou esperar mais um pouco. Ele deve chegar a qualquer momento.*

— *Está bem. Vou para o meu quarto estudar.*

— Rindo, entrei e fui para meu quarto. Sentei em frente a uma penteadeira. Fiquei olhando meu rosto e pensando no quanto eu havia sido burra em acreditar em tudo o que ele dizia. Em tudo o que fiz para ficar ao lado dele e no quanto eu estava disposta a fazer. Não chorei. Fiquei ali me olhando por um bom tempo. Depois, peguei um caderno e fui para minha cama. Eu havia parado de estudar, precisava recuperar o tempo perdido. Pensei também em uma maneira de ir embora, mas sabia que seria difícil, pois, para isso, teria de ter dinheiro, coisa que eu não tinha. Durante o tempo em que estive com Nilson, todo o dinheiro que sobrava eu gastava comprando roupas e sapatos para ficar mais bonita para ele e coisas para a casa ficar agradável. Minha mãe veio me avisar que o almoço estava pronto e que meu pai havia chegado. Levantei-me e fui para a cozinha. Meu pai, como fazia todos os dias, estava sentado à mesa. Sentei-me ao seu lado e, mesmo sem fome, comi alguma coisa. Minha mãe ainda estava nervosa com a demora do correio.

— *Deve ter acontecido alguma coisa que fez com que ele se atrasasse, mãe, daqui a pouco ele vai chegar.*

— *Sei disso, mas logo hoje ele tinha de se atrasar? Nunca aconteceu isso. Ele é muito pontual!*

— Olhei para meu pai que estava rindo do nervosismo de minha mãe e voltei para meu quarto. Estava deitada tentando estudar, quando minha mãe entrou. Trazia em sua mão um envelope:

— É para você. Sabe do que se trata?

— Levei um susto, não tinha a menor ideia. Peguei a carta, abri e comecei a correr pela casa e a gritar. Minha mãe se assustou:

— Pare de correr e gritar, Sueli! O que está escrito nessa carta?

— Fui aceita, mãe!

— Aceita para o quê?

— Nesta carta está escrito que ganhei uma bolsa de estudo para aquela escola que eu queria ir!

— Ganhou?

— Ganhei, mãe! Agora posso estudar e me tornar uma cozinheira de prestígio!

— Que bom, minha filha! Você merece e garanto que essa escola não vai se arrepender. Vão ter muito orgulho de você, como eu tenho!

— Nossa, Sueli! Você conseguiu mesmo? — Júlia perguntou, rindo.

— Consegui, sim, Júlia. Algumas horas antes, eu estava desesperada, achando que minha vida havia terminado. Não sabia como continuar e, de repente, meus problemas haviam terminado. Tudo havia mudado para melhor.

— Você não teve medo de sair de casa e ir para um lugar desconhecido? Não disse também que não tinha muito dinheiro? Como fez?

— Não tive medo, Júlia, pois a única coisa que eu queria, naquele momento, era ficar o mais longe possível de Nilson. Quanto ao dinheiro, peguei o pouco que me restou. Minha família também tinha algum dinheiro guardado e me deu. O mais importante era que eu tinha uma profissão e que em qualquer lugar do mundo sempre há um restaurante, por isso eu não ficaria sem trabalho.

— Que maravilha, Sueli! O que acha que aconteceu para que a escola desse a você uma bolsa de estudos?

— Naquele tempo eu não sabia. Quando mandei a carta para a escola pedindo uma bolsa, não tinha muita esperança de ser atendida. Depois, durante todo o tempo que passei com Nilson, me esqueci completamente da carta e da escola. De qualquer maneira, o que havia acontecido não me importava. O que importava era que eu poderia ir embora e realizar o grande sonho da minha vida. Foi assim que vim para cá e para a escola.

— Você disse que naquele tempo não sabia. Hoje já sabe? Como você sabe hoje o que não sabia naquele tempo? Não estou entendendo, Sueli.

— Sei, sim, Júlia. Como não sabia onde ia ficar, tomei um ônibus à noite. Chegaria pela manhã, bem cedo. Fui direto para a escola fazer a minha matrícula. Quando estava lá, perguntei como faria para encontrar um lugar para morar. A moça que estava me atendendo disse:

— *Ali naquela parede tem anúncios de casas e apartamentos para alugar. Alguns alunos dividem a moradia e o aluguel.*

— Olhei para a parede e de longe, vi vários papéis colados. De onde estava não dava para ler. Depois de feita a matrícula, fui até a parede. Realmente havia vários anúncios. Eu sabia que não poderia alugar sozinha, pois não tinha, ainda, um emprego. O dinheiro que trouxera daria somente para um ou dois meses. Entre todos os anúncios, um chamou a minha atenção. Uma moça queria dividir o apartamento. Olhei à minha volta e vi um telefone público. Telefonei e uma moça atendeu. Depois de explicar o que queria, ela me deu o endereço e disse que ficava bem perto da escola. Havia na escola um lugar reservado para que fossem deixadas as malas, até que os alunos pudessem se estabelecer. Deixei as duas malas que trazia comigo e, com o endereço na mão, fui procurá-la. Rapidamente, perguntando, cheguei à rua onde ficava o apartamento. Quando cheguei ao número que estava procurando, fiquei maravilhada. O prédio era lindo e parecia ser muito caro também. Quase fui embora, pois sabia que não tinha dinheiro para pagar um aluguel muito alto. Porém, a curiosidade em conhecer um apartamento como aquele fez com que eu entrasse e tomasse o elevador. O apartamento ficava no sexto andar. Assim que saí do elevador, caminhei até a porta, onde havia o número sessenta e um. Toquei a campainha. A porta se abriu e por ela surgiu uma moça, jovem e muito bonita, que, sorrindo, perguntou:

— *Você é a Sueli?*

— *Sou, sim.* — respondi com voz baixa e muito nervosa.

— *Meu nome é Rosana, pode entrar.*

— Curiosa, entrei e, ao ver a sala, fiquei encantada, Júlia. Era linda, decorada, com móveis e com cores bem joviais. Não me contive:

— *A sala é linda!*

— *Fui eu mesma quem decorou. Gostou mesmo?*

— *Muito! É linda!*

— *Que bom que gostou! Assim vai se sentir bem morando aqui. Vamos nos sentar?*

— Sentei-me em um dos sofás que ela me apontou. Antes que ela falasse alguma coisa, eu disse:

— *Desculpe-me, Rosana. Gostaria muito de morar aqui, mas sei que não posso.*

— *Não pode por quê, Sueli?*

— Contei que era de outra cidade, de uma família humilde e que só estava ali por haver ganhado uma bolsa de estudo. Disse também que estava feliz, pois o meu maior sonho era ser cozinheira. Achei melhor não contar sobre o Nilson. Ela me ouviu com atenção, sem mover um músculo do rosto. Terminei, dizendo:

— *Como está vendo, estou aqui por milagre.*

— Ela, muito séria, disse:

— *Ainda é muito cedo. Já tomou café?*

— *Ainda não. Vim direto da rodoviária para a escola e, depois, para cá.*

— *Vamos até a cozinha. Quero que a veja e aproveitaremos para tomar um café.*

— Entramos na cozinha, que também era linda. Tinha a mesma decoração jovial. Fiquei encantada:

— *É linda, Rosana! Nunca vi igual!*

— *Também acho linda e, como todo o resto do apartamento, fui eu quem decorou.*

— Colocou uma chaleira no fogo e disse:

— *Venha, vamos ver os quartos.*

— Encantada com o que estava vendo, acompanhei-a. Ela abriu outra porta e, diante de mim, surgiu um quarto que, como todo o resto do apartamento, era lindo, seguindo o mesmo padrão jovial.

— *Este é o meu quarto. Resolvi comprar uma cama de casal para ter mais conforto. A colcha de crochê foi feita pela minha avó e eu escolhi o forro rosa.*

— Fiquei quase sem voz.

— *É mesmo maravilhoso, Rosana! Deve ser muito bom dormir em um quarto como este e em uma cama como essa.*

— *Posso garantir que isso é verdade!* — ela disse, rindo, e continuou —*Agora venha, vou mostrar o outro quarto.*

— Segui-a, esperando ver outra maravilha. Ela abriu a porta e, para minha surpresa, o quarto estava vazio, sem decoração e móveis. Ela percebeu minha surpresa e, ainda rindo, disse:

— *Deixei este quarto vazio, para que a pessoa que for morar nele escolha os móveis e a decoração que quiser. Por isso, pode ir pensando na decoração e nos móveis que quer comprar.*

— Surpresa, tentei dizer:

— *Não posso pagar pelo aluguel, Rosana.*

— Ela, parecendo não me ouvir, pegou a minha mão e me arrastou para a cozinha;

— *A água já deve estar fervendo, Sueli, vamos tomar café.*

— Embora perplexa, só me restou acompanhá-la. A água realmente estava fervendo. Enquanto colocava o pó de café no coador para coar, disse:

— *Aí na geladeira há leite, bolo e geleia. Não tem pão, porque sou muito preguiçosa para ir à padaria. No armário há torradas, mas não se preocupe pois se quiser comer pão pela manhã, a padaria fica logo ali na esquina.*

— *Não posso morar aqui, Rosana. Adoraria, mas não tenho como pagar nem a metade do aluguel, que deve ser muito alto.*

— Ela, ainda parecendo não me ouvir, apenas sorriu:

— Sente-se, Sueli, e enquanto tomamos o café, vamos conversar a esse respeito.

— Eu coloquei o leite, o bolo e a geleia que havia pegado na geladeira sobre a mesa. Ela tirou do armário um vidro com torradas dentro, colocou o vidro sobre a mesa e sentou-se de um lado da mesa, eu sentei-me do outro. Enquanto passava geleia em uma torrada, disse:

— Sei que está preocupada com o aluguel, Sueli, mas não precisa.

— Como não? O aluguel deste apartamento deve ser muito caro! Sei que vou arrumar um emprego, mas sei também que o que ganhar com ele dará somente para pagar um aluguel bem baixo e a minha alimentação. É uma pena, Rosana, mas não posso...

— Você tem razão, o aluguel deveria ser muito alto, mas como também não pago, não deveria estar preocupada.

— Você não paga aluguel? Como?

— Meu pai é um homem muito rico. Tem uma fazenda de gado e nem sabe quantas cabeças tem. Eu gosto da fazenda e dos animais, mas nunca quis morar na lá. Sou mais da cidade, gosto de conversar com as pessoas. Já meu irmão adora viver na fazenda. Meu pai queria que eu fosse veterinária para poder cuidar do gado e dos outros animais, mas eu recusei. Aliás, não estudei para coisa alguma. Estava preocupada com outras coisas. Vim passar alguns dias de férias aqui nesta cidade. Já a conhecia. Muitas vezes, quando crianças, meus pais nos trouxeram para cá. Agora, há pouco tempo, quando voltei para cá, me apaixonei por ela. Depois de algum tempo, meu pai veio me visitar. Como ele tem espírito empreendedor, percebeu que a cidade tinha muito potencial. Além da sua beleza natural, possuía duas faculdades e a escola de hotéis e restaurantes. Pensou por algum tempo, depois me chamou e perguntou:

— Gostaria de morar nesta cidade, Rosana?

— Eu me assustei, Sueli, e perguntei:

— Morar aqui? Claro que gostaria, papai! A cidade é linda! Por que está me perguntando isso?

— Estive observando a cidade e percebi que ela não tem um hotel de categoria. Por isso, resolvi construir um, aqui no centro, uma pousada um pouco distante e, depois, quem sabe, um bom restaurante. O que acha?

— Comecei a rir:

— Só mesmo o senhor, papai, poderia ter uma ideia como essa. Só não entendi por que perguntou se eu queria morar aqui.

— Sabe que não posso sair da fazenda. Lá tem muito para se fazer. Preciso de alguém, aqui, para acompanhar a construção. Ninguém melhor que você para isso, mas precisaria morar aqui, até que o hotel e a pousada ficassem prontos. Depois, se quiser continuar morando aqui, poderá administrar tudo ou voltar para a fazenda.

— Fiquei eufórica, pois poderia morar sozinha, longe das vistas dos meus pais. Eu precisava ficar longe deles para pensar muito em como havia sido minha vida até ali. Conversei com meu pai e ele disse:

— Está bem. Vou comprar um apartamento para que fique confortável. Confio em você, sei que vai dar conta da construção.

— Eu estava abismada, Júlia, pois quem a visse jamais imaginaria que era uma pessoa rica. Ela, sorrindo, continuou:

— Portanto, Sueli, este apartamento é do meu pai, não pago aluguel e você também não precisará pagar. Pode morar aqui comigo, o tempo que precisar. A construção do hotel e da pousada ainda não começou e vai demorar muito para ficarem ambos prontos.

— Só não entendo uma coisa, Sueli. Se o apartamento era dela, por que colocou o anúncio querendo dividir?

— Foi o que perguntei. Ela, rindo, respondeu:

— Depois que decorei o apartamento, fiquei por alguns dias morando sozinha. Ontem à tarde, estava aqui mesmo, tomando café, quando, sem saber por que, pensei: odeio morar sozinha. Preciso procurar uma moça para morar aqui. Fui até a escola e às faculdades. Como havia estudado em outra cidade, sabia que havia muitos estudantes de outras regiões que precisavam alugar um local para morar. Ontem à noite, coloquei o anúncio nos três lugares e, hoje, logo pela manhã, você telefonou. Assim que a vi, gostei e, depois de ter me contado a imensa vontade que tem de trabalhar e estudar, soube que precisava da minha ajuda e que seria uma ótima companhia. Além do mais, você falou que estar aqui é um milagre, como acredito que milagre precisa ser completo, estou lhe dando uma ajudinha. — disse, rindo.

— Estou pensando, Rosana! Não estou acreditando em tudo de bom que está acontecendo comigo! É muita sorte mesmo!

— Não acredito em sorte, Sueli. Acredito em merecimento. Você deve ter feito algo muito bom para ter tanta proteção, tantos amigos espirituais ajudando-a.

— Amigos espirituais? Quem são eles?

— Estou estudando uma doutrina na qual aprendi que, quando as coisas parecem caminhar bem, é, primeiro, questão de merecimento, depois, porque estamos no caminho certo.

— Não estou entendendo muito bem.

— É muito simples. Ela nos ensina que, antes de nascermos, escolhemos a vida que queremos viver e que, quando estamos no caminho certo, as portas se abrem para podermos caminhar sem tropeços e tudo passa a dar certo. Outro motivo também é que, quando conseguimos atravessar um momento difícil sem causar mal a ninguém, a recompensa vem. Você deve ter feito algo muito bom. Para que isso aconteça, também temos sempre ao nosso lado amigos espirituais que torcem para que possamos encontrar o caminho.

— Quem são esses amigos?

— Olhando bem em meus olhos, Júlia, ela voltou a rir:

— Por ora, Sueli, vamos dizer que são anjos da guarda. Você deve ter muitos anjos. Só gostaria de saber o que você fez de tão bom para merecer toda essa ajuda.

— Não me lembro de ter feito nada de bom, Rosana. Tenho uma vida comum como todas as pessoas.

— Isso agora não importa. Outro dia conversaremos sobre isso, Sueli. Agora, precisamos sair e ir comprar os móveis do seu quarto. Está pronta?

— Claro que estou! Continuo não acreditando no que está acontecendo, Rosana. Depois que estiver instalada, vou sair e percorrer os restaurantes da cidade. Quem sabe, com a sorte com que estou, consiga um emprego hoje mesmo.

— Vai conseguir. Vai conseguir...

— Saímos e ela deixou que eu escolhesse os móveis e tudo o que quisesse para o meu quarto. Parecia que eu estava vivendo um sonho.

Consegui trabalho em um dos restaurantes da cidade, que não eram muitos. O restaurante era frequentado pelos estudantes que iam lá porque a comida era boa e a mais barata da cidade. Conheci muitos jovens, alguns deles quiseram me namorar, mas eu não queria. Meu único objetivo era terminar a escola e ir para uma cidade grande. Rosana me tratava como irmã. Nos primeiros dias em que ela se mudara para o apartamento, contratara uma empregada que continuou trabalhando, só que, agora, ela cuidava das minhas coisas também. Ela nunca permitiu que eu pagasse pelo aluguel, nem pela comida me cobrava. A única coisa que ela me pediu e eu agradeci, foi que eu fizesse a comida em casa. Assim, ela poderia prová-la e eu poderia treinar. Ela sempre elogiava meu tempero. Quando ela dizia isso, eu ria:

— Não é engraçado? Todos usam cebola e alho, mas o sabor da comida é totalmente diferente de uma pessoa para outra.

— *Cozinhar é um dom, Sueli. Nem todos têm esse dom. Posso garantir que você tem. Sua comida é uma delícia. Viu que sorte que eu tive em deixar que viesse morar aqui? Sou uma péssima cozinheira.*

— Ela era muito divertida, Sueli!

— Era, não, Júlia! Ainda é! Está viva! Muito viva!

— Gostaria de conhecê-la.

— Vai conhecer. Ela e o marido serão os padrinhos do meu casamento!

— Ela se casou?

— Sim, e é muito feliz.

— Você não me contou como conheceu o Eduardo. Disse que, depois do Nilson, não se interessou por homem algum.

— Essa é outra história. Está quase na hora de eu sair para o trabalho. Vou tomar um banho e, quando sair do banheiro, vou contar.

— Está bem, vou ficar esperando.

Sueli entrou no banheiro. Júlia ficou ansiosa, esperando que ela voltasse e contasse o restante da história.

Alzira e Ciro, as entidades que estavam ali o tempo todo, sorriram e ficaram olhando Sueli se afastar.

Receita da infelicidade

Enquanto Sueli se banhava, Júlia lavava as xícaras, o açucareiro e o bule que haviam usado e pensava:

A história de Sueli é muito bonita. Ela conseguiu se afastar e esquecer de Nilson. Hoje está feliz e com o casamento marcado com Eduardo, um rapaz que a ama muito e que faz de tudo para que ela seja feliz. Ela conseguiu, mas eu vou conseguir também? Acho que não. Sei que vou passar o resto da minha vida pensando no Anselmo e em como poderíamos termos sido felizes. Por que demorei tanto para encontrá-lo? Por que não foi comigo que ele se casou? Por que a vida é tão injusta?Sei que ele nunca prometeu coisa alguma, mas eu tinha tanta esperança...

Sueli saiu do banheiro com uma toalha envolvendo os cabelos. Entrou em seu quarto e foi seguida por Júlia, que, curiosa, queria que ela continuasse a contar sua história. Enquanto Sueli abria a porta do guarda-roupa para pegar a roupa que ia usar, Júlia sentou-se sobre a cama e ficou olhando para ela, que sorriu:

— Está bem, Júlia, vou continuar contando, só não posso demorar muito, porque está quase na hora de eu ir para o restaurante. Sabe que se trata do meu trabalho e, quando se trata disso, não há negociação. Meu trabalho é minha vida. Sem ele, eu não estaria aqui e tão bem. Se não fosse ele, na época do Nilson, talvez, eu não tivesse conseguido sobreviver.

— Sei o que você pensa em relação ao trabalho, Sueli. Por isso, não me importo se você falar bem depressa. Só quero saber o que aconteceu depois e como conseguiu se recuperar e hoje ter seu próprio restaurante.

Sueli sorriu e continuou falando:

— Eu e Rosana, a cada dia que passava, ficávamos mais amigas. Ela ficava quase o dia todo acompanhando as construções. Eu, para poder estudar pela manhã, trabalhava todas as noites no restaurante. Ela dormia cedo, por isso, só nos encontrávamos na hora do almoço. Eu, nos primeiros dias, ainda me lembrava de Nilson e, quando isso acontecia, sempre chorava. Eu e Rosana nunca conversamos sobre a nossa vida afetiva.

— Por que não?

— Eu tinha muita vergonha do que havia acontecido comigo e de como me humilhei, chegando a pensar em aceitar Nilson mesmo que fosse casado, mesmo depois de ter mentido tanto. Ela nunca perguntou sobre minha vida afetiva e eu nunca perguntei sobre a dela.

— Nunca perguntou? Não teve curiosidade? Você disse que ela era jovem.

— Nunca, Júlia, pois sabia que se perguntasse sobre a vida dela, correria o risco de que ela perguntasse sobre a minha e eu não queria contar.

— Entendo a vergonha que sentiu, Sueli, é a mesma que estou sentindo hoje. Também aceitei Anselmo, mesmo sabendo que ele era casado e que nunca deixaria a esposa.

Ao ouvir aquilo, Sueli sorriu:

— Já disse para você que não foi a primeira e nem será a última, Júlia. Portanto, não vale a pena sofrer ou sentir vergonha. Deixe essa parte da sua vida para trás e caminhe sem mágoa, sem tristeza e principalmente sem ódio. Na vida tudo o que nos acontece, sempre tem um motivo.

— Que motivo pode ter para que eu tenha sido tão tola, Sueli?

— Agora não sei, mas um dia você vai rir de todo esse sofrimento de todas as lágrimas que derramou.

— Você acha que isso pode acontecer?

— Pode, não, Júlia! Vai acontecer!

— Falar é fácil, o difícil é conseguir.

— Você vai conseguir, Júlia. Assim como eu, um dia vai entender o motivo para eu ter conhecido Nilson e ter tido com ele aquele romance.

— Você sabe o motivo? Qual é? Como descobriu?

— Essa é outra história, Júlia. Um dia vou contar a você.

— Está bem. Vou esperar. Agora me conte, conseguiu não saber da vida dela e nem contar a sua?

— Nada fica escondido para sempre, Júlia. Em uma noite, ao sair do restaurante, lembrei-me do dia em que Nilson estava me esperando. No mesmo instante comecei a relembrar tudo o que havia acontecido. Enquanto caminhava para casa, não pude evitar as lágrimas que insistiam em correr pelo meu rosto. Entrei em casa e, para minha surpresa, Rosana estava na sala, sentada no sofá e lendo um livro. Assim que entrei, ela olhou por sobre os ombros e perguntou:

— *Já chegou, Sueli?*

— *Como já, Rosana? Sempre chego nesse horário.*

— *Nossa! Estou tão envolvida lendo este livro que nem notei as horas passarem.*

— *Que livro é esse que está lendo? Perguntei enquanto ia para a cozinha.*

— *Um romance muito bonito.*

— *Romance só é bonito nos livros, na vida real é uma porcaria.*

— Dizendo isso, fui para a cozinha. Ela se levantou e entrou na cozinha. Eu, para que não visse meus olhos vermelhos, fiquei virada para o fogão, colocando uma chaleira com água para ferver. Queria fazer um chá.

— *Por que está dizendo isso, Sueli? O romance e o amor existem também na vida real. Você nunca viveu um romance? Nunca teve um amor?*

— Não aguentei, Júlia e recomecei a chorar. Ela, desesperada, veio para o meu lado.

— *Está chorando, por que, Sueli? O que aconteceu?*

— *Estou chorando porque o romance e principalmente o amor não existem! O que existem são mentiras e traições...*

— *Por que está dizendo isso?*

— Não sei por que, Júlia, mas naquele momento, senti vontade de contar a Rosana toda a minha história. Contei tudo o que havia acontecido desde que conheci Nilson. Ela me ouviu atentamente, assim que terminei, para minha surpresa, ela começou a rir.

— *Ela riu, por quê, Sueli?*

— Também fiquei sem entender aquela reação e perguntei:

— *Por que está rindo dessa maneira, Rosana?*

— Ela continuou rindo por um bom tempo, tanto que não conseguia parar. Fui ficando aflita, até que ela parou e ainda rindo, porém, mais calma, respondeu:

— *Estou rindo porque você usou a receita!*

— *Que receita é essa, Rosana?*

— *A receita da infelicidade!*

— Perplexa e sem entender, voltei a perguntar:

— *Da infelicidade? Não estou entendendo.*

— *É muito simples, Sueli. Vou dar a você essa receita e vai ver que já a usou.*

— *Eu?*

— *Sim você e muitas outras mulheres e homens também.*

— *Continuo sem entender. De que receita está falando?*

— *Pegue uma caneta, um papel e anote.*

— *Está brincando, Rosana?*

— *Não, estou falando muito sério, Sueli.*

— *Quer que eu anote como se fosse uma receita de bolo?*

— *Isso mesmo, para nunca mais esquecer e seguir adiante. Sei que um dia, vai precisar passá-la a alguém.*

— Ela olhou para uma estante, onde havia livros, cadernos e algumas canetas. Sem entender, mas curiosa, fui até a estante, peguei uma caneta e um caderno. Voltei a me sentar e fiquei olhando.

— *Agora anote tudo o que vou dizer. Está bem, Sueli?*

— *Está, pode falar.*

— *Pois bem. Esta é a receita. Se uma mulher quiser ficar o tempo todo sozinha, se quiser passar os fins de semana e feriados esperando, se não quiser sonhar com o futuro nem planejá-lo e se quiser ver o tempo passar, perder a juventude e a velhice chegar para só aí perceber que perdeu toda sua vida esperando por algo que jamais aconteceria. Se quiser ficar em casa sem nunca sair para passear, ir a um cinema ou ao teatro por estar esperando aquela pessoa que nem sempre aparece; se quiser viver para outra pessoa, esquecendo-se de si própria. Se quiser ficar na dependência emocional. Se quiser viajar, passar férias ou até mesmo ir a um cinema, sempre sozinha. Se quiser ver o tempo passar, sem conseguir coisa alguma. Enfim, se quiser ser infeliz, basta namorar um homem casado e contentar-se em ser a outra. Antes que eu me esqueça, Sueli. Esta receita serve tanto para homens como para mulheres.*

— Ela terminou de falar e ficou me olhando, Júlia e eu olhando para ela. Não me contive:

— *Essa é a sua receita da infelicidade, Rosana?*

— *Sim, e muitas outras desvantagens que, no momento, esqueci. Você tem alguma dúvida a respeito, Sueli? Não foi tudo o que passou ao lado do Nilson?*

— Fiquei pensando por algum tempo, Júlia, e só me restou dizer:

— *Você tem razão, Rosana, passei por tudo isso enquanto estive com ele. Esperei por ele muitas vezes e ele não apareceu. Passei todos os fins de semana sozinha. Foi pior quando descobri que era casado e esperei muito para podermos conversar e ele simplesmente me ignorou, fez de conta que eu não existia. Você tem razão mesmo, Rosana...*

— Ela ficou calada, Júlia, apenas sorriu. Perguntei:

— *De onde tirou essa ideia, Rosana?*

— *Porque eu mesma já usei essa receita.*

— *Você teve um relacionamento com um homem casado?*

— Tive. Esse é o verdadeiro motivo por eu estar aqui, nesta cidade, tão longe de casa. Vim para cá tentar esquecer tudo o que passei.

— Você não veio para ajudar o seu pai na construção do hotel e do restaurante?

— Essa é uma longa história.

— Vai me contar? Confesso que agora estou curiosa, Rosana.

— Não tenho muito o quer contar, Sueli. Você sabe exatamente como essa história começa e termina.

— Também foi enganada como fui?

— Não, Sueli. Minha história foi diferente da sua. Eu fui diferente de você, mas o resultado foi o mesmo. Sofrimento.

— Conte, Rosana!

— Está bem, vou contar, mas antes, vamos tomar o chá que, depois de tanto tempo, já deve estar frio.

A força do dinheiro

Rosana colocou o chá em uma xícara e, enquanto tomava, começou a contar:

— Minha família, desde que me conheço por gente, sempre teve muito dinheiro, Sueli. Meus pais contam que descendemos de aristocratas da corte francesa. Não sei se é verdade, mas gosto de imaginar que seja.

— Por quê, Rosana?

— Não sei, acho um luxo! — ela disse rindo, e continuou: Só tenho um irmão, que é mais velho. Desde pequena, sempre fui muito mimada. Meus pais atendiam a todos os meus desejos. Nunca ouvi um não. Cresci assim, achando que eu podia tudo. Tornei-me uma pessoa mesquinha e egoísta. Só pensava em mim. Tratava mal todos os empregados de casa. Deixava sempre bem claro que era eu quem mandava. Promovia grandes festas, por isso, tinha muitos amigos e amigas que frequentavam minha casa quase todos os dias. As amigas sabiam que eu não vestia um vestido nem usava um sapato mais de uma vez e brigavam por eles, quando eu os doava. Todos os rapazes que me conheciam aproximavam-se para tentar um namoro e, de preferência, casamento. Nunca soube se gostavam de mim na realidade ou se era apenas por eu ser uma rica herdeira. Eu não dava importância a nenhum deles. Queria apenas me divertir. Nunca quis estudar, pois sabia que o dinheiro que meus pais tinham jamais terminaria. Estudar dava muito trabalho e eu não precisava, queria viver a vida.

— Ao ouvir o que ela dizia não me contive, Júlia. Eu não podia acreditar e disse, quase gritando:

— Não pode estar falando de você, Rosana? Você não é essa pessoa!

— Ela começou a rir:

— Você não me conhece, Sueli. Não sabe como fui ou como sou.

— Não conheço você há muito tempo, mas o pouco que conheço não tem nada a ver com essa Rosana que você está descrevendo. A Rosana que conheço foi aquela que, mesmo sem me conhecer, me deu abrigo. Deixou que eu morasse aqui, com todas as condições para que eu pudesse estudar! Você é boa, Rosana!

— Ela continuou rindo, Júlia, e falou:

— Esta que está aqui, realmente é da maneira como você descreveu, mas nunca vou me esquecer daquela que fui.

— Não pode ser! Não pode ser, Rosana! — quase gritei.

— Vou continuar contando como eu era e, depois, você vai ver se estou falando a verdade. Como já disse antes, em toda a minha vida, Sueli eu nunca havia recebido um não. Usava o meu tempo fazendo compras, sempre acompanhada por alguma amiga interesseira. Em uma tarde fui, com minha amiga Joana, até uma loja de sapatos. Naquela noite, haveria outra festa na minha casa e eu, como sempre, precisava estar elegante e mais bonita do que qualquer outra. Entramos em uma loja a que eu nunca havia ido. Um rapaz se aproximou. Quando o vi, meu coração bateu. Ele era lindo! Moreno, alto com os olhos verdes. Realmente, eu nunca havia visto um rapaz tão bonito. Ele, sorrindo, perguntou:

— Posso ajudar estas duas lindas moças?

— Fiquei um tempo sem conseguir responder, encantada com o seu sorriso. Depois de algum tempo, apontei para a vitrine e disse:

— Por favor, queria ver aquele sapato.

— Ele sorriu e, mostrando com a mão um sofá que havia ali, disse:

— Sentem-se, vou buscar. Qual é o número?

— Trinta e seis.

— Ele se afastou e eu, entusiasmada com tanta beleza, disse:

— *Ele é lindo, Joana!*

— *É mesmo, Rosana.*

— *Eu quero esse homem para mim, Joana!*

— *Se você quer, vai ter, Rosana! Sempre teve o que quis!*

— Senti uma ponta de inveja, Sueli, mas não liguei, já estava acostumada com aquilo. A única coisa que queria e sabia que conseguiria era aquele homem. Saímos dali e voltamos para minha casa. Lá fiquei pensando em uma maneira de me aproximar dele e conquistá-lo. Logo percebi que não seria difícil, bastaria que eu voltasse à loja e comprasse sapatos. Foi o que fiz. Na manhã seguinte, bem cedo, eu estava lá. Ele, quando me viu ali outra vez, admirou-se e, sorrindo, perguntou:

— *Tão cedo aqui? Veio trocar algum dos pares de sapato que comprou?*

— *Não. Vim comprar um daqueles ali.* — respondi, apontando com um dedo para a vitrine.

— *Isso é ótimo! Venha, sente-se. Vou buscar.*

— Enquanto ele se afastava, pensei:

Definitivamente, quero esse homem para mim!

— Ele voltou trazendo alguns pares de sapatos. Nem sei se gostei, mas escolhi um e comprei. Durante um mês fui à loja, duas ou três vezes por semana e comprava sapatos. Não tenho ideia de quantos pares de sapatos comprei. Sempre que eu chegava, ele me recebia com um sorriso. Lógico que era pela comissão que recebia. Ele sempre me tratou como cliente, mas, na minha cabeça doente, acreditava que era por estar apaixonado. Como ele nunca tentou me conquistar, achei que fosse tímido. Resolvi que precisava tomar a dianteira. Meus pais estavam na fazenda e meu irmão estudava em São Paulo. Eu quase sempre ficava sozinha em casa, apenas com os empregados. Fazia o que queria e nunca ninguém ousou me contrariar, nem meus pais. Por isso, sem pedir autorização, organizei mais uma festa para a semana seguinte, no sábado. Sabia que, com ele na minha casa, bebendo e comendo, seria mais fácil me aproximar e me declarar. Depois de tudo certo, voltei à loja. Como sempre, ele me recebeu com aquele sorriso maravilhoso:

— *Veio comprar outro par de sapatos?*

— *Hoje não. Vim convidar você para uma festa na minha casa, vai ser no próximo sábado.*

— Ele, surpreso, disse:

— *Gostaria muito, mas não posso ir. Preciso trabalhar.*

— *A festa vai começar às nove horas da noite e você trabalha só ate às seis, vai ter muito tempo. Não posso aceitar não como resposta. Vou ficar esperando por você.*

— *Desculpe-me, senhorita, mas preciso trabalhar.*

— *Já disse que não vou aceitar desculpas.*

— Ele olhou para mim e, depois de algum tempo, disse:

— *Não sei, vou tentar, mas vai ser difícil.*

— *Já disse que não vou aceitar desculpas. Aqui está o meu endereço. Estarei esperando por você.*

— Ele ficou calado, eu me afastei feliz. Tinha certeza de que ele não iria resistir. Afinal, as festas na minha casa eram concorridas. Eu sabia que algumas pessoas fariam qualquer coisa para ser convidadas. Com ele, não seria diferente. Como o que aconteceu com todos os outros, não conseguiria resistir nem que fosse apenas por curiosidade.

— Ele foi, Rosana?

— Calma. Vou contar tudo, Sueli. Passei o resto da semana preparando a festa. Como ela fora planejada de última hora, eu tinha muito o que fazer. Naquele mesmo dia, contratei várias pessoas que já estavam acostumadas a preparar as festas lá de casa. Sabiam tudo de que eu gostava. Continuei indo à loja de sapatos para reforçar o convite, mas ele sempre dizia não poder ir. Eu achava que ele estava se fazendo de difícil. Comprei um vestido novo e sapatos, é claro.

— Quantos pares de sapato você tem, Rosana?

Rosana riu:

— Hoje não tenho muitos, mas, naquele tempo, eram muitos, nem sei dizer quantos. Só usei alguns dos sapatos na loja, quando experimentei antes de comprar. Para mim, o dinheiro não tinha valor algum.

Ele vinha fácil e eu sabia que com ele poderia comprar tudo o que quisesse.

— Como eu queria ter todo esse dinheiro, Rosana. Comigo sempre foi diferente. Embora nunca tenha morado mal ou tenha me faltado comida, nunca tive muitas roupas nem sapatos.

— O dinheiro é bom, sim, Sueli, mas não se pode transformar em uma arma de crime. Ele deve servir somente para nos trazer felicidade, para termos aquilo que queremos, não para tentarmos comprar pessoas.

— Comprar pessoas?

— Sim. Comprar pessoas. O dinheiro torna tudo mais fácil e as pessoas se deixam iludir e fazem de tudo para conseguir sempre mais. Todos têm um preço.

— Não consigo imaginar o que você está falando. Nunca tive dinheiro para comprar algumas coisas que queria, imagine comprar uma pessoa. Mas, continue. O que aconteceu depois, ele foi à sua festa?

— No sábado, antes da hora marcada, já estava tudo pronto. Eu andei pela casa toda olhando a decoração, provando os doces, os salgados e vendo se a quantidade de bebida estava certa. Quando os convidados começaram a chegar, eu os recebi com sorriso, abraços e beijos, mas não conseguia tirar os olhos da porta de entrada. Estava ansiosa para vê-lo chegar. O interessante é que eu nem sabia qual era o seu nome. Nunca perguntei e ele nunca falou. As pessoas iam chegando. Algumas eu conhecia, outras não, mas não me importava com quem estava ali, só queria ele, que não chegou.

— Ele não foi?

— Não, Sueli. Fiquei esperando até quando o último convidado foi embora. Assim que todos saíram, olhei para a sala que era enorme. Pode imaginar como ela estava. Copos, garrafas e pratos com resto de comida, garrafas espalhadas por todo lado. Olhei tudo e, muito nervosa, fui para o meu quarto. Lá, chorei de ódio e pelo atrevimento dele em não ter atendido a um convite meu. Como ele ousara fazer aquilo?

Como? Fiquei no quarto durante todo o domingo. Luzia, embora fosse nossa empregada, cuidava de mim desde pequena. Ela era mais do que uma mãe. Vendo que eu não saía do quarto, foi até lá, bateu de leve à porta e entrou trazendo em suas mãos uma bandeja com alguns sanduíches dos quais ela sabia que eu gostava muito, um copo e uma jarra com suco de uva.

— *O que está acontecendo com você, Rosana? Por que não saiu do quarto nem para se alimentar?*

— *Nada está acontecendo, Luzia! Estou cansada.*

— *Nunca vi você assim, principalmente após uma festa. Tem alguma coisa acontecendo. O que é, Rosana?*

— *Já disse que estou bem! Por favor, me deixe sozinha! Preciso pensar!*

— Vendo que eu estava de uma maneira como ela nunca tinha me visto, deixou a bandeja sobre uma mesinha e saiu. Eu estava realmente muito nervosa. Não conseguia admitir o que ele fez. Como alguém se atrevia a me contrariar? Depois de muito pensar, decidi:

Agora, trata-se de uma questão de honra, vou ter aquele homem de qualquer maneira!

— Passei o resto do dia pensando no que faria na segunda-feira. Pensei muito. À noite, depois de decidir o que fazer, adormeci. Na segunda feira, assim que a loja abriu, eu já estava lá. Quando me viu, ele, sorrindo como sempre, aproximou-se:

— *Bom dia, senhorita!*

— *Não está um bom dia! Por que você não foi à minha festa?*

— Você fez isso, Rosana?

— Parece mentira, Sueli, mas eu fiz. Estava possessa.

— O que ele respondeu?

— Nada, Sueli.

— Como nada?

— Ele simplesmente me mostrou a mão esquerda e nela vi uma aliança enorme.

— Ele era casado?

— Era. Não havia um espelho ali, mas eu não precisava de um. Sabia que estava branca como cera, pois senti que todo meu sangue havia congelado.

— O que você fez?

— Depois de respirar fundo, perguntei:

— *Por que não me disse que era casado?*

— *Não havia motivo para isso. Sou apenas um vendedor de sapatos. Agora, acho que chegou a hora de esclarecermos algumas coisas. Sou casado, tenho duas crianças pequenas e sou muito feliz no meu casamento.*

— Fiquei sem saber o que falar ou fazer. Simplesmente, tentei sorrir e, humilhada, saí dali. Andei pela praça até chegar ao meu carro. Entrei, sentei e comecei a chorar sem conseguir parar. Não podia aceitar aquela situação. Não sabia se realmente gostava dele, só sentia que um desejo meu não estava se realizando. Não conseguia aceitar que um simples vendedor de sapatos houvesse me humilhado daquela maneira. Fui para casa e chorei o resto do dia. Não queria falar com ninguém, nem comer. Somente queria pensar. Alzira tentou conversar comigo, mas me recusei.

— Imagino como você se sentiu, Rosana...

— Acho que, por mais que você imagine, não conseguirá chegar nem perto, Sueli. Foi um dia muito difícil. Hoje sei que perdi um tempo enorme sofrendo e imaginando o que fazer em seguida. Sofri muito à toa.

— Como à toa, Rosana? Você estava apaixonada por ele...

— Não, Sueli. Hoje sei que não estava apaixonada. Eu estava era humilhada. Por ter tido sempre meus desejos realizados, por saber que o poder estava com aquele que tem dinheiro, não podia aceitar aquela negativa. Não podia mesmo e, por isso, precisava fazer alguma coisa.

— O que você fez?

— À tarde saí de casa. Resolvi que iria até a cidade. Meus planos eram andar, ver vitrines para me distrair. Precisava espairecer. Caminhei por uma rua onde havia muitas lojas. Olhei as vitrines, mas nada chamava a minha atenção. Eu tinha tudo, não precisava de nada. Ao passar por uma relojoaria, parei e fiquei olhando. Vi um relógio de homem. Olhei por algum tempo. Ele era realmente lindo. Devia ser caro, mas isso não me preocupava. Entrei, pedi para que o vendedor me mostrasse. Ao segurá-lo nas mãos, constatei que era lindo mesmo. Perguntei o preço. O vendedor disse. Para algumas pessoas poderia ser caro, mas para mim, o valor nada significava. Comprei. Com ele nas mãos, voltei à loja de sapatos. Assim que ele me viu, veio ao meu encontro. Dessa vez, não estava sorrindo. Aproximou-se e, antes que ele dissesse qualquer coisa, peguei a caixinha com o relógio, abri e mostrei a ele. Vibrei, quando vi o brilho em seus olhos. Sabia que ele nunca tinha visto um relógio como aquele. Ele, surpreso, perguntou:

— *O relógio é lindo, mas não entendo por que está me mostrando. O que significa isso?*

— *Significa que ele pode ser seu.*

— *Como? O que está dizendo?*

— *Isso mesmo que ouviu. Ele pode ser seu. Basta que, quando sair daqui, vá comigo até um restaurante e, enquanto jantamos, darei o relógio para você.*

— Ele ficou me olhando com os olhos arregalados, Sueli. Não sabia o que dizer. Eu esperava uma resposta, mas o dono da loja o chamou:

— *Joel, preciso que venha até aqui. É só por um minuto.*

— Ele, parecendo voltar de muito longe, disse:

— *Desculpe-me, senhorita, mas preciso atender ao meu patrão.*

— Rapidamente, saiu e foi conversar com o dono da loja. Eu sorri e saí dali, Sueli, com a certeza de que ele não conseguiria resistir.

— Como tinha essa certeza, Rosana?

— A isso se dá o nome de poder. Eu conhecia o poder do dinheiro e o poder da ganância do ser humano. Nunca estamos satisfeitos com o que temos. Podemos conquistar tudo com o que sonhamos, mas sempre queremos mais, a melhor coisa, o melhor carro e as melhores roupas, sem nos preocuparmos se tudo isso é necessário ou não. Apenas queremos que os outros saibam o quanto somos poderosos.

— Você está sendo muito radical, Rosana! Sonhar é bom e conseguir, melhor ainda. O que seria do ser humano se não sonhasse?

— Nisso você tem razão, Sueli. Se o ser humano não sonhasse, ainda estaríamos na idade da pedra, mas não é sobre isso que estou falando. Estou falando da ganância e, principalmente, do poder.

— Não estou entendendo...

— Sonhar é muito bom. Perseguir um sonho é melhor ainda, mas nunca podemos nos esquecer de que tudo o que conseguimos aqui na Terra vai ficar aqui mesmo. Por isso, não podemos, para conseguir atingir algum sonho, prejudicar ou magoar outra pessoa. O mesmo acontece com o poder. Ele está em toda parte. Não só com aqueles ditos poderosos. Está nas mãos, por exemplo, daquele funcionário público que atende mal a alguém que precisa dos seus serviços. Nas mãos do funcionário de um banco, nas mãos da dona de casa, quando trata com algum empregado. O poder está em todo lugar. Basta a pessoa ter um pequeno poder sobre o outro que saberá como usá-lo. O poder e o dinheiro corrompem, fazem com que alguns se sintam como se fossem deuses.

Júlia, que ouvia Sueli contando a história de Rosana, interrompeu-a:

— Nossa, Sueli, como ela estava amarga!

— Também achei isso e perguntei:

— Por que está dizendo isso, Rosana? Você me parece muito amarga e triste!

— Para minha surpresa, Rosana começou a rir e respondeu:

— Não, Sueli. Hoje não estou triste nem amarga. Hoje sei que o dinheiro nos ajuda a ajudar outras pessoas e que o poder pode ser usado para o bem. Aprendi isso após muito sofrimento.

— Não acho que você tenha sido má, Rosana. Gostava dele e usou das armas que tinha. O que aconteceu depois? Ele aceitou o relógio?

— Fiquei em frente à loja até um pouco mais das seis horas, quando a loja foi fechada e ele saiu. Assim que me viu ali parada, aproximou-se e perguntou:

— *Ainda está aqui?*

— *Sim, estou esperando a sua resposta.*

— *Já dei minha resposta. Sou casado e muito feliz. Não quero ter envolvimento algum com a senhorita ou com outra moça qualquer.*

— *Quem disse que quero me casar com você? Quero apenas jantar e lhe dar um presente.*

— *Obrigado, mas não posso aceitar o seu relógio e muito menos o seu convite. Agora, desculpe-me, mas preciso ir para casa. Minha mulher está me esperando.*

— Ele disse isso, Rosana?

— Disse e eu fiquei com muito ódio. Não podia aceitar que ele estava me ignorando. Afinal, nunca tinha acontecido alguma coisa parecida em toda minha vida.

— Imagino o que sentiu. Deve ter sido frustrante...

— Tem razão, Sueli. Fiquei frustrada e com muita raiva, mas ele não se preocupou com isso. Passou por mim e se afastou. Indignada, fiquei seguindo-o com os olhos. Vi que ele parou em frente a um ponto de ônibus. Fui até o meu carro e fiquei esperando. Depois de quase meia hora, ele subiu em um ônibus e eu o segui. O ônibus foi parando em todos os pontos onde pessoas desciam e subiam. À medida que o ônibus se afastava da cidade, começaram a surgir lugares que eu jamais havia visto nem imaginava que existissem. A pobreza era evidente. Casas construídas em madeira. Ruas sem iluminação. Água suja escorria pelo meio-fio. O mau cheiro invadiu o carro, o que fez com que eu fechasse as janelas. Eu prestava atenção para ver se ele descia. Depois de quase uma hora, finalmente ele desceu e caminhou em direção a uma rua, também sem iluminação. Andou por mais de quinze minutos e eu o segui a uma certa distância para que não me visse. Depois que ele entrou em uma casa, esperei um pouco e passei por ela. Na parte da frente, havia um terreno grande e, nos fundos desse terreno, uma pequena casa. Pequena mesmo, Sueli. Estava escuro, mas, mesmo assim, pude ver que não devia ter mais de um quarto. Aquilo me surpreendeu, pois, na minha casa, havia quatro quartos dez vezes maiores do que aquela casa. Passei por ela e fui embora, pensando:

Como ele, morando em um lugar como este, pôde recusar um relógio como o que eu lhe ofereci? Recusar o meu amor?

— Vi uma sombra passar por seus olhos, Júlia, como se ela ao se lembrar do que havia passado, voltasse a sofrer. Por isso, perguntei:

— O que fez em seguida, Rosana? Entendeu que ele não queria saber de você? Afastou-se dele?

— Deveria ter feito isso, mas não fiz. Estava humilhada e não poderia aceitar que alguém me contrariasse, ainda mais uma pessoa como ele, pobre e ignorante. Daquele dia em diante, passei a persegui-lo. Todos os dias, ficava diante da loja até que ele chegava para trabalhar, na hora do almoço e na hora da saída, sempre com algum presente caro, mas ele não me dava atenção e não aceitava o presente. Eu não me conformava e ficava cada vez mais irritada. Eu sabia que aquilo que estava fazendo não era certo, mas, mesmo assim, continuei por mais de um mês, até que uma tarde, quando ele saiu da loja, estranhei, pois vi que ele caminhava na minha direção, coisa que nunca havia feito antes quando se aproximou, Com o rosto sereno, sorrindo, disse:

— *Está bem, você venceu. Vamos até aquele banco, ali na praça. Precisamos conversar.*

— Eu, sem acreditar no que estava acontecendo, me encaminhei para um dos bancos da praça. Assim que chegamos, me sentei e ele, em seguida, também sentou-se e disse:

— *A senhorita sabe que sou casado e que sou muito feliz com meu casamento e que não pretendo ter outra mulher não importando qual seja. A senhorita é uma moça linda, parece que com muito dinheiro, qualquer homem se sentiria feliz em ter sua atenção. Precisa se afastar de mim. Sua presença está me constrangendo diante das pessoas que me conhecem. Por favor, retorne para sua vida. Arrume outro brinquedo.*

— Nossa! Ele disse isso, Rosana?

— Disse com todas as letras, Sueli.

— O que você fez? Levantou-se e foi embora?

— Para minha surpresa, Rosana começou a rir. Depois respondeu:

— Não, Sueli, aquilo havia se tornado uma doença. Durante muito tempo eu vivi em função dele e não sabia como viveria sem aquilo. Comecei a chorar e, entre soluços, disse:

— *Eu não quero estragar sua vida nem seu casamento, somente quero e preciso que me dê alguma atenção. Deixe que eu o ame.*

— Ele sorriu e, passando o braço sobre meus ombros, disse:

— *Sabe que não existe futuro para nós dois. Amo minha mulher e nunca vou deixá-la.*

— Ao sentir seus braços sobre meus ombros, estremeci. Abracei-me a ele e, ainda chorando, disse:

— *Sei disso e não me importo. Somente quero passar algumas horas ao seu lado, nada além disso.*

— Ele se afastou, segurou meu rosto com as duas mãos e, olhando dentro dos meus olhos, falou:

— *Está bem. Sei que, na realidade, não gosta de mim. Quer apenas conseguir algo que está sendo difícil. Vamos nos encontrar em um lugar íntimo e depois vamos ver o que acontece.*

— Embora até ali eu não tivesse tido homem algum em minha vida, não me importei de que ele fosse o primeiro e nem da maneira como seria. Estava feliz, pois eu queria aquele homem e ele seria meu. Era só isso o que me importava. Ainda com lágrimas correndo pelo meu rosto, disse:

— *Faço tudo o que você quiser.*

— Eu fiquei olhando para ela, Júlia, sem acreditar no que estava ouvindo, embora soubesse que, quando estamos apaixonados, fazemos coisas difíceis de explicar. Eu mesma havia feito coisas inconfessáveis para ficar com Nilson. Perdi todos os meus escrúpulos, humilhei-me e só desisti quando ele me abandonou. Quando podemos julgar, é fácil nos esquecermos de nossos próprios erros. Sem conseguir acreditar, naquele momento, esqueci-me do que eu própria havia feito. Perguntei:

— Como você pôde se humilhar tanto, Rosana?

— Ela olhou em meus olhos, Júlia, e, sorrindo, respondeu:

— Não sei, Sueli. Meu único pensamento era de que poderia ficar ao lado dele nem que fosse por algumas horas. Ele, passando a mão sobre meu rosto, disse:

— *Hoje sou todo seu. Para onde vamos?*

— *O quê?*

— *Por que essa reação? Você não disse que faria qualquer coisa para ficar comigo?*

— *Disse...*

— *Então, a primeira coisa que vamos fazer é ficar juntos por algumas horas. Vamos?*

— *Vamos para onde?*

— *Podemos ir para um hotel, mas como já sabe, eu não tenho dinheiro, portanto, você é quem tem que escolher o hotel e pagar. Já que você é a dona do dinheiro, é quem decide.*

— Pensei por um tempo, Sueli. No íntimo, eu estava humilhada com o modo pelo qual havia sido feita a proposta, mas a minha paixão foi maior e disse:

— *Está bem, vamos para um hotel.*

— Fomos a um hotel. Tudo aconteceu muito rápido. Parecia que ele estava com muita pressa. Não houve carinho ou atenção. Quando tudo terminou, eu me senti muito mal. Por ser a primeira vez, coisa que ele nunca comentou, achei que seria diferente, mas não foi. Ele se levantou, vestiu sua roupa e, parecendo demonstrar ódio, disse:

— *Agora, que conseguiu o seu brinquedo, está na hora de termos uma conversa decisiva.*

— *Que conversa?*

— *Finalmente você conseguiu o que queria. Estamos aqui e poderemos nos ver uma ou duas vezes por semana.*

— *Está falando sério?*

— *Sim, desde que faça algo para mim.*

— *O quê?*

— *Você sempre soube que eu sou casado e que sou feliz no meu casamento. Mesmo assim, por ter muito dinheiro, achou que poderia comprar qualquer um e qualquer coisa. Nisso você tem razão. Demorei um pouco, mas, agora, devo admitir que você está certa. Eu tenho um preço.*

— Que preço?

— *Sabe que moro longe e que perco muito tempo no ônibus. Minha casa é pequena e, agora, que vai chegar outra criança, preciso de uma maior.*

— *Não estou entendendo...*

— *Está, sim! Você é inteligente. Portanto, se quiser continuar se encontrando comigo, aqui ou em outro lugar que preferir, vai me comprar um carro, para que eu demore menos para chegar a minha casa, e me dar dinheiro para que eu possa me mudar com minha esposa a fim de esperarmos a nossa criança.*

— *O que?*

— *Isso que ouviu e não vou repetir. Não vou querer uma resposta agora. Você tem até quatro dias para decidir. Se concordar, vá até a loja e saberei que aceitou. Então marcaremos um encontro em qualquer dia da semana. Se não concordar, nunca mais volte à loja. Quero viver em paz!*

— Nossa! Ele disse isso, Rosana?

— Disse. Quando terminou de falar, saiu sem se despedir.

— O que você fez?

— Fiquei sentada sobre a cama, olhando para a porta por onde ele havia saído. Sentindo-me envergonhada, humilhada e sem saber o que fazer, fiquei ali por um bom tempo. Não conseguia pensar, somente chorei, sem conseguir parar, sem conseguir esquecer o que ele havia falado. Depois, saí e fui para casa. Calada, entrei em casa e, fui para o meu quarto. Recostada sobre minha cama, chorei não só pelo o que ele tinha dito, mas por entender que tinha razão. Por minha família ter muito dinheiro, fui criada com tudo. Mimada e orgulhosa. Realmente, sempre achei que o dinheiro podia comprar tudo e qualquer um. Fiquei ali chorando sem parar, até adormecer.

— Deve ter sido muito difícil, Rosana.

— Foi, sim, Sueli, mas também serviu para abrir meus olhos. No dia seguinte, quando acordei, voltei a me lembrar de tudo o que havia acontecido. Como ele disse, eu havia conseguido o meu brinquedo, mas teria valido a pena? Depois de muito pensar, precisava decidir o quer faria.

— Você aceitou as condições dele?

— Pela manhã, ainda não sabia o que fazer. Não saí do quarto para tomar café nem, para almoçar, coisa que sempre fazia. Como sempre acontecia, meus pais não estavam em casa. Estavam viajando pela Europa. Por isso, não haveria cobrança. Não sentia fome, só conseguia chorar, pensar no que ele dissera e em como havia sido a minha vida. No meio da tarde, a porta do meu quarto abriu e, por ela, entrou Luzia. Ela trazia em suas mãos roupas passadas. Ao me ver no quarto, parou junto à porta e disse:

— *Desculpe-me, Rosana, não sabia que você estava em casa. Posso entrar para guardar estas roupas?*

— *Claro que sim, Luzia. Entre.*

— Ela entrou e, enquanto colocava as roupas nas gavetas, perguntou:

— *Você está chorando, Rosana?*

— *Estou.*

— *Por quê? Você é linda e pode ter tudo o que quiser? O que aconteceu?*

— Demorei um pouco para responder. Depois, contei tudo o que havia acontecido e terminei dizendo:

— *Está tudo terminado, Luzia. Minha vida tem sido uma mentira. Não sei o que fazer. Queria morrer...*

— Ela largou as roupas sobre um banquinho e sentou-se ao meu lado. Olhou bem em meus olhos e disse:

— *Nada é como parece, Rosana. Na maioria das vezes, quando pensamos que tudo terminou, na realidade, está apenas começando. Com tudo o que aconteceu você tem a oportunidade de rever sua vida, de recomeçar.*

— *Como recomeçar? Não há um recomeço. Não sei viver de uma maneira diferente daquela que sempre vivi.*

— *Pode e vai! Quando nascemos trazemos um caminho para seguir, uma missão para cumprir. Quando nos desviamos do caminho, a vida se encarrega de colocar tudo no lugar.*

— Ao ouvir aquilo, não pude deixar de rir.

— *De onde tirou essa ideia, Luzia?*

— Ela, séria, respondeu:

— *Sigo uma doutrina que ensina isso.*

— *Que doutrina? Por favor, não venha com religião!*

— *Eu não estou falando em religião, mas em uma doutrina de vida que nos ensina a viver bem aqui e depois da nossa morte.*

— Eu não acreditava que estava ouvindo aquilo, Sueli. Perguntei:

— *Do que você está falando, Luzia?*

— *De uma doutrina que nos ensina que todos nós temos livre-arbítrio e que, por isso, somos responsáveis pelas nossas ações. Tudo o que fazemos de bom e de ruim sempre tem um retorno na mesma proporção. Precisamos valorizar a vida em toda sua dimensão.*

— *O que isso tem a ver com o que está acontecendo comigo?*

— *Tem tudo a ver, Rosana. Você nasceu rica e bonita, condições que muitas pessoas queriam ter. Com essas qualidades, poderia ajudar muitas pessoas.*

— *Está dizendo que preciso dar todo o dinheiro que tenho para os pobres?*

— *Não! Nem de longe, estou dizendo isso. Estou dizendo que poderia ajudar, sim, com algum dinheiro, mas que poderia ajudar com palavras e conforto. Porém, ao contrário, usou esse dinheiro para humilhar e usar as pessoas. Com tristeza, tenho acompanhado tudo o que fez.*

— *O que eu fiz?*

— *Você sabe. Durante toda sua vida achou que o dinheiro podia comprar tudo e todos. Hoje, está vendo que não é bem assim. Existem pessoas que, embora queiram dinheiro e lutem por ele, têm seus próprios princípios. Esse moço mostrou isso a você. Ele é casado e ama sua esposa. Você não respeitou isso e achou que com dinheiro poderia fazer com que ele mudasse de ideia e deu no que deu.*

— *Está me criticando, Luzia?*

— *Estou. Conheço você desde que era criança e sabia que esse dia ia chegar.*

— *Acha que mereci o que me aconteceu?*

— Não. Não sou ninguém para julgar. Não sou a dona da verdade e como todas as pessoas, tenho meus erros e acertos. Só estou dizendo que, por estar em um caminho perigoso para seu espírito, a vida se encarregou de fazer com que parasse e pensasse em tudo o que fez até aqui.

— Nisso você tem razão. Desde ontem, pensei muito sobre minha vida.

— Chegou a alguma conclusão?

— Não. Não sei o que fazer...

— Durante nossa vida, sempre temos dois caminhos para seguir. Portanto, você tem dois caminhos. Aceitar o que ele disse, continuar sendo humilhada e pagar por uma felicidade que não existe ou continuar sua vida de uma maneira diferente, usar seu tempo para algo produtivo e esperar até que a felicidade chegue através de um amor sincero e desinteressado. Está na hora de escolher o que quer para sua vida.

— Como vou fazer essa escolha, Luzia?

— Para isso todos nós temos o livre-arbítrio. Qualquer caminho que escolha, será o seu caminho e eu estarei aqui para apoiar você. Agora, vou terminar de guardar estas roupas. Se precisar de mim, estarei no quarto de seus pais. Vou arrumar o armário.

— Dizendo isso, ela saiu, Sueli, e me deixou sozinha sem saber o que fazer. Recostei-me sobre o travesseiro e, deitada de costas, fiquei olhando para o teto, relembrando tudo o que ela havia dito e como havia sido a minha vida até ali. Lembrei-me de como era mimada, egoísta e de como eu ficava feliz ao dar um vestido ou sapatos para uma amiga que não tinha. Ficava feliz não por dar, mas por me sentir superior. Lembrei-me de como tratava os empregados de casa e os de outros lugares que eu frequentava. Para mim, eles não tinham valor algum e estavam ali para me servir, somente isso. Depois de muito pensar, cheguei à conclusão de que tudo o que Joel e Luzia haviam dito estava certo. Chorei, chorei muito. Fiquei ali na mesma posição por muito tempo. Para mim, era muito difícil tomar uma decisão, pois, durante toda minha vida, eu nunca precisei tomar decisão sobre qualquer assunto. Tudo o que sempre quis, eu consegui. No final, sem saber muito bem o que ia fazer, levantei-me e fui procurar Luzia.

Fui para o quarto dos meus pais. Abri a porta e o quarto estava em ordem, mas vazio. Ela não estava lá. Sorri, pois enquanto pensava, não vi o tempo passar. Saí do quarto e fui procurar Luzia pela casa toda. Encontrei-a no jardim, regando as plantas. Aproximei-me:

— *Luzia, preciso conversar com você.*

— Ela se voltou, olhou para mim, sorriu e disse:

— *Vai precisar esperar até eu terminar de regar as plantas ou, se preferir, pode me ajudar, molhando daquele lado. Ali, há outra mangueira.*

— Fiquei indignada, Sueli, mas conhecia Luzia e sabia que ela me conhecia e queria que eu entendesse que ela não era diferente de mim. Era uma empregada doméstica, mas também um ser humano. Se ela tivesse feito isso em outra ocasião nem sei o que faria, mas, naquele dia, eu havia pensado muito em como fora minha vida e ela também sabia disso. Caminhei para o outro lado e peguei a mangueira. Abri a torneira e comecei a regar as plantas, coisa que só Luzia fazia. Ela adorava aquele jardim. Mesmo não olhando para o lado em que ela estava, eu sentia que ela estava me olhando e sorrindo. Quando terminamos de regar todas as plantas, ela sentou-se em um pequeno banco que havia ali e, enquanto me aproximava, ela perguntou*:*

— *O que quer conversar comigo, Rosana?*

— Também me sentei, Sueli:

— *Sobre o que você falou. Tem razão, eu sou uma pessoa muito má, Luzia. Achei que era superior a todos, mas entendi que não é nada disso.*

— *Eu não disse que você é má, disse?*

— *Não falou claramente, mas deu a entender.*

— *Não foi isso que falei. Disse que você estava desviada de seu rumo e que, quando isso acontece, a vida se encarrega de colocar tudo no lugar. Disse que você sempre teve tudo o que quis, por isso nunca passou por sua cabeça que poderia ser contrariada.*

— *Estive pensando muito. Tentei encontrar desculpas para os meus atos. Tentei culpar meus pais por nunca terem dito um não e por deixarem que eu crescesse egoísta e presunçosa, mas não consegui. Meus pais me deram tudo, fui eu quem não soube aproveitar. Eles me criaram e ao Edu da mesma maneira e meu irmão é completamente diferente de mim. Não é orgulhoso, não liga para roupas caras; ao contrário, ele detesta fazer compras. Não gosta de frequentar a sociedade nem festas. Ele tem muitos amigos de classe diferente da nossa, coisa que sempre critiquei. Por que isso acontece, Luzia?*

— Porque somos espíritos livres e com livre-arbítrio. Claro que a educação familiar é importante. É na família que aprendemos, na infância, os valores da sociedade, o que é certo e errado, mas à medida que vamos crescendo, vamos fortalecendo esses valores ou modificando-os. Vamos fazendo nossas escolhas, pois cada um pode e deve escolher a vida que quer viver. Realmente, o Edu é diferente de você. Ele tem outros valores, mas isso não quer dizer que seja melhor ou pior. A maioria das pessoas passa por momentos difíceis de escolha. Muitas vezes, nos desviamos do nosso caminho, mas sempre é tempo de retornar. Como só cabe a nós escolher a vida que queremos viver aqui na Terra, essa escolha acontece antes de nascermos. Somos nós que escrevemos a nossa história.

— O que você está falando, Luzia? Nós escolhemos como viver? Que loucura é essa?

— Ela começou a rir e eu fiquei olhando sem entender. Ela continuou:

— Você, à medida que foi crescendo, deixou se envolver pelo dinheiro e pelo poder que ele proporciona. Com isso, afastou-se muito do caminho que escolheu antes de nascer. Sei que é muito difícil entender o que estou dizendo, mas foi isso que aconteceu. Nunca quis saber de religião nem de Deus. Nunca se importou com as outras pessoas que não tinham tanto dinheiro como você. Ser rica também foi escolha sua. Isso sempre acontece porque, depois da morte, ao sabermos o que fizemos de ruim aqui na Terra na última encarnação, quase sempre culpamos a vida que tivemos e pedimos uma nova oportunidade e uma nova encarnação com uma vida diferente da anterior. Não sei o que você fez na última encarnação, mas sei que pediu para ser rica e usar esse dinheiro para seu crescimento espiritual. Porém, quando aqui na Terra, com um corpo humano, esqueceu-se do que havia prometido e usou esse dinheiro para humilhar e comprar as pessoas. Desviou-se, assim, do seu caminho. Sempre que esse desvio acontece, espíritos amigos se encarregam de nos trazer de volta ao caminho. Esse rapaz foi colocado no seu caminho para que você refletisse sobre tudo o

que fez e escolhesse o caminho que quer seguir. Nunca estamos sós, Rosana, e sempre temos uma nova chance.

— Quanto mais ela falava, menos eu entendia. Sueli. Parecia que estava falando em um idioma diferente do meu. Como se entendesse o que eu estava pensando, ela continuou:

— *Sei que não está entendendo o que estou dizendo. Não se preocupe, pois tudo tem seu tempo. Agora, o importante é que diga o que, depois de pensar tanto, decidiu.*

— *Decidi que quero mudar. Quero ver as pessoas como são, não me importando com a cor da pele, a profissão ou quanto dinheiro tem. Não vou mais procurar o Joel. Quero saber mais sobre essa doutrina de que você falou. Quero mudar mesmo!*

— *Estou feliz com sua decisão e agradeço a Deus e aos espíritos amigos que a ajudaram a mudar de atitude.*

— *Por mais que eu queira mudar, sei que não vai ser fácil. Vou precisar da sua ajuda, Luzia. Nem sei por onde começar.*

— *Pode começar, usando seu dinheiro para ir para aquela cidade de que tanto gosta. Fique lá sozinha por algum tempo e pense em tudo o que pode fazer com seu dinheiro. Sobre a doutrina, por mais que eu fale, vai ser muito difícil que entenda. Por isso, vou dar a você alguns livros para que leia. Com eles, vai aprender muito mais. Comece a ler. Porém, se não quiser ou não gostar, não precisa continuar lendo. Pode me devolver. Eu não vou ficar brava, não.*

— *Acho uma ótima ideia, Luzia. Vou, sim, tirar alguns dias de férias e vou pensar muito na minha vida e em como posso fazer para mudar. Vou ler, também!*

— Ela sorriu. Levantamos e entramos em casa, fui para meu quarto e comecei a arrumar minhas malas. Foi assim que vim para cá. Trouxe alguns livros que ela me deu e li muito. Através desses livros, aprendi coisas nunca antes pensadas. Quando terminei de ler os livros, comprei outros. Sentia que minha alma precisava de conhecimento. Procurei uma casa espírita, comecei a frequentá-la e entendi muita coisa que havia acontecido em minha vida. Depois, convenci meu pai a investir aqui nesta cidade tão acolhedora. Ele aceitou e começou a construir o hotel e a pousada. Quando vim para cá, pretendia ficar apenas por alguns dias. Entretanto, estou até hoje e não pretendo voltar para minha casa, para aquela vida. Quando você, naquele dia, apareceu, eu a vi como uma moça lutadora com uma imensa vontade de estudar e aprender. Sabia que precisava de ajuda e eu podia ajudar. Não me arrependi disso, Sueli. Afinal, estou comendo muito bem. Você é uma ótima cozinheira.

Sueli parou de falar por algum tempo, depois continuou:

— Continuamos morando juntas por mais seis meses, Júlia. Rosana me falou sobre a doutrina que seguia e me deu alguns livros para ler. Quando terminei de ler, entendi algumas coisas pelas quais eu havia passado. Não sabia qual fora o motivo de Nilson aparecer em minha vida, mas sabia que, durante o tempo em que estivemos juntos, aprendi muito sobre amor, confiança e desilusão, mas aprendi também que minha vida estava apenas começando e que tinha muito ainda para viver e aprender. Aprendi que algumas coisas podem ser mudadas, mas que outras não. Quando aquilo que nos acontece não pode ser mudado, precisamos acreditar em Deus e seguir em frente. Aprendi que nossa vida é feita de bons e maus momentos, mas que não passam de momentos. O mais importante que aprendi é que nunca estamos sós. Temos, ao nosso lado, espíritos amigos. Aprendi que estão prontos para nos ajudar naquilo que for permitido. Depois desse dia, minha amizade por Rosana aumentou muito. Ela conheceu Paulo, filho de um rico fazendeiro, começou a namorar e, em pouco tempo, casaram-se e são muito felizes. Claro que fui convidada para seu casamento e foi lá que conheci o Eduardo.

— O quê, Sueli? O seu Eduardo é o irmão da Rosana?

Sueli começou a rir e respondeu:

— É, sim, Júlia. Nós nos conhecemos no casamento e estamos juntos até hoje e, como sabe, logo vamos nos casar. Atendendo a um pedido da Rosana, seu pai construiu o restaurante e me deu sociedade para que eu cozinhasse e o administrasse. Depois de casada, Rosana foi para a Capital com Paulo. Ele tem negócios ali e Eduardo veio para cá, a fim de tomar conta do hotel e da pousada. Como pode ver, apesar de tudo o que passei, no final, tudo deu certo. Estou me lembrando agora de algo que Rosana disse, quando soube que eu e Eduardo estávamos namorando:

— *Você viu quanta coisa teve de acontecer para que você encontrasse o meu irmão e eu ao Paulo? Deus não é mesmo maravilhoso?*

— Só pude sorrir e concordar, Júlia. Ela tinha razão. Eu havia chegado a esta cidade, triste, desesperada e achando que tudo havia terminado, mas não sabia que, na realidade, estava apenas começando.

— É verdade, Sueli. Depois de tudo que me contou, só posso concordar.

— Quanto ao emprego, ainda está preocupada em voltar, Júlia?

— Depois de tudo o que aconteceu, acha que posso voltar ao trabalho?

— Claro que pode. Amanhã, vá trabalhar e, quando chegar, cumprimente todos, dê um sorriso como se nada tivesse acontecido. Garanto que, mesmo que estejam pensando algo, não terão como falar com você.

— Mesmo que não falem comigo, com certeza, estarão pensando.

— E daí? Lá, você é apenas uma funcionária, ninguém tem nada a ver com sua vida particular. Agora, preciso ir embora. Tenho muito trabalho. Procure ficar calma. Entregue sua vida nas mãos de Deus. Aprendi que, na hora de desespero, essa é a única coisa que podemos fazer. Até mais, Júlia.

Júlia sorriu e respondeu ao aceno de mão de Sueli, que, sorrindo saiu pela porta. Júlia ficou olhando, depois, foi para seu quarto, deitou-se e ficou pensando em tudo que Sueli havia contado.

A vida recomeça

Sueli esperou e entrou no elevador. Quando chegou ao térreo e a porta se abriu, encontrou Anselmo que estava esperando o elevador. Assim que o viu, disse:

— Anselmo, você por aqui?

— Olá, Sueli. Preciso conversar com a Júlia. Ela está em casa?

— Está sim. Acabei de deixá-la.

— Ela está bem?

Sueli sorriu:

— Parece que sim, mas vá até lá e confirme.

— É isso que vim fazer aqui. Preciso falar com ela, urgente.

Ele entrou no elevador. Já na rua, Sueli pensou:
Nossa vida é mesmo estranha. O que será que ele quer aqui?
Júlia estava deitada quando ouviu a campainha. Pensou:
Quem será? Não pode ser Sueli, ela tem chaves.

Levantou-se, foi para a sala, abriu a porta e, ao ver Anselmo, assustou-se:

— Anselmo! O que está fazendo aqui?

— Precisamos conversar.

— Não temos o que conversar! Depois da vergonha que passei hoje, não há conversa alguma que possa me fazer esquecer tudo o que me fez. Você sempre disse que me amava, que queria que eu ficasse ao seu lado, mesmo que não fosse para nos casar, mas, na hora em que sua mulher apareceu, você ficou parado e não me defendeu!

— Sei que está nervosa e tem razão, mas estou aqui para conversar e não pode ser no corredor. Deixe-me entrar. Quero pedir perdão e fazer uma proposta muito séria para você.

Júlia olhou e só então se deu conta de que estava falando alto e que algum vizinho poderia ouvir. Afastou-se e deixou que ele entrasse.

Ele entrou e ela mostrou o sofá para que ele se sentasse. Antes de sentar-se, tentou abraçá-la, mas ela se afastou, dizendo:

— Não quero abraço algum. Nunca em minha vida vou conseguir esquecer o que passei hoje!

— Você tem razão, Júlia. Confesso que, quando Suzana apareceu, fiquei sem saber o que fazer. Sabe que, embora não ame mais minha mulher, nunca pensei em abandoná-la, por causa do meu filho. Porém, as coisas mudaram. Hoje, depois de tudo o que aconteceu, cheguei à conclusão de que é a você quem amo e com quem quero ficar.

Ela olhou desconfiada, perguntou:

— O que você está dizendo, Anselmo?

— O que ouviu. Eu cheguei à conclusão de que você é a mulher com quero ficar para o resto da minha vida.

— Quando foi que chegou a essa conclusão?

— Quando vi a maneira como você ficou depois que Suzana a humilhou no meio de todas aquelas pessoas. Suzana não me ama, só pensa no seu trabalho e na sua promoção. Passa o tempo todo me humilhando. Não suporto mais isso. Amo meu filho e queria ficar ao seu lado até que se tornasse um homem, mas, infelizmente, isso não vai ser possível. Quero ser feliz e só vou encontrar essa felicidade ao seu lado, Júlia.

— Está dizendo a verdade, Anselmo?

— Claro que estou! Quero ficar com você, Júlia! Vou providenciar o meu divórcio, depois, vamos nos casar!

— Ela, sem acreditar no que estava ouvindo, começou a chorar. Ele, que estava sentado ao seu lado, abraçou-a:

— Não sei por que está chorando, espero que seja de felicidade.

— Claro que é de felicidade, Anselmo! Achei que havia perdido você para sempre.

— Não me perdeu, Júlia. Tem mais uma coisa. Recebi uma proposta de promoção e de aumento de salário.

— O quê?

— É verdade, mas, para isso, preciso ir para Recife e quero que você vá comigo. Sei que o trabalho não vai ser fácil, mas sei também que, com você ao meu lado, tudo vai dar certo. Você vai comigo?

— Não sei se consigo acreditar nisso que está acontecendo. É maravilhoso! Quando começamos o nosso namoro, você sempre disse que nunca abandonaria sua mulher e seu filho. Por gostar muito de você, eu aceitei e me conformei. Nunca imaginei que, um dia, estaria ouvindo o que está me dizendo agora. Tem certeza de que está falando a verdade, Anselmo? Quer mesmo se casar comigo?

— É o que mais desejo! Sei que vamos ser muito felizes!

— Já conversou com sua mulher, depois daquilo que aconteceu no restaurante?

— Não, vou fazer isso hoje à noite, quando for para casa.

— E se ela não aceitar o divórcio?

— Ela vai aceitar. Ela sabe que o nosso casamento terminou há muito tempo, Júlia!

Beijaram-se com carinho e muito amor.

Júlia, ao mesmo tempo em que estava feliz, também estava preocupada.

— Para ir com você, Anselmo, vou ter que abandonar meu emprego. Vou ficar sem trabalho.

— Não se preocupe com isso. O meu salário será suficiente para termos uma boa vida. Você não precisa trabalhar nunca mais.

— Eu não queria mais voltar ao escritório. Estou com muita vergonha do que aconteceu.

— Não precisa ter vergonha. Volte apenas para pedir demissão. Arrume suas coisas, vamos embora na próxima semana.

— Tem certeza disso, Anselmo? Eu não posso ficar desempregada. Sou sozinha e preciso me manter.

— Claro que tenho. Faça o que digo. Não pense em nada mais a não ser em que eu escolhi você.

Júlia, eufórica, disse:

— Vou agora mesmo pedir minha demissão.

— Agora não! Hoje quero ficar o resto da tarde com você para nos amarmos como nunca fizemos antes. Vá amanhã bem cedo.

Abraçados, foram para o quarto.

Eram quase oito horas, quando Anselmo saiu do apartamento de Júlia. Ela foi com ele até o elevador. Antes de entrar, ele disse:

— Amanhã, bem cedo, vá ao escritório, peça sua demissão e espere até eu voltar. Talvez eu não possa vir antes de quatro ou cinco dias. Preciso me preparar para a mudança. Com certeza vou ter de participar de muitas reuniões para chegar ao Nordeste com tudo bem planejado. Nunca se esqueça, de que amo você e de que começaremos uma nova vida só de felicidade.

— Está bem, vou fazer como você falou.

O elevador chegou, beijaram-se e ele entrou.

Júlia, feliz, entrou no apartamento e foi para o seu quarto. Deitou-se e ficou relembrando tudo o que havia acontecido naquela tarde.

As horas foram passando, mas ela não conseguia dormir. Ficou esperando que Sueli chegasse para poder contar tudo o que havia acontecido.

Quando Sueli chegou, era mais de meia-noite. Ela estranhou ao ver a luz do quarto de Júlia acesa. Pensou:

Ela deve ter dormido sem apagar a luz. Vou apagar.

Estava indo em direção ao quarto, quando Júlia apareceu na porta.

— Sueli, ainda bem que chegou!

— O que aconteceu, Júlia? Por que está acordada até a esta hora?

— Não consegui dormir, preciso contar a você tudo o que aconteceu, hoje, depois que você saiu para o trabalho.

Sueli sorriu:

— Acho que tudo tem a ver com Anselmo. Eu o encontrei quando saía do elevador.

— Está certa, Sueli. Ele esteve aqui! Vou contar tudo o que aconteceu.

— Estou curiosa para saber, mas, se você não se incomodar, gostaria de tomar um banho. Você já conhece o cheiro com que chego depois de ter passado muito tempo junto ao fogão do restaurante.

— Claro que não me incomodo, mas não demore muito.

Sueli foi para o quarto, depois entrou no banheiro. Júlia, enquanto isso, foi preparar um chá para que tomassem juntas.

Atendendo ao pedido de Júlia, Sueli tomou um banho rápido e, ainda enrolada na toalha, sentou-se e, enquanto Júlia servia o chá, ela disse:

— Pronto, Júlia, pode começar a contar.

Júlia contou em detalhes tudo o que havia acontecido e terminou dizendo:

— Você acredita que tudo isso aconteceu? Que vou me casar e mudar para Recife?

— Acredito e espero que seja muito feliz, Júlia. Eu não disse que tudo o que nos acontece tem um motivo? E que no final sempre está certo?

— Disse, mas, na hora, confesso que não acreditei muito. Agora, tenho certeza disso.

— Preciso fazer só uma pergunta: a mulher dele vai aceitar a separação?

— Ele disse que sim, pois o casamento dele já terminou há muito tempo.

— Espero que seja verdade, Júlia, e que você realmente seja muito feliz. Agora, vamos dormir? Amanhã você precisa ir pedir demissão no seu trabalho. Tem certeza de que quer fazer isso mesmo?

— Nossa, Sueli, parece que você não acredita em tudo que Anselmo falou.

— Juro que quero acreditar, mas sabe como é: gato escaldado foge de água fria, não é? Não quero que você sofra.

— Dessa vez, não precisa ficar preocupada. Não vou sofrer! Anselmo disse a verdade, vi isso em seus olhos.

— Está bem. Agora, preciso dormir. Estou muito cansada. Hoje, lá no restaurante, não foi fácil. Boa noite.

— Boa noite, Sueli.

Sueli sorriu e foi para seu quarto. Já deitada em sua cama, pensou: *Meu Deus! Sei o quanto sofri por acreditar em um homem. Por favor, não permita que Júlia sofra da mesma maneira...*

Situação inesperada

Anselmo estava perto de sua casa:

Preciso me preparar. Suzana deve estar muito nervosa. Ela jamais vai me perdoar. Eu sabia que algum dia isso ia acontecer, mas, mesmo que não acontecesse, nosso casamento estava desfeito há muito tempo. Há alguns anos não conversamos, sem brigar. Em parte foi bom ter acontecido daquela maneira. Eu estava em uma encruzilhada. Quero muito crescer profissionalmente e essa proposta encurta o caminho. Porém, se Suzana não concordasse em me acompanhar e, sei que isso não aconteceria nem acontecerá, eu, talvez não tivesse forças para abandonar meu filho. Provavelmente, recusaria a oferta e continuaria minha vida da maneira como está, infeliz e frustrado. Com o fim do meu casamento, vou assumir Júlia. Ela é uma boa moça e gosta, realmente, de mim. Sinto que minha vida está mudando, preciso acompanhar.

Olhou para o relógio, no painel do carro.

São quase nove horas, Suzana ainda não chegou. Ela só chega depois das dez, sempre cansada e nervosa. Já que ela não está, vou jantar e, como sempre faço, vou ficar assistindo à televisão. Talvez ela exija que eu vá embora ainda hoje. Vou para um hotel, até que os preparativos da minha transferência estejam completos.

Quando tudo estiver pronto, eu e Júlia começaremos uma nova vida, espero que de muita felicidade.

Entrou na garagem e estranhou:

O carro de Suzana está aqui? Ela já chegou? Deve estar nervosa mesmo. Preciso me preparar para enfrentar a fera.

Sorriu, desceu do carro e foi para o elevador.

Temeroso, mas preparado, colocou a chave na porta e abriu. Assim que a porta abriu, ele entrou e olhou por tudo. Parecia que estava em paz. Caminhou em direção à sala de jantar. Quando chegou à sala, parou e ficou perplexo. Todas as noites, só quando ele chegava era que a empregada preparava a mesa para que ele jantasse. Ela fazia isso, pois, como ele sempre jantava sozinho, algumas vezes não se sentava à mesa. Pegava um prato e ia para frente da televisão e, enquanto jantava, assistia ao seu programa preferido. Mas, naquela noite, algo estava acontecendo. A mesa não só estava preparada, como havia sobre ela flores e velas acesas.

O que está acontecendo? Por que Edite preparou a mesa dessa maneira?

Estava parado, olhando, quando Suzana entrou na sala. Caminhou em sua direção e abraçando-se a ele, disse:

— Demorou muito para chegar, Anselmo.

Ele, perplexo com aquela recepção, perguntou:

— O que está acontecendo aqui, Suzana?

— O que tem demais? Apenas mandei que fosse preparada a comida de que você mais gosta. Vamos jantar juntos.

Ele, sem entender o que estava acontecendo e sem saber o que fazer, desvencilhou-se do abraço e caminhou para o quarto. Ela, seguindo-o com os olhos, disse:

— Enquanto você toma banho, vou pedir à Edite que coloque o jantar. Quando você voltar, tudo estará pronto.

Ele entrou no quarto. Tirou o paletó e jogou-o sobre a cama. Entrou no banheiro e molhou o rosto que sentia muito quente.

O que está acontecendo aqui? Que atitude é essa da Suzana? Que reação é essa?

Ligou o chuveiro e começou a tomar banho. Estava ali, quando Suzana entrou no banheiro e perguntou:

— Posso tomar banho com você?

Ele abriu a porta do boxe e colocou a cabeça para fora. Desconfiado, perguntou:

— O que você falou?

— Quero tomar banho com você. Não entendo a surpresa. No início do nosso casamento, fazíamos muito isso.

— Esse tempo está muito distante, Suzana. Há muito tempo quase não nos encontramos, estamos mais distantes e nos comportamos como se fôssemos apenas amigos. Não entendo por que, justamente hoje, você está se comportando assim.

— Justamente hoje, por ter percebido que posso perder você para sempre e não quero isso.

Antes que ele falasse qualquer coisa, ela tirou a roupa e entrou no chuveiro.

Tomaram banho da mesma maneira que faziam no início. Anselmo não estava entendendo, mas não pensou muito sobre isso. Ele gostava daquilo e, agora, entendeu que gostava muito de Suzana.

Terminaram de tomar banho. Em silêncio, vestiram-se e foram para a sala de jantar.

Enquanto jantava, Anselmo, ainda confuso, perguntou:

— O que está acontecendo aqui, Suzana? Por que você, depois de tudo o que aconteceu, está tendo essa reação? Confesso que, para mim, é muito estranho.

— Você tem razão em estar confuso. Hoje, quando vi você com aquela moça, fiquei muito nervosa e fiz aquele papelão, mas depois que saí dali e, enquanto voltava para casa, pensei muito. Entendi que, se você procurou e encontrou outra mulher, foi culpa minha. Durante todo esse tempo, eu me preocupei somente com o meu trabalho e deixei você de lado. Só queria mais dinheiro e promoções. Para isso, não pensei em você e no que estava sentindo. Hoje, relembrei as vezes em que o humilhei, não só aqui em casa, mas, na frente de nossos amigos.

Entendi que, sem você, nada disso tem valor. Estamos casados, temos um filho e não quero que meu lar seja destruído nem que meu filho cresça sem pai. Portanto, quero pedir perdão. Vamos nos esquecer de tudo o que aconteceu até aqui e vamos recomeçar a nossa vida. Prometo que vou ser a esposa que você sempre desejou.

Anselmo, atônito com o que ouvia, ficou calado, olhando. Ela, assim que terminou de falar, levantou-se e, rodeando a mesa, aproximou-se dele e beijou-o calorosamente.

Assim que ela se afastou, ele disse:

— Não pode ser assim, Suzana. Muita coisa aconteceu e precisamos conversar.

— Não importa o que aconteceu. Sei que você pensa naquela moça, mas vou fazer com se esqueça dela. Eu amo você, Anselmo.

— Não se trata dela, Suzana. Não podemos recomeçar nem continuar porque eu vou me mudar. Vou para Recife.

— O que você está dizendo, Anselmo?

— Recebi uma proposta muito boa e não posso deixar passar. Tenho chance de progredir muito. Está tudo certo e, dentro de alguns dias, vou para Recife.

— Eu vou com você.

Ele se levantou e quase gritando, perguntou:

— O quê? Você vai largar o seu trabalho para me acompanhar?

— Vou, Anselmo. Já disse que gosto de você, que não quero destruir meu lar nem que nosso filho cresça sem pai. Por tudo isso, vou para onde você for.

— Não consigo acreditar no que você está dizendo, Suzana. Hoje, você conseguiu chegar ao lugar que sempre sonhou. Mesmo assim, está disposta a largar tudo para me seguir?

Suzana ia contar que havia sido despedida, mas resolveu omitir. Respondeu:

— Eu falei que vou para onde você for. Estou falando sério, Anselmo. Deixei que o meu trabalho fosse mais importante do que a nossa vida. Não quero mais fazer isso. Depois do que aconteceu no restaurante e agora que você está me dizendo que precisa ir para o Recife, amanhã bem cedo vou até a empresa para pedir demissão.

— Espere! Você não pode fazer isso, Suzana! Vou ter um aumento de salário, mas, mesmo assim, não vai dar para manter o estilo de vida que temos. Não vou conseguir pagar este apartamento nem seu carro!

— Isso não me importa mais, Anselmo. Vamos devolver o apartamento e o carro. Em Recife, posso encontrar um novo emprego que não tome tanto o meu tempo. Podemos viver em um lugar menor e ter um carro mais barato. O que não quero nem vou admitir é ficar longe de você. Vamos viver bem. Tenho certeza disso.

— Não pode ser dessa maneira, Suzana! Você não está raciocinando! Espere que eu vá para ver se vai dar certo. Depois, quando tudo estiver estabilizado, poderemos voltar a esse assunto.

— Não tem o que pensar. Já decidi. Seja o que for que aconteça com você, vamos continuar juntos. No início do nosso casamento, nada tínhamos e, juntos, conseguimos chegar até aqui. Sei que, se permanecermos unidos, vamos conseguir novamente.

Anselmo estava meio tonto com tudo aquilo. Parecia estar sonhando. Voltou a rever a Suzana que havia conhecido e por quem se apaixonara. Durante os anos de casados tudo havia mudado. Ela se tornara fria e egoísta. Passou a pensar só em si mesma com o olhar perdido refletiu:

O que teria acontecido para que ela mudasse tanto. Será que é verdade que ficou com medo de me perder? Não sei, mas é difícil acreditar que seja isso.

Suzana, sem imaginar o que ele estava pensando, disse:

— Agora vamos nos deitar. Amanhã será outro dia.

Foram para o quarto e, após se amarem, Suzana adormeceu. Anselmo ficou pensando:

Ainda estou tonto com tudo que aconteceu. Jamais imaginei que Suzana teria uma reação como essa. O que vou dizer à Júlia? Meu Deus, Júlia! Ela vai amanhã cedo pedir demissão no emprego! Ela não pode fazer isso, mas, hoje não tenho como falar com ela! Não posso telefonar aqui de casa! Preciso acordar bem cedo e conversar, por telefone, antes que ela vá para o trabalho. Preciso contar o

que aconteceu. Sei que ela vai sofrer, mas não há outro caminho. Suzana tem ra-
zão, temos uma família, um filho e, na realidade, eu, apesar de tudo, ainda gosto
muito dela.

Levantou-se, foi até o banheiro, molhou o rosto e olhou-se no espelho.

Nunca me vi em uma situação como essa...

Voltou para a cama e, depois de algumtempo, adormeceu.

Tomando conhecimento

Júlia acordou e olhou para o relógio que estava em seu criado-mudo.

Ainda é muito cedo. Estou tão ansiosa que não consegui dormir direito. Acordei várias vezes. Agora, sinto que não vou conseguir dormir novamente. Estou tão feliz! Minha vida vai mudar e vai acontecer algo que eu nunca havia imaginado quer aconteceria. Gosto muito do Anselmo, mas ele sempre deixou claro que nunca abandonaria sua casa e seu filho. Agora, tudo mudou.

Levantou-se, foi para o banheiro. Ligou o chuveiro e olhou para o relógio.

Preciso chegar cedo, recolher minhas coisas e deixar meu trabalho em ordem. Vou pedir demissão e me preparar para a viagem. Sinto que vou ser feliz ao lado de Anselmo, embora esteja indo para um lugar distante e com costumes diferentes dos meus, mas vou me adaptar. O importante é que vou estar ao lado dele!

Tomou banho, voltou para o quarto e olhou novamente para o relógio.

Ainda é muito cedo. Por que a hora não passa? Não posso ficar aqui em casa fazendo barulho. Sueli está dormindo. Acho que vou até a padaria tomar um café, ir até a praça e caminhar um pouco. Acho que, andando, vou relaxar. Depois volto e se preci-

sar, tomo outro banho. O que será que aconteceu na casa do Anselmo? O que a mulher dele fez? Será que o expulsou de casa? Será que ele está dormindo em um hotel? Ele sabe que não pode telefonar aqui para casa, à noite, porque a Sueli chega tarde e precisa dormir. Bem, não adianta querer adivinhar o que aconteceu. Ele vai me contar.

Vestiu uma roupa confortável e saiu. Chegou à praça e viu algumas pessoas caminhando. Sempre que ia para o trabalho via aquilo acontecer, mas nunca teve tempo para caminhar. Muitas vezes, sentiu inveja e, naquele dia, poderia realizar seu desejo sem se preocupar com o horário. Como as pessoas faziam, começou a andar e a pensar em tudo o que estava acontecendo. Foi cumprimentada e cumprimentou as pessoas que também caminhavam. Sorriu e recebeu sorrisos.

Depois de andar por mais de meia hora, resolveu voltar para casa. Entrou em silêncio. Olhou para a porta do quarto de Sueli que ainda estava fechado. Entrou em seu quarto, tomou outro banho e se vestiu com a roupa de trabalho. Depois de pronta, pegou sua bolsa e saiu. Antes de sair, olhou para um espelho que havia na sala. Sorriu.

Depois do que aconteceu ontem no restaurante, pensei que não teria coragem de voltar ao trabalho, mas, hoje, vou voltar e encarar todos sem me preocupar com o que estão pensando. Afinal, vai ser o último dia que vou até lá e que vou ver aquelas pessoas. Daqui para frente, vai ser só felicidade.

Desceu do ônibus que a levou até o trabalho. Ele parava bem em frente. Olhou para o lugar em que Anselmo sempre estava esperando por ela. Ele não estava. Não se preocupou.

Ele disse que, por alguns dias não nos encontraríamos. Depois de pedir demissão vou voltar para casa e esperar que ele telefone ou apareça.

Entrou no escritório. Sorrindo, cumprimentou a todos. Não quis prestar atenção aos olhares. Sabia o que estavam pensando, mas aquilo, agora, não a preocupava mais.

Olhou para a porta da sala de seu chefe. Ela estava aberta, o que significava que ele já estava ali. Foi até ela e bateu de leve. Ele estava sentado, olhando alguns papéis. Levantou os olhos.

— Bom dia. Preciso conversar com o senhor.

— Bom dia, Júlia. Entre.

Ela entrou e sentou-se. Ele olhou para ela e, com a voz firme, perguntou:

— O que quer conversar, Júlia?

— Estou aqui para pedir demissão.

Ele se admirou:

— O que está dizendo, Júlia? Pedindo demissão, por quê? Não vá dizer que é por aquilo que aconteceu no restaurante!

— O senhor soube?

— Eu estava lá, Júlia. Não digo que aprovo, mas não é motivo para que peça demissão. Sua vida particular não tem nada a ver com seu trabalho. Você é uma ótima funcionária.

— Não é esse o motivo. Estou me mudando para Recife.

— Para Recife? O que vai fazer lá?

— Vou recomeçar minha vida. Não tenho mais condições de continuar vivendo aqui. — disse sorrindo.

— Por que não? O que você sabe sobre Recife?

— Muito pouco. Aliás, aquilo que a maioria das pessoas sabe. Nunca estive lá. Por isso, acho que vai ser uma boa oportunidade para conhecer seu povo e seus costumes.

— Você não deve estar raciocinando bem, Júlia. Não tome uma atitude precipitada. Sabe que, embora eu goste muito do seu trabalho, é política da empresa não recontratar empregados. Portanto, se não der certo o que está desejando, mesmo que volte, eu não poderei contratá--la outra vez.

— Sei disso, senhor, mas não se preocupe. Vai dar certo e não voltarei. Minha vida está mudando e eu com ela. — voltou a sorrir.

— Precisa me dar algum tempo para que eu coloque alguém no seu lugar.

— Não será necessário. Meu trabalho está em dia. Além do mais, trabalho há muito tempo com Jorge e ele poderá dar conta de todo o trabalho até que contrate alguém. Não posso esperar. Preciso me mudar daqui a alguns dias.

— Sendo assim, só posso aceitar o seu pedido. Espero que tudo dê certo na sua vida.

— Obrigada, vai dar certo! Tenho certeza.

— Quando pretende deixar a empresa?

— Agora.

— Agora?

— Sim. Preciso preparar minha viagem.

Ele se levantou, estendeu a mão e, sorrindo, disse:

— Sendo assim, boa sorte.

Ela apertou a mão que ele estendia e, também sorrindo, saiu da sala, foi para sua mesa e começou a separar seus pertences. Jorge, seu companheiro de trabalho, estranhou:

— O que está fazendo, Júlia?

— Arrumando minhas coisas. Pedi demissão e estou indo embora.

— Indo embora? Por quê? Para onde?

— Vou me mudar para Recife.

— Você nunca disse que estava de mudança, aliás, nem que pretendia se mudar.

Ela sorriu:

— Nem eu mesma sabia, mas é verdade, estou indo. Minha vida mudou completamente em um segundo.

— Essa sua decisão tem alguma coisa a ver com o que aconteceu, ontem, no restaurante?

— Não! Não posso negar que logo depois do que aconteceu, tive vontade de sumir. Ninguém sabe o que aconteceu, mas como é meu amigo e conhece tudo sobre minha vida, vou contar o que aconteceu.

Contou a ele tudo o que havia acontecido e o que Anselmo havia lhe dito. Terminou, dizendo:

— Como vê, estou mudando minha vida para melhor. No final, foi bom eu ter passado por aquela vergonha no restaurante. Vou ficar bem, Jorge, e vou ser feliz.

— Pelo que você me contou, ele falou tudo isso antes de conversar com a mulher. Como vai ficar se ela não quiser que ele vá embora, não aceitar a separação? Sou homem e, como homem, sei que muitas vezes, nossos sentimentos ficam para trás e não gostamos de conflitos. Acho que você deveria esperar que ele conversasse com a mulher para, só depois, tomar essa atitude extrema.

Ela começou a rir:

— Não se preocupe. Anselmo é diferente. Ele sabe muito bem o que quer da vida. Isso não vai acontecer, mas, mesmo que ela não queira a separação, ele não vai voltar atrás, não. Ele me ama! Disse isso várias vezes. Não podia estar mentindo e garanto que foi sincero. Também, mesmo que isso aconteça, já é tarde. Pedi minha demissão e, quanto a isso, não há volta.

— Está bem, Júlia. Sei que agora já é tarde. Desejo, de coração, que você esteja certa ao tomar essa atitude e que seja feliz. Já se despediu das pessoas?

— Você sabe que eu sou um pouco ou muito tímida e, por isso, tenho dificuldade em fazer amizades. Mesmo assim, conversava com algumas pessoas, mas depois que todos ficaram sabendo do meu envolvimento com Anselmo, passaram a me ignorar. Eu não me preocupei com isso, pois, à minha maneira, estava feliz com ele. Você foi o único que não mudou de atitude comigo.

— As pessoas têm uma facilidade imensa em julgar. É mais fácil criticar o que os outros estão fazendo do que olhar para seu próprio umbigo. E isso é antigo, Júlia. Jesus já falou sobre isso. O preconceito, assim como o orgulho e o poder, é sentimentos que atrasa a caminhada do espírito.

— Caminhada do espírito. Do que está falando, Jorge?

— Sigo uma doutrina que nos ensina que cada um de nós é um ser único que está em uma longa caminhada para a perfeição, com seus acertos e defeitos. Ensina também que cada um de nós tem seu livre-arbítrio e por ele é responsável.

— Conversei ontem com a Sueli e ela me falou algo sobre essa doutrina, mas não prestei muita atenção.

Jorge voltou a sorrir:

— É sempre assim, Júlia. As pessoas demoram um pouco para sentir vontade de acreditar em alguma coisa.

— Eu sou uma dessas pessoas. Nunca senti necessidade de seguir religião alguma.

— Não estou falando em religião, Júlia. Estou falando em uma força maior, aquela a que damos o nome de Deus.

— Não entendi. Essa força, esse Deus, não está nas religiões?

— Não, Júlia. Ele está em cada um de nós. As religiões servem para nos ajudar a encontrar essa força, mas, mesmo que não tenhamos religião alguma, no dia em que chegar a hora de a encontrarmos ou precisarmos dela, ela se fará presente e estará ao nosso lado. Deus é criador de todos nós e não se preocupa se seguimos ou não alguma religião. Ele não julga seus filhos. Espera que cada um encontre o caminho a seguir. Para isso nos deu o livre-arbítrio. Todos nós aprendemos desde crianças o que é certo e o que é errado. Basta tentarmos levar nossa vida da maneira que achamos certo.

— Isso depende, Jorge.

— Depende do que, Júlia?

— O tempo passa muito depressa e tudo muda também, Jorge. Muita coisa que ontem era errada, hoje não é mais e outras que eram certas, também não são mais.

— Nisso você tem razão, o tempo passa e as coisas mudam. Porém, Júlia, o que muda são as leis de costumes, mas as morais, éticas, essas não mudam nunca por mais que o tempo passe e se modernize e por mais que as pessoas insistam em ignorá-las. Desde o início da humanidade, matar e roubar, trair e enganar, para não falar de outras, são erros imperdoáveis e continuarão a ser. Apesar do progresso material e científico, existem forças menores que ainda dominam o ser humano. Você disse que as pessoas, ao saberem que você estava com Anselmo, julgaram-na e condenaram-na. O preconceito, não é só relativo à cor ou à raça das pessoas. Ele está em toda parte. Do presidente desta empresa perante nós, seus funcionários por sentir-se melhor. Ele está presente em nós, contra aquelas pessoas que trabalham em uma função abaixo da nossa, como faxineiros, cozinheiros, por nos sentirmos melhores. E nessas pessoas contra aqueles que não têm um emprego. Como pode ver, de uma maneira ou outra, todos nós somos preconceituosos. Da mesma maneira acontece com o poder.

— O poder existe, sim, mas está nas mãos daqueles que têm muito dinheiro.

— Engana-se, Júlia. O poder não está só nas mãos das pessoas que têm dinheiro. Qualquer um de nós, na primeira oportunidade que possamos exercê-lo, o faremos com muita tranquilidade. O poder está na mão do motorista de um carro quando não respeita o pedestre; nem um funcionário público, quando está atrás de balcão e não atende bem a alguém que precisa de sua ajuda. Está com o chefe de um departamento de uma equipe, quando não respeita seus comandados. Está conosco quando não tratamos bem as pessoas que trabalham como domésticas e que estão em condições menores que a nossa. E, finalmente, entre outras tantas, está na mão daquele político que se esquece de que foi eleito para criar leis que ajudem a população e só pensa em si mesmo. Como pode ver, o espírito tem muito a caminhar até alcançar a perfeição. Ainda não falei sobre o orgulho, mas isso ficará para uma próxima vez.

— Pensando bem, você tem razão, Jorge. Eu mesma já exerci o poder várias vezes. Acho que isso faz parte do ser humano, mesmo. Vou procurar mudar minha atitude. Agora estou entendendo o preconceito das pessoas para comigo. Não vou ligar, estou feliz e, como dizem, metade do mundo fala mal da outra metade. — Júlia disse, rindo.

Jorge também riu:

— Apesar de não criticar você, não se esqueça de que eu sempre lhe disse que se envolver com homem casado pode terminar mal. Não foi?

— Verdade. Você cansou de me dizer, mas eu estava apaixonada e nunca dei atenção. Porém, você estava errado, Jorge. Meu envolvimento com Anselmo deu certo. Estamos felizes.

— Fico contente por você, Júlia. Vejo que está feliz e espero que continue por muito tempo. Porém, se alguma coisa mudar, nunca perca a fé em Deus, que é um Pai amoroso e que sempre estará disposto a nos dar novas oportunidades. Quando precisar da força de que falei, sabe que a encontrará.

Júlia abraçou o amigo, dizendo:

— Você está muito sério, hoje, Jorge. Eu, de minha parte, acho que não preciso procurar essa força em lugar algum. Estou feliz e pretendo continuar assim.

Jorge, correspondendo ao abraço, falou:

— Seja feliz, Júlia. Lembre-se de que, se precisar estarei sempre aqui.

Livrando-se do abraço, ela, feliz, disse:

— Obrigada, meu amigo. Mesmo de longe eu vou mandar notícias. Obrigada por ter me ajudado durante todo o tempo em que trabalhamos juntos. Agora preciso ir ao departamento pessoal. Depois, vou comprar algumas roupas para a viagem.

— Vá com Deus, Júlia.

Júlia, sorrindo, saiu pela porta.

Enquanto isso acontecia com Júlia, Anselmo abriu os olhos e olhou para o relógio que estava sobre o criado-mudo. De um pulo, levantou-se:

Meu Deus! São quase dez horas! Como fui dormir assim? Onde está Suzana que não me acordou?

Entrou no banheiro para tomar um banho. Logo depois, saiu e, para sua surpresa, sobre a cama estava uma bandeja com café da manhã. Ao lado da cama e em pé, estava Suzana, que, sorrindo, disse:

— Bom dia, meu amor. Estava esperando que tomasse banho e que viesse tomar café comigo.

Ele quase gritou:

— Por que não me acordou, Suzana? Sabe que preciso chegar cedo ao escritório!

— Não precisa não! Depois da noite que passamos, que pode até ser considerada como a primeira noite de uma lua de mel, você tem o direito de chegar mais tarde e de tomar um café romântico com sua mulherzinha. Estou tão feliz por nós e com a nossa mudança!

— Não estou entendendo você, Suzana. O que está acontecendo?

— Nada! Sou quem não entendo essa sua reação. Sei que pensa que eu deveria estar muito brava e que deveria querer que fosse embora de casa, mas não foi isso que aconteceu. Eu entendi que a culpa por você ter encontrado outra mulher foi minha. Eu me afastei de você, deixei que o meu trabalho dominasse minha vida e não quero que isso continue a acontecer. Eu amo você, temos um filho e um casamento que precisam ser defendidos. Vamos recomeçar, meu amor, e prometo que, dessa vez, tudo vai ser diferente. Estou disposta a fazer de tudo para que nosso casamento continue.

Anselmo, calado, voltou ao banheiro. Olhou para o espelho.

Meu Deus! A esta hora a Júlia já deve ter pedido demissão! O que vou fazer? Ela não pode ficar desempregada. Não tem ninguém no mundo. Preciso ir agora e tentar impedi-la.

Saiu do banheiro, dizendo:

— Não posso tomar café, Suzana. Estou atrasado, preciso ir agora.

— Claro que pode! Não está indo à empresa apenas para se preparar para a viagem? Também preciso me preparar. Vamos entrar em um acordo e tentar devolver o apartamento e o meu carro.

— O quê? Como devolver o apartamento e o seu carro? Não pode fazer isso, vai perder muito dinheiro!

— É isso mesmo que ouviu. Pagamos apenas algumas prestações. Ainda falta muito tempo para terminarmos de pagar. Disse que vou perder muito dinheiro, mas perderei muito mais se tentar manter algo que não poderei pagar. Se vamos viver somente do seu salário, não teremos como pagar por esses luxos desnecessários.

— Desnecessários? São as coisas mais importantes para você, Suzana. Por elas trabalhou muito!

— É verdade, mas foi por causa delas que quase perdi meu casamento e você. Eu disse que mudei e mudei mesmo, Anselmo. Vou fazer todo o possível para que nós dois e o nosso casamento não terminem. Este apartamento e o carro são apenas coisas, enquanto nós somos uma vida.

— Você não está raciocinando, Suzana. Está sendo precipitada. Não é preciso fazer nada nesse sentido. Estou indo, na semana que vem para Recife. Nos primeiros dias, vou ficar em um hotel. Depois, quando eu me instalar, você vai. Por enquanto, fique no apartamento e com o seu carro. Enquanto eu estiver fora, você vai poder pensar bem no que representa mudar de vida tão radicalmente. Com meu salário poderemos viver bem, mas nunca da maneira como você sempre quis. Teremos uma vida modesta.

— Mas estaremos juntos e é só isso que quero. Tanto o carro, como o apartamento não são nossos, Anselmo! Estamos pagando, mas, por enquanto, são do banco. Hoje, depois que você for trabalhar, vou ao banco conversar com o gerente e ver o que precisa ser feito para que esses bens sejam devolvidos. Quanto a você ir sozinho, não vai, não! Vou com você e ficaremos no hotel. Enquanto você trabalha, vou procurar um apartamento pequeno para que possamos nos mudar. Precisa ser assim, Anselmo. Trabalhando como trabalha não vai ter tempo de procurar um apartamento cujo aluguel poderemos pagar. Eu vou fazer isso. Não se preocupe, no final vai dar tudo certo.

Ele, sem argumento e acostumado a fazer tudo o que Suzana desejava, sentou-se para tomar café.

Parece que ela mudou mesmo. Será que realmente descobriu que me ama e quer salvar nosso casamento? É difícil acreditar, mas vamos tentar. O que vou fazer com a Júlia? Ela não vai entender. Não tenho outra saída, não posso vê-la, ainda mais depois de ter dito que a levaria comigo. Provavelmente, a esta hora ela já deve ter pedido demissão. Não tenho outra saída. Eu disse a ela que ficaria alguns dias sem aparecer. Vai ser o tempo suficiente para ir embora com

Suzana e recomeçar minha vida. Júlia vai ter de continuar aqui. Sei que vai sofrer por algum tempo, mas é uma mulher forte, boa profissional. Logo me esquecerá, encontrará trabalho e seguirá sua vida.

Alzira, que estava ali, ao lado de Ciro, olhou para ele e disse:

— *Novamente, Anselmo? Novamente o mesmo erro...*

Ciro, também pesaroso, tocou em seu braço e ambos desapareceram.

Anselmo saiu Suzana voltou para o quarto e deitou-se novamente.

A história de Júlia

Quando Júlia saiu da empresa, após passar pelo Departamento Pessoal, já estava na hora do almoço. Ela olhou em volta para ver se via Anselmo, mas ele não estava ali. Pensou:

Está na hora do almoço. Ele deve estar almoçando. Vou até o restaurante para ver.

Entrou no restaurante, notou que algumas pessoas olhavam para ela, mas não se preocupou. Com os olhos, percorreu todo o ambiente:

Ele não está aqui. Deve estar cuidando da nossa viagem. Antes de se mudar, precisa deixar tudo em ordem. Vou para casa para me preparar também.

Tomou o ônibus e foi para casa. Entrou devagar, tentando fazer o menor barulho possível, pois sabia que àquela hora Sueli ainda estava dormindo. Foi direto para o seu quarto. Entrou e fechou a porta, depois, deitou-se sobre a cama. Não imaginava, mas ao seu lado, e também sobre a cama, sentou-se, de um lado, Alzira e, do outro, Ciro. Que ao mesmo tempo, ambos jogavam luzes brancas e brilhantes sobre ela. Em poucos minutos, Júlia pensou:

Jorge falou tanta coisa que me confundiu. Eu sempre soube que Deus existia, mesmo sem nunca ter levado esse assunto muito a sério. Porém, a maneira como ele falou faz com que eu pense mais a respeito.

Estava assim pensando, quando ouviu uma batida, leve, na porta.

— Entre, Sueli - disse, rindo

Sueli abriu a porta.

— Eu acordei você? Tentei não fazer barulho.

— Não, Júlia. Eu estava acordada quando você chegou. Estava ansiosa para saber o que decidiu. Estando aqui a esta hora, só posso deduzir que você pediu demissão no trabalho.

— Pedi, sim. Estou tão empolgada com minha viagem e com a minha nova vida. Finalmente, vou ser feliz, Sueli!

— Desejo que isso aconteça. Estou com fome e curiosa para saber o que aconteceu. Você já almoçou?

— Não.

— Então vamos para a cozinha. Vou preparar alguma coisa para comermos e poderemos conversar.

Enquanto se levantava, Júlia falou:

— Estou com fome, mas, mesmo que não estivesse não perderia por, nada neste mundo, uma comida feita por você. Vamos.

Na cozinha, Sueli começou a cozinhar. Júlia sentou-se e ficou olhando a amiga.

— Como foi tudo, Júlia?

— Pedi demissão mesmo. Vou contar como foi.

— Ótimo, estou curiosa em saber como agiu.

Júlia contou toda a conversa que teve com seu chefe e terminou dizendo:

— Depois de conversar com ele, despedi-me do meu colega de trabalho, o Jorge. Fiquei surpresa ao saber que ele segue a mesma doutrina que você.

— Verdade, Júlia?

— Sim. Trabalhei tanto tempo ao lado dele e nunca conversamos sobre religião. Hoje, não sei por que, ele falou sobre essa doutrina que segue. Estranho...

— O que é estranho, Júlia?

— Você me falou ontem sobre isso e hoje ele também. Os dois praticamente no mesmo dia. Será coincidência?

— Não existe coincidência, Júlia. Tudo tem seu tempo e sua hora. Deve ter chegado a hora de você tomar conhecimento dessa doutrina.

— Logo agora que estou tão bem e que não quero pensar em outra coisa que não seja a minha felicidade ao lado de Anselmo? Vamos deixar esse assunto para outro dia.

— Está bem. Conte tudo.

— Acho que sou uma pessoa especial, Sueli. Embora tenha sido criada em um orfanato e não tenha conhecido meus pais, sempre fui muito feliz. Fui adotada por uma família que, por um bom tempo, me deu instrução e muito amor.

— Não sabia que você tinha sido adotada, Júlia. Nunca falou sobre isso.

— Nunca falo sobre esse assunto, porque eu mesma tento me esquecer dele. Diferente de muitas crianças, tive a sorte de ter sido adotada por uma família que me deu muito amor.

— Como foi sua adoção e o que aconteceu? Se quiser, contar gostaria de saber como foi sua vida até aqui.

Júlia ficou com o olhar distante, pensando. Depois disse:

— Quando eu me dei por gente, percebi que vivia ao lado de crianças que, assim como eu, não tinham pais. Porém, isso só começou a me incomodar quando vi que meus amiguinhos iam embora com alguma família. A cada um que partia, eu sofria muito, pois era a única família que conhecia. Quando perguntava para onde eles estavam indo, alguém respondia que eles tinham sido adotados. Mais tarde, entendi o que era ser adotado. Tomei conhecimento de que eles foram viver ao lado de pais e irmãos e que nunca mais seriam separados. Gostei daquela ideia, de ter um pai e uma mãe e, quem sabe, irmãos. Parecia ser uma coisa muito boa. Sempre que um casal chegava ao orfanato, eu fazia de tudo para que me notassem, mas eles nunca me escolhiam.

— Deve ter sido muito triste essa separação de seus amigos.

— Foi sim, mas eu sempre tive a certeza de que, um dia, eu também seria escolhida. Nunca me desesperei, apenas esperei. Acho que tinha, ao meu lado, um anjo da guarda que me ajudava.

Alzira olhou para Ciro e os dois sorriram.

Júlia continuou:

— Hoje sei que, desde aquele tempo, tive muita sorte. O orfanato era muito bom. As crianças tinham o que precisavam para crescerem saudáveis: alimentação, educação escolar e social. Só não tínhamos aquele abraço, aquele carinho de mãe. Isso também não nos incomodava, pois não sabíamos como era, apenas imaginávamos.

— Quando saiu dali?

— Eu ia fazer onze anos e ainda esperava pela família que me levaria embora dali, mas, aos poucos, fui perdendo a esperança, pois todos os casais só queriam crianças pequenas, de preferência recém-nascidas. Em um domingo, um casal entrou no pátio, onde eu e outras meninas brincávamos. As meninas que estavam brincando comigo foram para junto do casal. Em outras vezes, eu teria ido ao encontro deles para que me notassem, mas, daquela vez, preferi continuar brincando, pois sabia que não seria escolhida. O casal ficou andando por todo o pátio. Eu continuei fingindo cozinhar com panelinhas de plástico. A senhora parou diante de mim:

— *Por que está brincando sozinha, menina?*

— *Eu estava com mais algumas meninas, mas elas preferiram ficar ao lado da senhora. Elas querem ser adotadas.*

— *Você não quer isso?*

— *Quero, mas sei que isso não vai acontecer.*

— *Por que está dizendo isso?*

— *Todas as pessoas que vêm aqui, só querem crianças pequenas. Na minha idade elas não querem, não...*

— *Por que acha que isso acontece?*

— *Não sei, mas é sempre assim.*

— *Pois eu quero justamente o contrário. Eu e meu marido queremos uma criança na nossa casa, mas não temos mais paciência para cuidar de uma criança pequena. Elas dão muito trabalho.*

— Eu, que estava com a cabeça abaixada, levantei os olhos e olhei nos olhos daquela mulher que me pareceu ser sincera. Ela continuou:

— *Você me parece perfeita. Quer experimentar? Pode ir conosco e, se gostar, poderá morar ao nosso lado para sempre.*

— Eu não podia acreditar que aquilo estava acontecendo, Sueli. Logo naquele momento em que eu já havia perdido a esperança.

— A vida é mesmo assim, Júlia, surpreende nos a cada momento e na maioria das vezes, quando pensamos que está tudo perdido, na realidade, está apenas começando. O que aconteceu depois, você foi morar com eles?

— Muito tímida, olhei para ela e respondi:

— *Não sei. A senhora é quem sabe.*

— *Sendo assim, vou conversar com Neide, a diretora do orfanato, e ver o que preciso fazer para que você vá morar comigo e com meu marido. Está bem assim?*

— Eu não respondi, Sueli. Apenas acenei com a cabeça, dizendo que sim. Ela foi ao encontro de seu marido que estava rodeado por algumas crianças e deve ter falado sobre mim, pois ele, em seguida olhou em minha direção e sorriu. Os dois saíram abraçados e eu os acompanhei com os olhos, enquanto entravam no escritório da diretora do orfanato. Meu coração batia forte. Glória, uma das meninas que era a minha melhor amiga, se aproximou:

— *O que a moça falou com você, Júlia?*

— *Não entendi muito bem, mas acho que ela quer me levar para sua casa.*

— *Você vai embora, Júlia?*- ela perguntou quase chorando. Também chorando, respondi:

— *Não sei, Glória, mas bem que eu queria ir embora para uma casa, ter um pai e uma mãe. Deve ser muito bom...*

— Os dias foram passando, Sueli, e eu ficava quase o tempo todo olhando para a porta de entrada para ver se eles voltavam, mas, por muito tempo, não voltaram. Eu já havia perdido a esperança, quando, em uma manhã, a diretora mandou me chamar. Eu estava na sala de aula e, sem saber o que estava acontecendo a acompanhei a secretária. Ao entrar na sala, levei um susto e parei junto à porta, sem coragem de entrar. O casal estava lá. A diretora, ao ver que eu estava ali, parada, disse:

— *Entre, Júlia. Precisamos conversar.*

— Tímida e tremendo muito, entrei. A diretora me apontou uma cadeira, me sentei. Depois, sorrindo, ela falou:

— *Esse casal quer levar você para morar com eles. Você quer?*

— Abaixei a cabeça, não sabia o que responder, Sueli. Eu queria muito ir morar em uma casa, mas no momento em que aquilo estava acontecendo, fiquei com muito medo. Eu sempre vivi no orfanato, não sabia o que acontecia fora dali. Não respondi. Ela voltou a perguntar:

— *Você quer ir morar com eles, Júlia?*

— Tomei coragem:

— Eu quero, mas estou com medo...

— A senhora levantou-se, segurou minhas mãos e, olhando dentro dos meus olhos, perguntou:

— *Medo do que, Júlia?*

— Com a cabeça abaixada, respondi:

— *Não sei, só estou com medo...*

Ela segurou meu queixo e fez com que eu levantasse a cabeça e, continuando a olhar em meus olhos, disse:

— *Nunca abaixe a cabeça ou os olhos quando estiver conversando com alguém. É importante que as pessoas possam ver seus olhos, pois é através deles que qualquer um pode saber quando se está falando a verdade e o que está, realmente, sentindo. Entendo que você esteja com medo. O medo do desconhecido atinge todos nós. Você viveu sempre aqui e tem medo da mudança. Vamos fazer uma coisa, vamos sair daqui juntos eu, você e o Altair, meu marido. Vai ficar na nossa casa pelo tempo que quiser. A qualquer momento, se não se sentir bem, basta falar que a traremos de volta. Queremos levar você para nossa casa para que seja feliz e faça a nossa felicidade e isso só vai ser possível, se você estiver bem.*

— Olhei para a diretora que, sorrindo disse:

— *Como pode ver, Júlia, você não é obrigada a fazer o que não quiser. Acho que Teca, Altair e você têm a chance de ter uma vida muito boa, mas a qualquer momento poderá voltar. Estarei sempre aqui, torcendo por você, as portas estarão abertas. Vamos tentar?*

— Voltei a olhar para a senhora e para seu marido. Ambos sorriam, sorri também e acenei com a cabeça, dizendo que sim. Eles também sorriram. A senhora estendeu a mão, que eu peguei. Ela segurou com força e disse:

— *Ainda não sabe o meu nome, não é?*

— Com a cabeça eu disse que não.

— *Meu nome é Tereza, mas todos me chamam de Teca.*

— *Como vou chamar a senhora?*

— *Como quiser. Precisa entender que não vai ser obrigada a fazer o que não quiser. Lógico que esse acordo não se refere ao estudo. Isso não tem como, você vai ter de estudar.* — ela disse sorrindo, olhando para o marido, continuou:

— *Você, além de estudar, vai aprender uma profissão para poder tomar conta da sua vida. Quer tentar?*

— Acenei com a cabeça, aceitando. Segurando minha mão, saímos dali. A diretora me abraçou:

— *Você vai ser feliz, Júlia. Tenho certeza disso.*

— Também sorri e fomos embora.

— Ela me pareceu ser uma pessoa muito boa, Júlia. A sua vida deu certo com eles?

— Tem razão, Sueli. Ela e o marido me cercaram de muito carinho e foram muito importantes em minha vida. Quando chegamos à rua, vi diante de mim um enorme carro preto parado em frente ao portão. Assim que nos viu, um homem com um uniforme e um boné abriu uma das portas do carro, por onde entramos. Teca fez com que eu me sentasse na janela para que pudesse ver a paisagem. Para mim, que só conhecia o orfanato, aquilo tudo era uma maravilha. Durante toda a viagem, fiquei em silêncio, apenas observando e me deliciando. Vi edifícios altos, que nunca tinha visto. Carros de cores diferentes passavam pelo nosso. Para mim, tudo aquilo parecia um sonho. Depois de algum tempo, o carro entrou em uma rua com árvores dos dois lados e com casas grandes e muito bonitas. Eu olhava e, a cada momento, mais me encantava. Um grande portão se abriu, o carro entrou por ele e por uma alameda e parou em frente a uma porta de madeira, muito larga e alta. O moço do boné desceu e abriu a porta onde eu estava. Desci e fui seguida por Teca e Altair. Segurando minha mão, eles fizeram com que eu entrasse na casa. Assim que entrei, fiquei extasiada com o tamanho da sala. Eu, definitivamente, nunca havia visto algo igual. Uma moça, vestida de branco se aproximou e, sorrindo, estendeu sua mão em minha direção. Teca, também sorrindo, disse:

— *Esta é Margarida, Júlia. Ela vai cuidar de você quando eu não estiver em casa.*

— Eu, um pouco zonza e perdida, estendi minha mão.

— *Seja bem-vinda, Júlia! Você vai ser muito feliz aqui em casa!*

— Eu ia abaixar minha cabeça, como sempre fazia, mas ao me lembrar do que Teca havia dito no dia em que me conheceu, levantei a cabeça, os olhos e sorri. Teca percebeu e também sorriu. Depois disse;

— *Venha, Júlia! Vamos ver o quarto que preparei para você!*

— Subimos os degraus de uma escada muito alta. Lá no alto, havia um vão livre com um sofá, uma poltrona e um quadro lindo em uma das paredes. Tudo, para mim, continuava como se fosse um sonho. Eu jamais poderia imaginar que existisse uma casa como aquela. Entramos por um corredor e paramos diante de uma porta branca. Teca abriu a porta. Entrei e, assim que vi o quarto, parei sem conseguir respirar ou dizer qualquer coisa.

— *Entre, Júlia! Este é o seu quarto.*

— Eu vi, mas não acreditei, Sueli. O quarto era enorme. No centro, havia uma cama com uma colcha cor de rosa, a cor de que eu mais gostava; duas janelas com cortinas também rosa, só que em um tom mais escuro; um armário branco; em um canto, um pequeno baú com muitos brinquedos; e algumas bonecas espalhadas pela cama.

— *Gostou do quarto, Júlia?*

— Eu não sabia o que responder. Minha boca secou e meu coração disparou. Teca sorriu e voltou a perguntar;

— *Você gostou do seu quarto, Júlia?*

— *Eu vou dormir aqui, sozinha?*

— Ela riu e Margarida também.

— *Vai, Júlia. Preparei este quarto para você.*

— *É muito grande! Nunca dormi sozinha, ainda mais em um quarto desse tamanho. No orfanato, dormíamos todas juntas. Não sei se vou conseguir dormir, aqui, sozinha. Acho que vou ficar com medo.*

— Teca me abraçou:

— *Vai se acostumar, Júlia. Além do mais não estará sozinha. Todas essas bonecas estarão aqui para fazer companhia a você.*

— Júlia! Que mulher boa, não?

— É verdade, Sueli. Ela era maravilhosa! Nas primeiras noites, antes de eu adormecer, ela e Altair vinham para o meu quarto, contavam uma história, me beijavam e saíam. Nas primeiras noites eu fiquei com medo, chorei e eles voltavam para me confortar. Aos poucos, fui me acostumando. Quinze dias depois, eles convidaram toda a família para uma festa, onde me apresentaram como filha. Eu estava, realmente, vivendo uma vida de sonhos. Comecei a frequentar uma escola, totalmente diferente do orfanato. Jonas, motorista da casa, me levava naquele carro preto e ia me buscar. Tive alguma dificuldade para me adaptar, mas, logo, já brincava com as outras meninas. Embora eu já houvesse pensado em como seria uma mãe, uma família, nunca cheguei perto daquilo que estava vivendo. Estava feliz.

— Eles eram muito ricos, não, Júlia?

— Sim, muito ricos, Sueli. Naquele tempo, eu não sabia nem me interessava por isso. Mais tarde, tomei conhecimento de que ele era dono de um banco. Ele viajava muito, mas Teca estava sempre ao meu lado. Íamos a lojas, onde ela me comprava roupas e sapatos. Em meu guarda-roupa havia tantos vestidos que eu nem conseguia usar.

— Não entendo uma coisa, Júlia.

— O quê, Sueli?

— Tendo sido criada dessa maneira e frequentado uma boa escola, como, hoje, está sozinha e sempre diz que não tem família? Não dá para entender...

Júlia, com um sorriso triste, respondeu:

— Hoje, já adulta, aprendi a respeitar aquele velho ditado: não há bem que sempre dure, nem mal que não se acabe.

— O que aconteceu, Júlia?

— O tempo foi passando, Sueli. Aos poucos, esqueci me da minha vida no orfanato e das amigas que lá deixei. Eu era tratada como uma princesa. Tanto Teca como Altair sempre me trataram como filha, mas sua família não pensava da mesma maneira. Naquele tempo eu achava que tudo estava bem e que todos gostavam de mim, mas a realidade era outra.

— Por que diz isso, Júlia?

Júlia não respondeu. Ficou com os olhos parados no horizonte. Sueli insistiu:

— Continue contando, Júlia!

— Desculpe-me, Sueli. Estava relembrando como tudo aconteceu. Vou continuar. Naquele ano, passamos férias em Roma. Conheci o Vaticano, o Coliseu, e muitos lugares que nem imaginava que existiam. Fomos até as Catacumbas do tempo de Cristo. Uma noite, antes de eu dormir, como sempre fazia, Teca veio ao meu quarto. Sentou-se sobre a cama e disse:

— *Júlia, as pessoas são muito más, por isso, não quero que comente com ninguém sobre sua infância. Ninguém precisa saber que você foi criada em um orfanato. Lembre-se sempre de que é nossa filha e de que a amamos muito.*

— Eu sorri, não entendia muito bem o que ela quis dizer. Após seu beijo, adormeci. Como sempre acontece, o tempo passou. Eu estava com eles há pouco mais de um ano e continuava feliz. Estudava muito, pois queria que meus pais se orgulhassem de mim. Em um dia, estava na escola, quando duas meninas se aproximaram. Pelo rosto e sorriso delas, percebi que alguma coisa elas estavam tramando. Uma delas perguntou:

— *Você é órfã?*

— Naquele momento, lembrei-me de que Teca havia falado sobre aquilo. Respondi:

— Não! Por que estão perguntando isso?

— *Você é órfã, sim!*

— Ela falou alto, com um sorriso que me fez muito mal, Sueli. Olhei para os lados e percebi que todas as outras meninas também me olhavam e riam. Tentei sair dali, mas elas não deixaram. A menina continuou falando alto:

— *Você é órfã, sim! Ouvi minha mãe conversando com sua tia Rosa!*

— *Tia Rosa?* — perguntei, espantada.

— *Sim, ela estava lá em casa conversando com minha mãe e eu ouvi.*

— Tia Rosa, Sueli, era esposa do irmão do Altair que era sócio no banco. Sem notar minha surpresa, a menina continuou:

— *Você é pobre e nunca teve mãe ou pai! É uma coitada que, se não fosse pela dona Teca, estaria até hoje morando no orfanato! Você vive uma vida de mentira! Eu ouvi minha mãe dizer isso!*

— Ao ver que todas estavam rindo, saí dali e corri para a sala de aula. Eu queria ir embora, mas Jonas só viria me buscar quando as aulas terminassem e eu não sabia sair sozinha da escola. Durante o restante da aula, percebi que elas continuavam falando, olhando para mim e rindo. Finalmente, o final das aulas chegou. Peguei minhas coisas, levantei-me e, com a cabeça baixa, como não fazia desde aquele dia no orfanato, quando Teca me obrigou a levantar a cabeça, saí dali o mais depressa possível. Enquanto andava, as meninas iam atrás de mim, falando uma porção de coisas. Diziam que eu era pobre, uma coitada e que nem a minha mãe tinha me querido, que eu não valia nada, que aqueles que me adotaram não sabiam quem eu era. Saí pelo portão da escola e olhei para o lugar em que Jonas sempre me esperava. Corri para ele, que abriu a porta do carro. Entrei e, ainda com a cabeça abaixada, sentei me no canto do banco. Ele estranhou, mas calado, entrou no carro, ligou o motor e saiu. Durante algum tempo, ele dirigiu sem falar. Eu não via porque estava com a cabeça abaixada, mas podia sentir que ele me olhava pelo retrovisor. Algum tempo depois, ele perguntou:

— *O que aconteceu, Júlia?*

— *Nada!*

— *Como nada? Você está estranha.*

— *Estou igual ao que sempre fui. Nada aconteceu.*

— *Como igual? Sempre que entra no carro não para de falar um minuto. Fala tanto que algumas vezes tive de pedir que se calasse. Nunca vi você dessa maneira, somente nos primeiros dias em que a trouxe para a escola. O que aconteceu, Júlia? Sabe que sou seu amigo e que, por isso, pode confiar em mim.*

— Não suportei mais, Sueli e, chorando, contei a ele tudo o que havia acontecido. Quando terminei de falar, ele, olhando pelo retrovisor, disse:

— *Nada disso é motivo para você chorar nem ficar da maneira como está.*

— Ainda com a cabeça baixa, disse:

— *Como não, Jonas? Aquela menina tem razão. Eu não sou ninguém! Não tenho família nem ninguém! Embora viva essa vida de riqueza não tenho nada... nada...*

— *Pare com isso, Júlia! Você tem tudo para ser feliz! Seus pais adoram você!*

— *Mas a menina falou uma porção de coisas e todas começaram a rir de mim...*

— *Não importa o que essa menina falou nem que todas riram. Você é uma menina maravilhosa e muito amada por seus pais e todos os empregados da casa.*

— *Não quero mais voltar à escola...*

— *Por quê?*

— *Tenho vergonha...*

— *Vergonha coisa nenhuma! Você vai voltar à escola, vai levantar a cabeça e encarar todas elas. Deixe que falem, Júlia. Não ligue para pessoas maldosas. Converse com sua mãe.*

— *Não! Não vou falar com a Teca! Ela vai brigar comigo!*

— *Brigar, por quê, Júlia? Ela ama você!*

— Ele tinha razão, Júlia.

— Hoje sei disso, Sueli, mas não podemos nos esquecer de que naquele tempo eu tinha um pouco mais de dez anos. Era adolescente e sabemos que nessa idade qualquer coisa se transforma em um grande drama.

Sueli começou a rir:

— É verdade, Júlia! Essa idade é difícil mesmo. Lembro-me de que chorava por qualquer coisa e pensava que o mundo ia acabar. Mas o que aconteceu depois? Você falou com sua mãe?

— Não. Chegamos a casa. Ela não estava. Fui direto para o meu quarto e lá chorei muito, como nunca havia chorado. Só naquele dia pensei em minha mãe verdadeira. Por que ela havia me abandonado? Acho que não gostava mesmo de mim. Definitivamente, aquela menina tinha razão: eu não valia nada. Fiquei ali por muito tempo, sem conseguir parar de chorar. Estava assim, quando a porta do meu quarto se abriu e por ela entrou Teca. Em silêncio, ela se aproximou e sentou-se ao meu lado, na minha cama. Ficou calada por algum tempo, depois disse:

— *Por que está chorando, Júlia?*

— *Por nada...*

— *Deve ter algum motivo. O que aconteceu na escola?*

— Fiquei calada, Sueli. Ela começou a passar a mão sobre meus cabelos. Eu não resisti e contei tudo o que havia acontecido. Ela ouviu, com atenção. Quando parei de falar, ela, sorrindo, levantou meu queixo e ficou olhando em meus olhos.

— *Já não disse a você que nunca deve baixar sua cabeça e seus olhos?*

— *Mas aquela menina falou e as outras riram...*

— *Depois, vou conversar com a Rosa. Agora, preciso contar uma história para você. Quer ouvir?*

— *Quero.*

— *Está bem, venha aqui.*

— Eu me recostei em seu peito e ela começou a falar:

— *Havia uma menina que era muito feliz. Ela não tinha irmãos, mas, mesmo assim, brincava, corria e sempre tinha alguém ao seu lado para evitar que se machucasse. Seus pais eram muito ricos, por isso, nunca sentiu falta de coisa alguma. Ela cresceu e se transformou em uma linda moça. Em uma noite, com sua família, foi a uma festa. Conheceu um rapaz que era filho de um sócio de seu pai. Naquela noite, dançaram, conversaram e se tornaram amigos. Daquele dia em diante, nunca mais se separaram e acabaram se casando. Aquela menina que sempre tivera tudo na vida, agora, estava completamente feliz. Aquela menina, Júlia, era eu. Estava casada com Altair, a quem amava. Tinha uma casa linda e uma estufa onde havia muitos pés de orquídeas que eu cuidava com todo carinho. Por algum tempo não me preocupei com nada a não ser viver aquela vida maravilhosa. O pai de Altair morreu, portanto, ele e Roberto, seu único irmão precisavam ser preparados para seguir seus negócios. Por isso, ele trabalhava muito e quase nunca estava em casa. Aos poucos, comecei a me sentir muito só. Comecei a sentir que minha casa era linda e grande demais para mim. Durante o dia, enquanto Altair estava trabalhando, eu ficava perambulando pela casa, pelo jardim. Cuidava das plantas, principalmente das orquídeas, que adorava, mas, mesmo assim, sentia-me só. Resolvi que conversaria com Altair. Achava que estava na hora de termos um filho. Eu achava que, com uma criança em casa, teria muito para fazer e não teria tempo de me se sentir só. A princípio, ele não aceitou a ideia, pois queria participar do crescimento da criança e, naquele momento, aquilo seria impossível. Porém, diante da minha insistência, resolveu aceitar. Ele gostava muito de mim e faria qualquer coisa para que eu fosse feliz. Depois de algum tempo, eu estava esperando uma criança. Não pode imaginar como eu e toda família ficamos felizes. Porém, durou pouco tempo. Logo depois, perdi a criança. Consultei um médico e ele disse que, depois de ver os exames, dificilmente eu poderia engravidar novamente. Aquela notícia, fez com que aquela menina que sempre tivera tudo e que sempre fora feliz, se transformasse em uma pessoa triste. Eu vivia sempre chorando. Embora Altair fizesse de tudo para que eu voltasse a ser como antes, nada fazia com que eu conseguisse sorrir novamente. Com o tempo, foi ficando pior. Altair ficou desesperado. Não sabia mais o que fazer. Neide, que era minha amiga de muito tempo, sem saber o que estava acontecendo e sem saber explicar o motivo, sentiu uma vontade imensa em me rever. Nós não nos víamos há muito tempo. Em uma noite, acompanhada pelo marido, resolveu nos fazer uma visita. Telefonou para saber se estávamos em casa. Embora eu não quisesse ver ninguém, Altair ficou feliz e disse que os estava esperando. Mesmo sem vontade, arrumei me para esperar minha amiga. Ao me olhar no espelho, percebi que meus olhos estavam fundos, vermelhos e com olheiras. Eu não era nem de longe a mesma moça que ela havia conhecido. Assim que chegaram, Neide notou a minha mudança, mas não comentou coisa alguma. Altair os encaminhou até a sala de estar. Eu, calada, apenas os acompanhei. Sentaram-se e Altair perguntou se queriam beber alguma coisa, responderam que não, apenas um café. O ambiente estava pesado. Altair pediu à empregada que trouxesse café para todos. Por algum tempo, só houve silêncio. Ninguém sabia o que dizer.*

Sem que pudessem imaginar, Alzira e Ciro estavam ali, ouvindo Júlia contar sua história. Sorriram e Júlia continuou:

— Eu estava ouvindo Teca, Sueli, e não entendia por que ela estava me contando aquela história. Eu estava infeliz e não queria saber coisa alguma sobre uma menina que tivera tudo e que, depois de adulta, era infeliz. Parece que ela percebeu, sorriu e continuou falando.

— *Neide, sem saber o que falar, olhou para a mim e perguntou:*

— *Você está doente, Teca?*

— *Comecei a chorar sem conseguir parar. O constrangimento foi total. Altair me abraçou, dizendo:*

— *Desculpem. Ela está assim desde que perdeu o bebê.*

— *Neide se levantou:*

— *Perdeu um bebê, Teca? Eu não sabia...*

— *Perdi e o pior é que o médico disse que não poderei ter outro. Era tudo o que queria. Estou desesperada. Tudo terminou para mim...*

— *Terminou? O que está dizendo? Você tem tudo. Uma casa linda, dinheiro para comprar o que quiser e um marido que a ama! Como pode dizer que tudo terminou?*

— Tem razão. Sempre tive tudo, só não posso ter um filho. Trocaria tudo o que tenho para ter uma criança aqui em casa, para poder dar a ela todo meu amor e carinho.

— Por que não faz isso?

— Fazer o quê?

— Ter uma criança aqui na sua casa. Dar a ela todo carinho, amor e tudo o mais que uma criança precisa para crescer saudável?

— Não me ouviu dizer que não poderei ter filhos, Neide?

— Não poderá ter um seu, mas poderá adotar quantos quiser.

— Adotar?

— Por que não, Teca? Trabalho há muito tempo em um orfanato. Temos lá crianças de todas as idades que precisam de tudo o que você tem para dar. Por que não vai até lá e escolhe uma delas? Depois, mais tarde, quem sabe, poderá escolher outras crianças. Poderá encher esta casa com sorrisos e bagunça!

— Não posso fazer isso, Neide!

— Não pode, por quê? Prefere continuar assim como está? Com essa aparência horrível e se acabando?

— Nunca vai ser meu filho de verdade!

— Claro que vai! Com o tempo vai se esquecer de que essa criança não saiu de você. Como disse, trabalho há muito tempo com isso e já vi muitas coisas acontecerem. Se quiser, posso mostrar a você muitas cartas de pais e de crianças que se adotaram mutuamente e que são felizes.

— Altair se empolgou:

— Teca! Podemos tentar! Não suporto mais ver você nessa situação.

— Como tentar, Altair? Se trouxermos uma criança para casa e não nos acostumarmos ou não gostarmos dela, nunca mais poderemos devolvê-la.

— Neide interferiu:

— Quem disse isso a você? Não é assim que funciona. A criança que escolherem virá para cá. Ficará algum tempo e só será adotada quando vocês quiserem e toda papelada ficar pronta e isso demora algum tempo. Se, por qualquer motivo, não quiserem ficar com ela, poderão conversar com o juiz e ele entenderá. A criança voltará para o orfanato e ficará esperando por outra família.

— Isso é cruel com a criança...

— Neide começou a rir, Júlia, e disse:

— Seria cruel se acontecesse, mas é muito difícil acontecer. Nenhum casal devolve as crianças. Pelo menos, no orfanato onde trabalho, isso nunca aconteceu. Normalmente, as crianças são adotadas muito pequenas e todas as suas primeiras experiências são acompanhadas pelos pais, que, com o tempo, se apaixonam e se esquecem de que não são filhos verdadeiros.

— Não sei.

Altair quase gritou e disse, empolgado:

— Claro que sabe, Teca! Neide, quando poderemos visitar o seu orfanato para conhecermos as crianças?

— Neide olhou para mim e disse:

— Não sabia o motivo pelo qual pensei em você o dia inteiro, Teca. Estranhei, pois, apesar de sermos amigas há tanto tempo, sabendo que estava casada e bem, nunca me preocupei com a sua situação. Hoje, por incrível que pareça, você não saiu do meu pensamento. Se acreditasse nessas coisas, diria que fui mandada para cá.

— Será que foi isso que aconteceu? Será que Deus a enviou para me ajudar?

— Não sei, mas, seja o que for o importante é que você precisa sair dessa apatia, dessa depressão.

— Acha mesmo que vai dar certo, Neide?

— Claro que vai, Teca! Como disse, lá há crianças de todas as idades. Podem escolher uma recém-nascida.

— Eu não estava aceitando aquilo, Júlia, mas ao ver a animação de Altair, disse:

— Está bem. Vamos fazer isso. Só que a criança que vamos escolher deverá ter nossos traços. Não quero que as pessoas comentem.

— Não deve se preocupar com isso, Teca. Temos ali crianças de todas as idades e raças. Poderá escolher a que quiser. Sei que qualquer criança que escolher será muito feliz nesta casa.

— Está certo. Vamos escolher um bebê. Quero criá-lo com todo carinho.

— Marcamos para o dia seguinte, Júlia. Confesso que estava um pouco temerosa, mas, mesmo assim, para agradar Altair, fui. Quando chegamos, Neide nos levou ao berçário. Estavam lá bebês maravilhosos. Olhei um a um, mas não me senti atraída por nenhum. Eu, na realidade, não queria adotar uma criança, queria uma que fosse minha. Vendo que eu não me decidia, Neide disse:

— Estes são os bebês que temos. Parece que você não se interessou por nenhum, Teca.

— Não é isso, Neide, só queria ter um pouco mais de tempo para poder pensar bem no assunto.

— Esses bebês são muito lindos, Teca! Vamos escolher um deles! Sei que, com o tempo, vamos amá-lo como se fosse nosso...

— Ao ouvir o que Altair disse, senti um aperto no coração. Ele estava empolgado e queria muito uma criança. Antes que eu dissesse alguma coisa, ele continuou falando.

— Se pegarmos um bebê, poderemos acompanhar sua evolução. Veremos quando começar a andar e a falar as primeiras palavras. Vamos escolher algum, Teca...

— Neide, percebendo que eu não me decidia, disse:

— Não precisa ser hoje, Altair. Ela poderá pensar com calma. As crianças que estão aqui, permanecerão por um bom tempo e, quase todos os dias, chegam mais. Vamos até o pátio. Lá estão as crianças maiores.

— Não queremos crianças maiores. Queremos criar e educar do nosso jeito.

— Está bem, não vou interferir na sua vontade, Teca. Podemos deixar para outro dia.

— Confesso que, intimamente, fiquei feliz, Júlia. Não queria uma criança que não fosse minha. Neide ia nos acompanhar até a saída, mas, antes, abriu uma porta que dava para o pátio. Vi crianças brincando, correndo. Pareciam felizes. Assim que entramos no pátio, muitas delas se aproximaram. Algumas seguravam nossas mãos. Olhei todas, mas não me interessei por nenhuma delas. Estávamos saindo, quando vi uma menina que não veio ao nosso encontro. Caminhei até ela e, assim que me aproximei e olhei em seus olhos, senti uma felicidade inexplicável, parecia que eu conhecia aquela menina há muito tempo.

— Sentiu isso quando me viu?

— Sim. Por isso, resolvi que tentaria ficar um tempo com você para ver se nos acostumaríamos uma com a outra. Altair e Neide estranharam a minha *escolha, mas respeitaram o meu desejo. O resto você já sabe. Veio para cá e, desde então, sou a mulher mais feliz deste mundo.*

— *Mas a senhora não queria um bebê?*

— *Queria, mas estava errada. Um bebê me daria muito trabalho. Você, ao contrário, se transformou em minha companheira. Passeamos e saímos para comprar roupas. Vai crescer, estudar e no dia do seu casamento estarei muito feliz. Quando me der um neto, minha felicidade será completada. Obrigada, Júlia, por ter aceitado ser minha filha.*

— *Está feliz, mesmo?*

— *Sim, Júlia. Por isso, quando alguém disser que você não é nossa filha, que não vale nada, erga a cabeça e diga com força na voz.*

— *Não fui eu quem foi adotada, minha mãe me adotou! Ela me escolheu e eu salvei sua vida!*

— Ela me abraçou e beijou várias vezes, Sueli. Abraçadas, saímos do quarto e, quando Altair chegou, jantamos e fomos assistir a um programa que estava passando na televisão. Daquele dia em diante, nunca mais me preocupei com o fato de ter sido adotada. Estava feliz e sabia que Altair e Teca também estavam. Eram meus pais e eu os amava muito.

— Depois de tudo que acabou de me contar, Júlia, não entendo como pode dizer que é sozinha no mundo, que não tem ninguém. Essas pessoas me pareceram ser maravilhosas.

— Foram as melhores pessoas que conheci.

— Foram? O que aconteceu, eles morreram?

Uma lágrima se formou nos olhos de Júlia. Ela ficou com o olhar perdido e Sueli pôde perceber o grande sofrimento pelo qual a amiga passava. Por isso, ficou calada. Depois de algum tempo, Júlia respondeu:

— Sim, Sueli. Eles morreram...

— Como foi, Júlia?

— Daquele dia em diante, voltei à escola e encontrei as mesmas meninas. Elas tentaram me humilhar novamente. Fiz como Teca disse e nunca mais elas voltaram a dizer aquelas coisas horríveis. Com o tempo, até se tornaram minhas amigas. Um mês depois daquele dia, quando voltei da escola, percebi que Teca estava diferente. Assim que cheguei, ela me abraçou e disse:

— *Júlia, minha mãe está muito doente. Preciso visitá-la. Como mora em outra cidade que fica a quatro horas daqui e você está na escola, não vai poder nos acompanhar. Eu e o Altair vamos até lá, ficaremos alguns dias e depois voltaremos. Você vai ficar bem com Margarida. Vai ficar alguns dias, sozinha, mas prometo que, assim que voltarmos, levaremos você para passear e, no fim do ano, faremos uma viagem inesquecível.*

— Após dizer isso, Sueli, ela me abraçou e eu fiquei tranquila. No dia seguinte, pela manhã, antes de eu ir para a escola, ela voltou ao meu quarto e disse:

— *Vai ser só por alguns dias, Júlia. Sei que não preciso dizer isso, mas comporte-se bem.*

— *Vou me comportar.*

— *Quando voltei da escola, eles não estavam mais em casa. Eles me telefonavam todas as noites para darem boa-noite. Na terceira noite, ela telefonou novamente e disse;*

— *Júlia, infelizmente minha mãe faleceu. Estou sozinha no mundo, assim como você. Estou sofrendo pela perda da minha mãe. Mas ela estava sofrendo muito. Para ela, foi melhor. Apesar do meu sofrimento, preciso fazer o que minha mãe me ensinou. Ela sempre disse que aconteça o que acontecer, a vida precisa continuar e que a morte é apenas um até logo. Só me resta rezar por ela. Amanhã cedo vamos voltar. Quando chegar da escola, já estaremos em casa e conversaremos melhor.*

— Fiquei triste por minha avó ter morrido, mas feliz por eles voltarem, Sueli. Embora tivesse ficado bem com Margarida, sentia falta deles. Na manhã seguinte, acordei animada e fui para a escola. Quando Jonas foi me buscar, percebi que estava estranho. Não brincou como sempre fazia e falou pouco, só respondendo ao que eu perguntava. Quando nos aproximamos da nossa casa, vi que havia muitos carros. Estranhei, pois aquilo não era normal. Altair e Teca não costumavam receber muitas visitas. Assim que entrei, tia Rosa correu para mim e, chorando, me abraçou:

— *Pobre coitada, o que vai ser de você agora?*

— Não entendi o que ela quis dizer, Sueli, e perguntei:

— *O que aconteceu? Onde estão Teca e Altair?*

— Ela, sem se importar com o fato de eu ser apenas uma criança, disse:

— *Eles morreram em um acidente de carro, quando voltavam. Um caminhão perdeu a direção e bateu no carro deles. Não sobreviveram.*

— Nossa! Que tristeza, Júlia! Eram pessoas tão boas, não deviam ter morrido dessa maneira.

— Também acho, mas aconteceu, Sueli. Desesperada, corri para meu quarto e chorei por horas sem conseguir parar. Foram as pessoas que, em tão pouco tempo, me deram o amor que eu nunca tivera. Eu estava feliz e eles também. Por que aquilo aconteceu? Por que Deus permitiu que aquilo acontecesse? Cansei de fazer essas perguntas, mas não houve resposta.

— Imagino como deve ter se sentido. Dever ter sido um momento muito doloroso.

— O pior da minha vida, Sueli. Senti que meu mundo havia desmoronado e que tudo havia acabado para mim. Senti vontade de morrer também. Mais tarde me levaram ao lugar onde eles estavam. Havia dois caixões de que eu nunca mais vou me esquecer. Dentro deles estavam Teca e Altair. Olhei para eles e parecia que dormiam. Estavam lindos, cercados de flores. Fiquei ali por algum tempo, até que Jonas me levou para casa. Durante o trajeto, eu disse:

— *Jonas, por que eles morreram?*

— *Não sei. Todos nós temos um dia e uma hora certa para morrer, Júlia. Chegou a hora deles.*

— *Não está certo, Jonas! Eles eram maravilhosos. Nunca conheci pessoas tão boas como eles...*

— *Talvez tenha sido por isso mesmo que morreram. Dizem que este mundo não é para os bons. Agora, você precisa continuar sua vida. Estudar, se formar e, um dia, ter a sua própria família.*

— *Não sei se vou querer uma família. Vai que eles morram também...*

— Ele sorriu e disse:

— *Não, Júlia, não pense assim. A vida não é só feita de tristeza. Existem momentos muito bons. Você vai ver.*

— Esse homem também foi muito bom, não foi, Júlia?

— Foi, sim, Sueli. Não sei o que teria sido de mim naquele dia, se ele e Margarida não estivessem ao meu lado. Acho que foram anjos que Deus colocou na minha vida para me ajudarem.

— O que aconteceu depois, Júlia?

— Passaram-se alguns dias e tia Rosa apareceu lá em casa. Estava com o semblante diferente. Com o rosto sério, disse:

— *Júlia! Arrume uma mala!*

— Olhei para Margarida. Sua expressão revelava que, assim como eu, ela não sabia o que estava acontecendo. Tia Rosa, ainda com a mesma expressão, disse:

— *O que está esperando, menina? Não tenho o dia inteiro!*

— *Por que preciso arrumar uma mala?*

— *Porque você vai embora desta casa.*

— Margarida se colocou à minha frente.

— *O que a senhora está dizendo? Ela não pode ir embora, foi adotada!*

— *Não foi adotada, não! Os papéis ainda não ficaram prontos. Ela não tem direito algum. Vai voltar para aquele lugar do qual nunca deveria ter saído. Com a morte dos dois, meu marido é o único herdeiro. Vou me mudar para esta casa, o que sempre quis e quero essa daí bem longe daqui!*

— *Essa daí, não! Ela tem nome! Júlia é o nome dela!*

— *Sei o nome dela, mas não me importo. Para mim continua sendo ninguém! Chega de discussão, prepare a mala. Jonas está lá fora esperando para levá-la!*

— *A senhora não pode fazer isso! Dona Teca e o senhor Altair adoravam esta menina! Ela era tudo para eles! Nunca concordariam com isso!*

— Ela, com um sorriso maldoso, disse:

— *Era tudo para eles, mas para mim, nada representa! É apenas uma enjeitada que não quero na minha casa, muito menos na minha família! Pela última vez, prepare a mala senão ela sairá com aquilo que chegou. Nada!*

— *Não pode fazer isso!*

— *Tanto posso que estou aqui ordenando que prepare uma mala com poucas coisas, pois, para o lugar aonde ela vai e de onde nunca deveria ter saído não vai precisar de muito. Quanto a você, moça, se quiser, pode continuar aqui cuidando da minha filha. Ela tem a mesma idade dessa aí.*

— Margarida, sem conseguir esconder o ódio que estava sentindo, quase gritou:

— *Nunca trabalharia para alguém como a senhora! Venha, Júlia, vamos preparar sua mala e que Deus tenha pena dessa mulher!*

— Acompanhadas por tia Rosa, eu e Margarida fomos para o meu quarto. Lá, tia Rosa deu para ela uma pequena maleta e não permitiu que eu escolhesse coisa alguma. Com o mesmo sarcasmo, disse:

— *Pegue apenas alguns vestidos e poucas roupas de baixo. É uma pena que Teca tenha jogado fora as roupas com as quais você chegou aqui, porque, se ela não tivesse feito isso, você sairia daqui apenas com elas.*

— Que mulher horrorosa, Júlia!

— É verdade, Sueli, mas eu tento não me lembrar dela.

— Soube mais alguma coisa a seu respeito?

— Não. Deve ter se mudado para a casa de Teca, que sempre invejou, e deve estar feliz.

— Faz bem em não se lembrar dela, Júlia. Ela, de uma maneira ou outra, vai pagar a maldade que fez.

— Nunca me preocupei com isso. Quase nunca penso nela e, quando isso acontece, procuro afastar o meu pensamento. Ela é apenas orgulhosa, egoísta e invejosa, portanto, infeliz.

— Não sente raiva mesmo, Júlia?

— Não, Sueli. Nem mesmo naquele dia em que tive de voltar para o orfanato. Estava triste pela perda de Teca e de Altair, mas com raiva dela, não.

— Isso não pode ser verdade! Qualquer um sentiria muita raiva, Júlia! Ao menos naquele dia! Afinal ela tirou você daquela casa linda, de uma vida de riqueza e a levou de volta para uma vida de pobreza!

— Naquele dia e, ainda hoje, quando me lembro do ocorrido o único sentimento que tinha e ainda tenho é o de tristeza por ter perdido as duas pessoas que me amaram realmente.

— Sinto muito, Júlia.

— Também sinto, Sueli, mas como Teca disse no dia em que sua mãe morreu, a vida precisa continuar e, para isso, ela está sempre começando.

— Você é muito boa, Júlia. Eu a odiaria até hoje.

Júlia sorriu e ficou calada. Sueli perguntou:

— Como foi sua volta para o orfanato?

— Acompanhada por Margarida, fui até o carro onde Jonas nos esperava. Ele estava abatido e triste. Chorando, entrei no carro. Margarida sentou-se ao meu lado. Durante o trajeto, por algum tempo ficamos calados. Depois, Jonas disse:

— *Sinto muito pelo que aconteceu, Júlia. Eles eram pessoas maravilhosas. Sinto também por você ter de voltar para o orfanato. Se eu pudesse levaria você para minha casa, mas não posso. Dona Rosa notificou o juiz de que estava voltando e, se eu não levar você, serei considerado um sequestrador. Se tivesse dinheiro, poderia tentar adotar você, mas não tenho. Minha família é grande, tenho três filhos e meu salário não é muito. Estou pensando em mudar de emprego. Não vou conseguir trabalhar para aquela mulher. Por isso, nenhum juiz permitiria que eu a adotasse.*

— Margarida disse quase a mesma coisa, Sueli. Eu sabia que estavam sendo sinceros, mas eram pessoas simples que viviam do salário. Também, eu não queria ouvir coisa alguma. Queria somente pensar em Teca e Altair, em como eram bons e o quanto gostaram de mim. Quando chegamos ao orfanato, dona Neide, a diretora, veio nos receber no portão. Ela estava com o semblante sofrido. Após nos abraçarmos, ela disse:

— *Seja bem-vinda, Júlia. Vamos entrar.*

— Entramos na sua sala, Sueli, e após nos sentarmos, ela olhou para Jonas e Margarida:

— *Fiquei sabendo que vocês sempre trataram muito bem a Júlia. Só posso agradecer-lhes. Agora, podem ir. Ela vai ficar bem.*

— Margarida, chorando, perguntou:

— *Podemos visitá-la?*

— *Claro que sim. Sempre que desejarem. Ela estará aqui e, se Deus quiser, será por pouco tempo. Vou procurar uma outra família para que seja adotada.*

— Ao ouvir aquilo, gritei:

— *Não quero ir para outra casa! Quero ficar aqui para sempre!*

— Dona Neide também se levantou abraçou-me e disse:

— *Você está muito nervosa, Júlia. Não está pensando direito. Despeça--se de Jonas e de Margarida e vá para dentro. Seus amigos estão esperando por você.*

— Ainda chorando, abracei os dois e entrei. No pátio, várias crianças correram para mim e me abraçaram também. Eu estava atordoada, parecia que estava em outro mundo. Abracei todas, mas o que eu queria mesmo era ficar sozinha. Fui para o quarto onde dormia, joguei-me sobre a cama e chorei. Chorei muito até adormecer. Naquela noite, tive um sonho estranho que me fez aceitar com mais tranquilidade a perda de Teca e do Altair...

— Que sonho?

— Não me lembro muito bem. Já faz muito tempo. Só me lembro de que estava em um lugar bonito. Havia muitas flores e um lago com água cristalina. Eu estava sentada na grama, junto ao lago com uma mulher e um senhor. Eles sorriam para mim. A senhora disse:

Estamos e continuaremos sempre ao seu lado. Você, hoje, passou por mais uma etapa do seu resgate. Estamos orgulhosos. Outras virão, mas nunca perca a fé. Deus é nosso Pai e não nos abandona nunca. Pela manhã, não se lembrará deste sonho. Só se lembrará quando for importante, para que tenha coragem, continue sua jornada e termine com louvor. Estaremos torcendo por isso. Vai se levantar e continuar sua vida. Ainda tem muito para fazer.

— No dia seguinte, você se lembrou do sonho, Júlia?

— Não! Só estou me lembrando agora! Por quê? Por que só agora, Sueli?

— Não sei! Deve ser por estar recordando tudo o que aconteceu.

— Deve ser por isso mesmo.

— Bem, deixemos esse sonho para lá. Como foi sua vida no orfanato?

— No dia seguinte, ao acordar, eu estava bem. Aquela imensa dor que eu sentia havia desaparecido. Só conseguia me lembrar de Altair e de Teca, dos bons momentos que passamos e dela me dizendo:

— *A vida precisa continuar. A morte é apenas um até logo, Júlia.*

— Você se lembrou disso?

— Sim, Sueli, e esse pensamento me fez muito bem. Sabia que, um dia, em algum lugar, eu os encontraria. Assim pensando, após tomar o café da manhã, fui até a sala da diretora. Assim que entrei, dona Neide, com um sorriso, perguntou:

— *Júlia, como você está?*

— *Estou bem, dona Neide.*

— *Sente-se, Júlia.*

— Após me sentar, ela disse:

— *Teca e Altair eram meus amigos e senti muito o que aconteceu. Sei do amor que sentiam por você. Infelizmente, a família deles não levou em conta esse sentimento. Mas não se preocupe, vou conseguir outra família, outra casa para que você possa continuar sua vida.*

— *Também estive pensando, dona Neide. Não quero ir para outra casa nem quero outra família. Cresci aqui, me acostumei e sempre me senti muito bem. Não quero me apegar a mais ninguém. Quero ficar aqui para sempre.*

— Dona Neide sorriu:

— *Não pode ficar aqui para sempre, Júlia. Pela lei, só pode ficar até completar dezoito anos.*

— *Está bem. Quando chegar a hora, eu vou embora, mas, por enquanto, quero ficar aqui. Portanto, não quero que a senhora se preocupe em arrumar outra casa.*

— *Enquanto isso, precisa esperar o tempo passar. Ele é o melhor remédio que pode existir. Enquanto esperamos, vou matricular você naquela escola pú-*

blica que tem aqui perto e que você frequentava e em uma escola de datilografia
para que quando chegar a hora de ir embora, tenha uma maneira de sobreviver.

— *Obrigada, dona Neide.*

— Ela sorriu e eu saí da sala.

— Você ficou até os dezoito anos, Júlia?

— Quando ia completar dezoito anos, ela me chamou em sua sala. Assim que entrei, disse:

— *Bem, Júlia, no próximo mês, você vai completar dezoito anos, por isso não pode continuar aqui como interna. Estive pensando em uma maneira de conservar você aqui para que possa terminar seu curso de secretariado. A única maneira é você começar a trabalhar aqui como minha secretária. O que acha?*

— Eu não me contive, Sueli. Levantei-me, dei uma volta ao redor da mesa e me abracei a ela.

— *Obrigada, dona Neide!*

— Tenho uma curiosidade, Júlia...

— Qual, Sueli?

— Você nunca quis saber quem eram seus verdadeiros pais?

— Antes de conhecer Teca e Altair, eu sabia que existia uma família, um pai e uma mãe, mas não tinha certeza do que era. Depois deles, senti, sim, desejo de conhecer meus pais. Saber por que tinham me abandonado. A única coisa que sabia era que minha mãe chamava--se Jandira dos Santos e que meu pai era desconhecido. Aquilo me incomodava. Não entendia por que eles me abandonaram. Um dia, perguntei a dona Neide, pois ela era a única pessoa que poderia me ajudar. Assim que perguntei, ela respondeu:

— *Você já estava aqui, quando comecei a trabalhar, Júlia. Por isso, não sei como e quando veio para cá.*

— *Então, não pode me ajudar?*

— *Posso...*

— *Pode?*

— *Em outra situação eu não me empenharia, mas, diante do seu sofrimento, acho melhor que você saiba. Deve existir uma pasta contando da sua chegada aqui. Como não sei em que ano foi, vou ter de procurar. Assim que a* encontrar, chamarei você. Quando cheguei, você estava com quatro anos. Portanto, não vai ser muito difícil.

— Obrigada, dona Neide.

— Saí dali ansiosa pela resposta. Passaram-se alguns dias e ela me chamou em sua sala. Enquanto ia para lá, meu coração batia forte. Finalmente ia saber quem eram meus pais e, assim, talvez, encontrá-los. Assim que entrei, ela pediu que eu me sentasse e começou a falar.

— Consegui encontrar sua ficha, Júlia. Nela diz que você nasceu no Hospital Municipal e que veio para cá com poucos dias de vida.

— Poucos dias? — perguntei, intrigada.

— Sim, é o que diz sua ficha. O nome de sua mãe era Jandira dos Santos.

— Era? Ela morreu?

— Infelizmente, sim, Júlia. Aqui na sua ficha, nada está escrito, por isso, fui até o hospital Municipal. Tenho lá uma amiga. Contei a ela sua situação e como é importante saber o que houve com sua mãe. Ela se prontificou em me ajudar e fez isso. Esta aqui é uma cópia do prontuário da sua mãe no dia em você nasceu.

— Ela abriu uma pasta e me entregou.

— Devo preveni-la de que o que está escrito aí é muito triste, Júlia...

— Com aquela pasta nas mãos eu comecei a tremer, Sueli. Ela, percebendo o meu nervosismo, perguntou:

— Quer ler o que está escrito aí ou prefere que eu leia?

— Ainda tremendo muito, devolvi a pasta.

— Leia, por favor, dona Neide. Não estou em condições.

— Ela pegou a pasta, sorriu e começou a ler.

— Pelo que está escrito aqui, sua mãe foi encontrada por alguns policiais. Ela estava caída no meio da rua. Estava muito fraca e só conseguiu dizer: "Meu nome é Jandira dos Santos. Salvem minha criança, por favor." Os policiais perceberam que ela estava sangrando e em trabalho de parto. Levaram-na, rapidamente, para o hospital. Quando o médico a estava examinando, ela morreu.

— Morreu? Antes de eu nascer?

— Sim. Eles fizeram uma cesariana e conseguiram salvar você...

— Ao imaginar a situação daquela moça que me deu à luz e demonstrou tanto amor, não se importando com sua vida, somente com a minha, comecei a chorar sem conseguir parar. Dona Neide deixou que eu chorasse por algum tempo, depois, levantou-se de sua mesa, veio ao meu encontro e me abraçou.

— *Ela foi muito valente, Júlia e não abandonou você. Pelo que está escrito aqui, era muito jovem e estava subnutrida.*

— *Quem é o meu pai?*

— *Não há referência alguma sobre ele. Ela não teve tempo de contar o que havia acontecido.*

— Eu tentava, mas não conseguia deixar de chorar, Sueli. Ao mesmo tempo em que estava triste, estava aliviada em saber que não havia sido abandonada e que minha mãe, mesmo sem me conhecer, me amara muito. Dona Neide continuou.

— *Depois de alguns dias, quando estava fora de perigo, você foi trazida para cá. O juiz ordenou que fosse registrada no nome de sua mãe. Seu nome foi escolhido aqui no orfanato. Foi colocada para adoção, mas, inexplicavelmente, nunca foi adotada. Confesso que não entendo o porquê de isso ter acontecido. Você sempre foi linda. Imagino que deveria ser um bebê maravilhoso.*

— Sorri e agradeci com a cabeça, Sueli, e continuei:

— *Gostaria de saber mais sobre ela, dona Neide. A senhora disse que estava subnutrida. O que aconteceu para que ela estivesse naquela situação?*

— *Não tenho respostas para suas perguntas, Júlia.*

— *Talvez, através do seu nome, eu consiga encontrar o resto da minha família.*

— *Quando sair daqui, poderá tentar, mas acho quase impossível, Júlia. Santos é um sobrenome muito comum. Como não temos outra referência, o melhor que tem a fazer é continuar com sua vida. Estudar e conseguir viver sem depender de ninguém. Você deve isso a sua mãe. Ela lutou para que você pudesse nascer.*

— Entendi que ela tinha razão, Sueli. Fui para o meu quarto e, naquele dia, não participei das atividades do orfanato. Lembro que chorei muito. Pensei na minha mãe com muito carinho. Misturava o rosto de Teca com o de uma desconhecida. No final da tarde, resolvi que continuaria com a minha vida para homenageá-la e que, se um dia tivesse um filho, daria a ele todo meu carinho. Todos os dias eu pensava nela e sentia que estava ao meu lado. Resolvi que não tentaria encontrar minha família nem meu pai. Foi por isso que aceitei trabalhar no orfanato até terminar meus estudos. Durante todo o tempo em que fiz o colegial e a Faculdade, fiquei ali, trabalhando como secretária. No dia seguinte, após a minha formatura na Faculdade, dona Neide me chamou novamente à sua sala. Assim que entrei, ela disse:

— *Agora você já está formada, Júlia. O salário que recebe aqui é muito pequeno. Com seu diploma poderá ter um emprego melhor. Conversei com um amigo meu e ele ofereceu um lugar para que trabalhe em sua empresa. O salário é muito bom.*

— *Obrigada, dona Neide. Não sei como agradecer tudo o que fez por mim. A senhora foi um anjo bom que Deus colocou em minha vida.*

— *Não sou nenhum anjo, Júlia. Você é que é uma menina maravilhosa, que soube superar todas as dificuldades. Estou feliz por você ser assim. A vida é cheia de sobressaltos. Em um dia estamos bem e em outro tudo muda. O importante é sempre confiarmos em dias melhores e foi o que sempre fez. Deus abençoe você por isso.*

— *Quando e onde devo me apresentar para o emprego?*

— *Existe um problema...*

— *Qual?*

— *Você é recém-formada, por isso encontrei algumas dificuldades para encontrar um emprego. Esse que consegui fica em uma cidade do interior. Vai precisar se mudar para lá. Tem algum problema?*

— Um pouco assustada, respondi:

— *Não sei. Nunca vivi fora daqui, dona Neide. Será que vou conseguir viver sozinha?*

— *Claro que vai, Júlia! Você tem boa formação e, por natureza, é uma pessoa muito boa e sabe bem o que quer da vida.*

— *Não sei. Estou com medo.*

— Ela sorriu:

— *Vamos fazer o seguinte. Amanhã cedo, você vai para lá. Conheça a cidade e, se conseguir encontrar um lugar para ficar, metade do problema estará resolvido. Metade não, todo problema.*

— *Como todo problema?*

— *O outro problema será você dar conta do trabalho e sei que você vai tirar isso de letra.*

— *Está bem, dona Neide. Vou amanhã para lá e Deus me ajude que eu encontre um lugar para ficar.*

— Foi assim que vim para cá, Sueli, e estou até hoje.

— Agora que está falando sobre isso, estou me lembrando daquele dia, Júlia. Coisas estranhas aconteceram.

— Que coisas, Sueli?

— Naquele tempo, eu trabalhava somente pela manhã. Depois que Rosana se mudou, fiquei sozinha no apartamento. Confesso que não gostava, mas tinha medo de morar com alguém desconhecido. Naquela noite, me deitei e acordei algum tempo depois, sentindo-me muito mal. Meu estômago estava embaralhado. Fui até o banheiro e vomitei por algum tempo. Depois, quis voltar para o quarto, mas não consegui. Minha cabeça ficou pesada e eu, aos poucos, fui caindo. Não conseguia segurar meu corpo. Assustada, quis ir até a sala ou a cozinha para telefonar ou falar pelo interfone, mas não consegui. Fiquei ali, desesperada, achando que ia morrer sozinha. Não sei se desmaiei ou adormeci. Quando acordei, estava ainda no banheiro, mas sentindo-me bem. Levantei-me, fui para o quarto e decidi que não queria mais ficar sozinha, que precisava de alguém ao meu lado, caso aquilo acontecesse novamente. Fui para o restaurante e, assim que cheguei, contei o que me havia acontecido e que precisava de alguém. Meus funcionários disseram que iam procurar.

— Foi nesse dia que cheguei, Sueli. Assim que o ônibus entrou na cidade, gostei dela. Era pequena, mas muito maior do que o orfanato. Senti quer ia gostar de morar aqui. Olhei o endereço da empresa e, perguntando, fui até lá. Era grande e, na rua, havia outras empresas.

Conversei com o gerente e entreguei uma carta que dona Neide havia escrito. Após ler a carta, ele sorriu e disse:

— *Neide é uma grande amiga da nossa família. Não podia deixar de atender a um pedido seu. Além disso, gostei de você também. Pode começar amanhã?*

— Voltei para o centro e, como estava com fome, entrei no seu restaurante. Uma moça se apresentou e me entregou o cardápio. Olhei, pedi o mais barato e comi. Senti que a comida era muito boa.

— *Já consegui um trabalho e um bom lugar para comer. Agora só falta um local para morar.*

— Quando estava terminando de comer, a moça voltou para minha mesa.

— *Precisa de mais alguma coisa?*

— *Preciso, mas não sei se pode me ajudar. Estou me mudando para esta cidade e preciso de um lugar para morar.*

— *Espere um momento. Minha chefe está procurando alguém para morar com ela. Vou falar com ela.*

— Fiquei feliz, Sueli, e esperei ansiosa pela volta da moça. Logo depois ela voltou:

— *Falei com minha chefe. Ela disse que não pode conversar agora, por ser hora do almoço. Pediu que, se puder, volte lá pelas três horas.*

— Entusiasmada, levantei me e disse:

— *Está bem. Diga a ela que vou dar uma volta por aí, conhecer a cidade e que mais tarde eu volto.*

— Saí dali e fui para a praça que há em frente ao restaurante. Sentei em um dos bancos e fiquei pensando em como tinha sido a minha vida. Lembrei-me da Teca, do Altair, da dona Neide e da minha mãe que eu não havia conhecido. Pedi a todos que, de onde estivessem, me ajudassem.

— Parece que eles ajudaram você, não é, Júlia?

— Ajudaram, sim, Sueli. Andei pela cidade e, quando faltava pouco para as três horas, voltei para o restaurante.

— Eu estava terminando de me arrumar. Pedi que esperasse mais um pouco. Assim que a vi, senti como se já a conhecesse há muito tempo.

— O mesmo aconteceu comigo.

— Depois de conversarmos por algum tempo, senti que estava sendo sincera. Lembrei-me do que Rosana havia feito por mim e resolvi fazer a mesma coisa. Convidei você para que fosse até o meu apartamento.

— Quando chegamos diante do prédio, percebi que, como havia acontecido comigo, você também se assustou:

— É verdade, Sueli, mas você disse:

— *Não se preocupe com nada, Júlia. Vamos até o apartamento e depois, conversaremos.*

— Assim que entrei, apaixonei me pelo apartamento e pelo meu quarto. Você deixou que eu morasse aqui, pagando um aluguel irrisório. Não sei como agradecer.

— Não tem o que agradecer. Gostei de você e não me arrependo. Tem sido uma ótima companhia. Depois de ouvir sua história, sinto que fiz a coisa certa.

— Tudo deu tão certo que pareceu que estava planejado.

— Quem sabe não estava? De acordo com a doutrina que estou seguindo, sempre há um motivo para tudo o que acontece em nossa vida de bom ou de ruim, Júlia. Você foi enviada a mim, pois eu estava em condições de ajudar. Eu tive a oportunidade de retribuir o que Rosana havia feito por mim. Você sofreu muito, Júlia. Além de ser uma pessoa muito boa, precisava ser ajudada. Os espíritos que a acompanham devem estar muito felizes.

— Tem razão, sofri muito. Logo depois, dona Neide faleceu. Ela foi o meu anjo da guarda. Porém, agora, tudo vai mudar. Sinto que, ao lado de Anselmo, vou, finalmente, ser feliz. Não estou arrependida de ter perdoado a todos os que me fizeram mal. Hoje, estou feliz. Não sei se há, mesmo, algum espírito ao meu lado. Porém, se houver, só posso agradecer.

— Deve agradecer mesmo, Júlia. Vou aproveitar este momento em que está feliz para conversarmos sobre outro assunto.

Pela expressão do rosto de Sueli, Júlia percebeu que o assunto era importante.

— Que assunto, Sueli?

— Sobre este apartamento.

— O que tem ele?

— Como sabe, vou me casar e Rosana, assim que eu me mudar, pretende vendê-lo.

— Ah! É isso, Sueli? Fiquei muito preocupada com a expressão do seu rosto. Pensei que tivesse feito alguma coisa errada.

— Quando Rosana falou comigo, fiquei preocupada com a sua situação, pois teria de se mudar.

— Não precisa ficar preocupada, Sueli. Estou me mudando agora, bem antes do seu casamento.

— Melhor assim, Júlia. Fico feliz por sua vida ter tomado um rumo certo. Espero que seja muito feliz com Anselmo. Puxa! Conversamos tanto que nem vimos a hora passar. Está na hora de eu me arrumar e ir para o trabalho. Vamos almoçar?

Almoçaram e, depois, Sueli foi para o trabalho. Júlia se deitou e ficou pensando em como seria sua vida ao lado de Anselmo.

Tomando atitude

Naquela manhã, após Anselmo sair, Suzana continuou deitada.

Há quanto tempo não tínhamos uma noite como esta? Acho que isso só aconteceu no início do nosso casamento. Naquele tempo, só pensávamos na nossa felicidade, nos filhos que teríamos e na casa que compraríamos. Em que momento isso mudou? Tínhamos muitos sonhos. Anselmo sempre foi mais modesto do que eu, até nos sonhos. Para ele, um apartamento pequeno, um carro de segunda mão já era o suficiente para sermos felizes, mas para mim não. Eu sempre quis muito mais. Queria uma carreira, um apartamento imenso o carro mais caro e bonito que pudesse existir. Consegui tudo o que sempre sonhei, mas quanto tive de pagar para isso? Hoje, depois de tudo o que aconteceu, de ter perdido meu emprego e quase meu marido, sou obrigada a rever a minha vida. Talvez eu tenha dado valor a coisas que realmente não tinham. Este apartamento é grande e luxuoso, mas o que faço nele? Trabalho tanto que, quando chego, estou tão cansada que passo pela sala e venho até o quarto, uso o banheiro e, para o resto, praticamente nem olho. Seria diferente se morasse em apartamento de dois quartos, como Anselmo sempre quis?

Para que preciso de um carro último tipo, luxuoso? Com um carro menor, poderei ir aos mesmos lugares.

Levantou-se, foi até o banheiro, ligou o chuveiro e olhou-se no espelho. Seus olhos estavam brilhantes. Sorriu.

Realmente, o amor faz bem para a pele.

Tomou banho e, enquanto se vestia, continuou pensando:

Sei que disse ao Anselmo que vou com ele, mas será que é isso mesmo o que quero? Durante a noite e hoje me senti e estou me sentindo muito bem, por ter reencontrado meu marido, mas será que isso vai continuar assim? Será que continuarei feliz como estou hoje? Fiquei desesperada, quando fui despedida. Porém, não posso imaginar como será minha vida morando em um Estado que não conheço, com outra cultura e, principalmente, vivendo sem meu próprio dinheiro. Por muito que Anselmo ganhe, nunca será como o que eu sempre ganhei. Minha vida vai mudar drasticamente. Será quer vou conseguir viver dessa maneira? Embora não aproveite tudo o que consegui, gosto de ter conseguido. Gosto quando recebo visitas e vejo o olhar nos olhos delas ao verem meu apartamento. Sinto que todas gostariam de ter igual. Esse olhar me faz muito bem. Não posso aceitar perder tudo pelo qual tanto trabalhei. Hoje, entendi os pontos em que errei, os exageros que pratiquei. Sei que, daqui para frente vai ser diferente. Vou dar mais valor ao Anselmo e ao meu filho. Quero trabalhar, sim, mas sem me esquecer deles. Preciso encontrar um novo emprego. Se conseguir, voltarei a conversar com Anselmo. Hoje, vou procurar algumas agências de empregos e ver quais são as possibilidades.

Foi o que fez. Vestiu-se com esmero. Precisava causar boa impressão. Deixou Rodrigo na escola e visitou três agências e de todas recebeu a mesma resposta:

— *O país está vivendo um momento muito difícil e para sua faixa salarial não há muitas vagas. Vamos ficar com seus dados e, se aparecer alguma vaga, telefonaremos.*

Ela conhecia bem aquilo. Sabia que, quando isso acontecia, na maioria das vezes não haveria resposta e não seria chamada.

Talvez eu consiga outro emprego, mas quanto vai demorar? As prestações do carro e do apartamento vencerão todos os meses. Sem estar trabalhando, isso será impossível. Sei que, com o que vou receber como rescisão de contrato de trabalho poderei pagar algumas prestações, mas, se não conseguir um emprego, como vai ser? Preciso tomar uma decisão, mas qual? Se for com Anselmo, sem tentar, talvez nunca me conforme, porém, se não conseguir um novo trabalho como vou fazer?

Voltou para o carro e, enquanto dirigia, continuou pensando:

O problema é que não tenho muito tempo. Preciso decidir logo o que fazer. Anselmo precisa ir para Recife e tem de ser logo. Por que será que tudo tem de acontecer ao mesmo tempo? Por que minha vida mudou dessa maneira? Se minha mãe estivesse viva, sei que diria: "A vida é assim mesmo, minha filha, mas não se desespere, tudo sempre termina bem. Tenha paciência, esse momento ruim vai passar."

Termina bem, como, mãe? Vai passar, quando? Não entendo como sempre pôde pensar assim...

Pensou por mais algum tempo. Depois, decidiu.

Não tenho tempo para pensar, muito menos para esperar que algo aconteça. Anselmo tem pressa. Para ele, é uma chance de crescer na profissão. Preciso providenciar tudo para que possamos nos mudar. Como minha mãe sempre disse, vamos ver o que acontece.

Voltou para casa. Entrou e foi para o escritório. De uma gaveta tirou duas pastas. Dentro delas havia papéis do apartamento e do carro. Fez as contas de quantas prestações ainda devia. Depois, pegou a bolsa e foi para uma imobiliária especializada em comprar e vender imóveis de alto padrão, a mesma através qual havia comprado o apartamento. Ofereceu o apartamento por um preço muito inferior ao que valia, o que deixou o corretor animado.

— Por esse preço, venderei seu apartamento em poucos dias.

— Espero que consiga logo, pois, com esse dinheiro, poderei quitar a dívida e ainda me sobrará alguma coisa.

Saiu dali e foi para uma agência de automóveis. Conversou e vendeu seu carro pelo valor que restava para pagar. Antes de sair, olhou com carinho para ele.

Não fiquei com dinheiro algum, mas, não terei de pagar mais as presta-
ções. Isso é um alivio.

Um táxi estava se aproximando. Com o braço, chamou-o. Ele parou e ela entrou. Enquanto o táxi andava, ela pensava:

Bem, tomei as decisões necessárias. Daqui para frente é encarar o que vier
por aí. Estou triste. Minha vida mudou e para pior. Depois de tanto estudo e
trabalho, vejo as coisas que consegui escapar das minhas mãos. Como vai ser
a minha vida daqui para frente? Se continuasse aqui, conseguiria um emprego
mais facilmente, mas em Recife, não sei...

Sentiu um aperto na garganta e em seus olhos uma lágrima se
formou, com a ponta do dedo, impediu que ela caísse.

Enquanto isso, Anselmo chegava à empresa. Estava confuso com
tudo o que havia acontecido naquela noite.

Até agora não entendi o que aconteceu. Nunca pensei que Suzana abando-
naria tudo o que conquistou para me acompanhar. Muito menos agora, depois de
descobrir que eu tinha um envolvimento com outra mulher. Não conversamos a
respeito do seu trabalho e da promoção que teria ontem. Será que aconteceu algu-
ma coisa para que ela mudasse tão radicalmente? Será que não foi promovida e,
por isso, resolveu abandonar tudo? Não... ela não faria isso. A não ser que tenha
entendido que a culpa do meu afastamento era sua. Também isso não importa. O
importante é que vamos começar uma nova etapa de nossas vidas.

Entrou na empresa e foi diretamente para a sala de Alfredo. Comunicou sua decisão de aceitar a oferta e que iria com a família. Quando
terminou de falar, Alfredo estava eufórico:

— Isso é muito bom, Anselmo. Sei que, se for com sua família,
ficará mais tranquilo e poderá render muito mais.

— Essa é a minha intenção. Pretendo, em pouco tempo, que nossos produtos sejam aceitos e vendidos em grande quantidade.

— Tenho certeza de que isso vai acontecer, Anselmo. A situação lá
está calamitosa. Preciso que vá no máximo, em dois dias.

— Dois dias? É muito pouco. Tenho muita coisa para resolver antes de me mudar. O senhor sabe que uma mudança como essa, não é
fácil. Estou mudando toda minha vida.

— Entendo. Por isso, será recompensado financeiramente. Converse com sua esposa. Ela poderá ficar aqui e agilizar tudo para que a mudança seja tranquila. Você ficará em um hotel. Vou conversar com a moça que vai ser sua secretária e pedir que procure uma casa para que possa se mudar. Não se preocupe com o pagamento de aluguel, sabemos da sua competência, por isso, a empresa vai pagar. Seu salário também vai aumentar e terá um carro à sua disposição.

Anselmo ouviu tudo o que Alfredo disse. Sua cabeça estava confusa. Sabia que teria algum benefício com a mudança, mas nunca imaginou que seria tanto.

Após acertar tudo, saiu da sala de Alfredo e foi para a sua. Assim que entrou, sentou-se e começou a pensar.

Está dando tudo tão certo que estou com medo. Essa proposta de emprego. A mudança de Suzana concordando em me acompanhar. Parece que estou vivendo uma vida que não é minha.

Alzira e Ciro estavam ali. Estenderam suas mãos sobre a cabeça dele. Imediatamente, luzes brancas surgiram e envolveram Anselmo totalmente. Alzira perguntou:

— *E Júlia, Anselmo? Como vai ficar?*

Assim que as luzes envolveram Anselmo, ele sentiu um arrepio por todo o corpo e, sem saber por que, pensou em Júlia:

O que vou fazer com ela? Como vou dizer que não poderá ir comigo? Ela disse que ia pedir demissão do emprego, se fez isso, vai ficar em uma situação difícil. Fiz o que nunca tinha feito antes. Ela sempre soube que eu não abandonaria minha família e agora disse que ficaria comigo. Preciso falar com ela, mas o que vou dizer?

Alzira olhou para Ciro e falou:

— *Está novamente em um momento de escolha, Anselmo. Já fraquejou tantas vezes. Está tendo outra chance. Aproveite este momento.*

Anselmo continuou pensando:

Sinto que estou em um momento de escolha. Se procurar Júlia e contar o que aconteceu com Suzana, talvez ela, como sempre fez, entenda e me perdoe,

mas e se não perdoar? Ela pode encontrar uma maneira de conversar com Su-
zana e contar tudo o que prometi.

Ouviu uma batida na porta que se abriu. Por ela entrou Marta:

— Sua esposa está ao telefone, Anselmo.

— Vou atender. Obrigado, Marta.

Ela sorriu e saiu da sala. Ele pegou o telefone. Suzana contou tudo o que havia feito com o apartamento e com o carro.

— Vendeu seu carro, Suzana?

— Sim, voltei para casa de táxi.

— Não consigo entender como mudou tanto!

— Já disse a você. Percebi que estava perdendo meu casamento e principalmente você. Hoje, pela manhã, depois que você saiu, fiquei relembrando o começo do nosso casamento, de como éramos diferentes, dos sonhos que tínhamos percebi que tudo começou a mudar quando me deixei levar pela ganância, pelo desejo de poder. Cheguei à conclusão de que perdi um tempo precioso.

— Não entendo o que aconteceu, mas só posso dizer que estou muito feliz pela sua mudança.

Contou o que Alfredo falou e os benefícios que ia receber. Terminou dizendo:

— Você não vai se arrepender pelas atitudes que está tomando, Suzana. Vamos ser felizes. Você vai ver.

Ela sorriu:

— Espero que não me arrependa, Anselmo. Espero também que sejamos felizes. Agora, volte ao trabalho. Tem muito para fazer e pouco tempo.

— Está certa. Até à noite.

Suzana desligou o telefone e pensou:

Ele não imagina que eu, com a minha demissão, fui obrigada a tomar *essa decisão. Agora, vou telefonar para Judite e ver quando poderei voltar para* *completar a rescisão.*

Dois dias depois, assim que acordaram, Anselmo disse:

— Preciso partir. Assim que resolver tudo por aqui, você e Rodrigo irão ao meu encontro. Está tudo certo. Quando chegar, depois de telefonar para você, vou assumir o meu cargo. Estou ansioso.

— Também estou ansiosa para ver como vai ficar a nossa vida daqui para frente.

— Não se preocupe com isso. Já disse que vamos ser felizes.

Anselmo olhou para o relógio que estava sobre o criado-mudo:

— Estou atrasado. Daqui a meia hora um carro da empresa vem me buscar e levar para o aeroporto.

— Se eu não tivesse vendido meu carro, poderia levar você.

Ele beijou, de leve, seus lábios.

— Não pense nisso. Logo terá seu carro. Não um luxuoso como o que tinha, mas um que levará você a qualquer lugar que quiser.

Ela sorriu. Ele se levantou e foi se preparar para partir.

Alzira olhou para Ciro:

— Aqui, nada mais pode ser feito, Ciro. Agora, vamos para o lado de Júlia.

Decisão fatal

Passaram-se quase quinze dias. Naquela manhã, Júlia acordou preocupada:

Anselmo não telefonou nem apareceu. Será que aconteceu alguma coisa? Ele disse que ficaria algum tempo sem vir aqui ou telefonar, mas já faz muito tempo. O que será que aconteceu? Vou telefonar novamente.

Tentou discar o número do telefone do trabalho de Anselmo, mas seu telefone estava mudo.

Quebrado outra vez? Precisamos reclamar com a companhia.

Olhou para o relógio:

Também, mesmo que o telefone estivesse funcionando não conseguiria falar com Anselmo. Ele ainda não chegou ao trabalho. Se me apressar ainda dá tempo de encontrar com ele, antes de entrar.

Desde que se mudara para lá, Júlia, todos os dias preparava o café e a mesa para Sueli, pois esta chegava tarde e, por isso, dormia mais.

Hoje não vou ter tempo de preparar o café. Preciso encontrar Anselmo.

Rapidamente se vestiu e saiu apressada. Foi para a lanchonete, onde sabia que Anselmo, antes de entrar para o trabalho, tomava café. Era ali que se encontravam todos os dias.

Chegou à lanchonete, quinze minutos antes do horário que ele costumava chegar. Sentou-se pediu um café com leite e pão com manteiga. Assim que o garçom trouxe, começou a comer sem tirar os olhos da entrada.

Quinze minutos se passaram, mais quinze e mais quinze:

Será que ele chegou mais cedo? Será que não veio trabalhar? Será que está doente? Será que sofreu algum acidente e não teve como me avisar?

Sem saber o que fazer, pagou, saiu da lanchonete e começou a andar pela rua. Passou em frente à empresa onde Anselmo trabalhava. Parou. Alguns segundos depois, continuou andando. Sem que imaginasse, Alzira e Ciro, um de cada lado, a acompanhavam.

Não posso chegar e pedir para falar com ele.

Sem saber por que, olhou para o lado e viu um telefone público.

Já sei o que fazer. Vou telefonar para Marta. Ela, como secretária de Anselmo, é discreta e sabe do nosso romance. Vai me dizer o que aconteceu com ele.

Foi para perto do telefone. Olhou e lembrou-se de que não tinha cartão telefônico. Em frente, havia um bar. Foi até lá, comprou um cartão e voltou para o telefone. Discou um número. Do outro lado da linha, Marta atendeu:

— Alô!

— Bom dia, Marta. Sou eu, Júlia, posso falar com Anselmo?

— Ele não está aqui, Júlia. Faz mais de uma semana que foi para Recife. Vai trabalhar lá. Não contou a você?

— Contou que ia, mas eu não sabia que já tinha ido.

— Foi sim. Precisou ir às pressas.

— Foi sozinho?

— Sim, mas sua esposa está preparando tudo para ir ao seu encontro. Ela vai hoje à tarde. Fui eu quem comprou as passagens dela e do menino. Ele não conversou com você?

— Não, ele não conversou comigo. Sabia que ele ia, mas não imaginei que ela fosse com ele...

— Ela vai, sim e ele está muito feliz por isso. Sinto muito, Júlia. Pensei que ele houvesse conversado com você.

Júlia engoliu em seco. Sua garganta se fechou, quase não conseguiu dizer:

— Obrigada, Marta. Preciso desligar...

— Está bem, Júlia. Pode ter certeza de que sinto muito...

Júlia desligou o telefone, mas atônita, continuou com ele em sua mão. Ouviu uma voz:

— Preciso usar o telefone, moça.

Levantou os olhos e viu a mulher que havia dito aquilo. Colocou o telefone no gancho e, cambaleando, começou a caminhar. Sentiu que boca e olhos secaram e seu corpo começou a tremer. Imediatamente, Alzira e Ciro começaram a jogar luzes brancas sobre ela. Aos poucos, foi se acalmando. Continuou andando sem saber bem para onde. Não conseguia, nem queria pensar ou chorar. Continuou andando sem destino.

Alzira e Ciro continuaram ao seu lado jogando as luzes. Alzira, preocupada, disse:

— Neste momento, precisamos ajudá-la, Ciro.

— Sei disso, mas não podemos nos esquecer de que não podemos interferir no seu livre-arbítrio. Ela precisa passar por esta prova. Até aqui, tem se saído muito bem.

— Tudo o que disse é verdade. Realmente, não podemos interferir. Até aqui, tudo o que ela fez foi sempre certo. Mesmo não podendo interferir no seu livre-arbítrio, precisamos tentar tudo o que estiver ao nosso alcance. Ela precisa sentir que não está sozinha.

Júlia continuou andando. Pensava nas últimas palavras de Anselmo:

— *Não se esqueça de que amo você e de que vamos começar uma vida só de felicidade.*

Uma imensa revolta tomou conta dela. Furiosa, pensou:

Como ele pôde fazer isso comigo? Como pôde me enganar dessa maneira? Estou com tanto ódio que nem consigo respirar. Não sei o que fazer. Perdi meu emprego, como vou sobreviver? Também, sobreviver para quê? Para esta vida cheia de sofrimento e desilusão? Não quero mais viver! Quero morrer, só não sei como fazer. Preciso pensar.

Ao ouvirem o pensamento de Júlia, Ciro e Alzira tentaram se aproximar mais dela, mas não conseguiram. Foram afastados violentamente e alguns vultos que passavam por ali se aproximaram e a envolveram completamente. Enquanto ela andava, eles rodopiavam à sua volta e diziam, todos ao mesmo tempo.

— *Pode se jogar embaixo de um carro! Pode tomar veneno! Pode se enforcar em uma árvore.*

Júlia, sem imaginar que aqueles pensamentos não eram seus, continuou andando. Ia pensando em todas as maneiras que havia para se matar:

Não, não posso fazer nada disso. Quero morrer, mas não quero sofrer mais. Estou cansada de sofrer. Preciso pensar mais um pouco. De uma coisa tenho certeza, não sei como, mas vou encontrar uma maneira de deixar esta vida.

Continuou andando. Ciro e Alzira, em vão, tentavam afastar aqueles vultos, mas não conseguiam. A única coisa que conseguiram fazer foi continuar caminhando ao lado dela e, agora, dos vultos também. Desesperada, Alzira perguntou:

— O que vamos fazer, Ciro? Não conseguimos nos aproximar nem afastar esses vultos!

— Sabe que nada podemos fazer, Alzira. Ela está em um momento de escolha, de usar seu livre-arbítrio. Precisamos esperar e ver o que ela vai decidir.

— Não podemos esperar! Precisamos agir e fazer alguma coisa, Ciro!

— Nada podemos fazer, Alzira. Ela está com o pensamento firme no suicídio e, assim, atraindo para si, nossos irmãos, também suicidas. Se o ser humano soubesse a força de seu pensamento, evitaria ter pensamentos destrutivos e só pensaria em coisas boas.

— Não vou desistir, Ciro. Vou encontrar uma maneira de afastar esses irmãos e fazer com que ela pense melhor. Ela não pode fazer novamente o que tem feito durante várias encarnações. Dessa vez, precisa superar. Se não conseguir, sua próxima encarnação será muito pior do que esta.

— Vamos tentar, mas sabe que o momento é grave, Alzira.

— Sim, sei disso. Embora eu saiba muito sobre o mundo espiritual, existem coisas que, não entendo muito bem.

— Que coisas, Alzira?

— Sabemos que Júlia, nesta encarnação, está tendo a oportunidade de se redimir pelas várias vezes em que se suicidou, não sabemos?

— Sim.

— Por que, então, ela veio com tantos problemas, com tanto sofrimento? Com tudo que já aconteceu não me surpreendo ao ver que ela está cansada e que não vai suportar. Ela vai fraquejar novamente, Ciro. A única maneira de ela vencer, teria sido se tivesse renascido com o plano de uma vida mais calma, sem grandes sofrimentos, como acontece com muitos.

— Seria mais fácil, Alzira, mas ela não teria superado essa sua deficiência. Ela precisa superá-la para poder seguir adiante.

— Sei que está certo, mas fico desesperada ao ver que ela está prestes a perder mais uma encarnação.

— Ela ainda não decidiu, Alzira. Também, não podemos nos esquecer de que foi ela quem escolheu a vida que ia ter para a evolução de seu espírito.

— Sei que, quando estamos no plano espiritual, Ciro, cercados por espíritos amigos e nos sentindo protegidos, sabendo das nossas qualidades e defeitos, é fácil escolher a vida que seria melhor para a nossa evolução, mas, quando estamos aqui, no corpo físico, muitas vezes desejamos desistir.

— Infelizmente, Alzira, apesar de toda luta e força que espíritos amigos conseguem dar, nem sempre é possível ajudar. Não podemos nos esquecer de que cada um é responsável por suas ações e evolução. Nenhuma prova, por pior que pareça, é maior do que a força do espírito para suportar. Vamos esperar e fazer tudo o que estiver ao nosso alcance para que ela consiga se livrar desse pensamento.

— Como, Ciro? Não podemos nos aproximar! Eles, atraídos pelos pensamentos destrutivos dela, não permitem, nos afastam...

— Vamos ficar ao lado dela e, na primeira oportunidade, nós nos aproximaremos. Isso é a única coisa que podemos fazer, Alzira.

Triste, Alzira concordou com a cabeça.

Júlia continuou andando. Seus passos eram curtos, mas pesados. Seu olhar estava perdido no horizonte. Influenciada pelos vultos, pensava:

Existem mil maneiras para me matar. Só preciso escolher uma que não me cause dor. Cansei desta vida de sofrimento. Acho que, quando nasci, já vim marcada para sofrer e para este dia. Não suporto mais, vou desistir...

Olhou para o relógio que estava em seu pulso.

A esta hora, Sueli já foi para o trabalho. Vou para casa e já sei como vou me matar sem sofrer.

Parou, olhou à sua volta.

Andei tanto que nem sei onde estou.

Continuou olhando, tentando se localizar. Passou por um ponto de ônibus. Viu que ali passava o ônibus que a levaria para o centro e para o seu apartamento. Esperou que ele chegasse.

Enquanto o ônibus não chegava, cercada pelos vultos, continuou pensando:

Essa foi a melhor decisão que tomei. Não tenho como nem quero continuar vivendo. Já sofri demais. Fui abandonada ao nascer, tive um tempo de felicidade ao lado de Teca e do Altair, eles me foram tirados. Agora, sem emprego e sem um lugar para morar, nada mais me resta. Da maneira como vou me matar, não vou sentir dor. Dizem que é pecado o suicídio, mas, para mim, pecado é ter uma vida como a minha. Chega! Chega!

Alzira e Ciro embora não conseguissem se aproximar continuavam ali. Preocupada, ela disse:

— Para tentarmos evitar que ela continue e faça o que está pensando, vamos precisar de ajuda, Ciro. Precisamos encontrar uma maneira de afastar esses nossos irmãos que estão perdidos e sofrendo.

— Está certa, Alzira. Porém, sabe que, apesar de tudo o que pudermos fazer, a decisão ainda é dela.

— Sei disso, mas precisamos tentar tudo o que estiver ao nosso alcance. Vamos pedir ajuda.

Deram-se as mãos e fizeram uma oração. No mesmo instante, duas entidades apareceram. Demonstrando preocupação, uma delas perguntou:

— O que está acontecendo com ela?

— Veja você mesma, Jandira. Ela está em um momento muito difícil e permitiu que esses vultos se aproximassem. Não conseguimos chegar mais perto.

Jandira olhou, estendeu os braços em direção à Júlia. De suas mãos luzes brancas e fortes saíram. Mesmo assim, com toda força que tinham, não conseguiram atingir Júlia. Com tristeza, disse:

— Minha menina, sei que está em um momento difícil, mas precisa passar por mais esta prova. Precisa vencer para poder continuar e ser feliz. Pensa que eu e seu pai abandonamos você, mas não é verdade, embora estivéssemos envolvidos em outro trabalho, sempre estivemos atentos a tudo o que aconteceu com você.

Júlia, envolta por pensamentos destrutivos e vultos, não ouviu.

Homero, a outra entidade, demonstrando preocupação, falou:

— Não adianta, Jandira. Ela não nos ouve.

Jandira, com lágrimas nos olhos, continuou a jogar luzes sobre Júlia:

— Minha filha, sei que, muitas vezes, se perguntou por que eu morri quando você nasceu. Foi preciso. Eu renasci apenas para que você pudesse nascer. Todos nós sabíamos que esse dia chegaria. Estamos aqui e ficaremos até que este momento passe. Rogamos ao Pai Celestial que você consiga vencê-lo.

Alzira, ao perceber que não havia reação alguma por parte de Júlia, disse:

— Já que estão aqui, vou me ausentar por algum tempo.

— Aonde você vai, Alzira?

— Não se preocupe, Ciro. Volto logo. Preciso tentar uma última coisa.

Ele, conhecendo Alzira e sabendo como estava disposta a salvar Júlia, disse:

— Está bem. Vá, faça o que for preciso e o que puder.

Ela desapareceu. Eles continuaram ali, em oração e tentando jogar luzes sobre Júlia.

Enquanto isso, assim que o ônibus chegou, Júlia entrou nele. Devido ao horário, não havia muitas pessoas. Ela viu que um dos bancos estava vazio. Sentou-se junto à janela e ficou olhando para fora.

Seu rosto estava crispado. Ela não conseguia pensar em outra coisa que não fosse uma forma de se matar. Ciro, Homero e Jandira, temerosos, permaneciam ao lado dela, como os vultos também que riam e a rodeavam, incentivando-a a dar fim à sua vida.

Quando o ônibus parou no ponto em que ela devia descer, levantou-se e, ainda com o rosto crispado, desceu. Entrou no prédio e passou pelo porteiro sem cumprimentá-lo, o que causou estranheza:

O que será que aconteceu? Ela nunca passou por aqui tão calada assim. Sempre tem algo para dizer. Parece que não está bem.

Júlia entrou no elevador, apertou seu andar e saiu. Assim que entrou no apartamento, olhou para a porta do quarto de Sueli. Estava aberta:

Como eu previ, ela não está aqui e só voltará à noite. Tenho bastante tempo para fazer o que é preciso para ter paz. Quando Sueli voltar, será tarde demais e eu estarei livre.

Foi para seu quarto e deitou-se sobre a cama.

Não há outro caminho. É a única maneira de eu parar de sofrer.

Embora não conseguissem afastar os vultos, Jandira gritou:

— *Não, Júlia! Esse não é o caminho! Você acha que tudo terminou, mas está errada! Está apenas começando! Tem muito para viver e fazer! Mude sua faixa de pensamento, para que possa nos ouvir!*

Júlia sentiu uma suave brisa passar por seu rosto, mas foi logo afastada pelos vultos que, atraídos por seus pensamentos, envolveram-na totalmente.

— Não adianta. Eles a envolveram completamente, Jandira.

Jandira, olhando para Ciro e Homero, quase chorando, falou:

— Isso não está certo, Ciro! Ela está sob o domínio deles! Não está pensando direito! Está sofrendo muito pelo abandono! As nossas luzes deveriam ser mais fortes do que eles!

— Nossas luzes são mais fortes do que eles, Jandira. Só não são mais fortes do que o desejo de Júlia e de seu livre-arbítrio. Ela está sofrendo, sim, mas escolheu o caminho que julgou ser o mais fácil. Apesar de todos os nossos esforços, nada poderemos fazer, a não ser ficar aqui até que tudo termine.

— Poderemos evitar o que vem depois, Ciro?

— Sabe que, infelizmente, não, Jandira. Assim que ela levar a cabo o que está pretendendo, será levada por esses nossos irmãos para o vale e você sabe como é lá. Por mais que tentemos nos aproximar dela, não será possível. No vale, ela vai passar por muito sofrimento, como já passou várias vezes. E, como aconteceu das outras vezes, ficará lá até entender o que fez. Até entender que, mais uma vez, apesar de todas as promessas feitas antes de renascer, fracassou.

— Isso é uma pena, Ciro. Pensar que todos nós estávamos ao seu lado quando ela escolheu a vida que queria ter. Foi avisada de que seria muito difícil, mas ela insistiu tanto. Achou que conseguiria.

— É verdade, mas, pelo visto, não vai conseguir, Jandira.

— Vamos continuar jogando luzes e orando. Ainda há tempo. Até o último momento, ela poderá se arrepender. Se ela fizer isso, estaremos aqui para ajudá-la, para confortá-la.

Ficaram novamente em silêncio, apenas orando e jogando luzes.

Júlia, sem imaginar a preocupação e dedicação de seus amigos espirituais, levantou-se, foi até o guarda-roupa, abriu uma gaveta e tirou de dentro dela um pijama. Em seguida, foi para o banheiro, ligou o chuveiro e tomou um banho demorado. Terminou de tomar o banho, vestiu o pijama e voltou para sala. Pegou um caderno, arrancou uma folha e escreveu com letras bem grandes para que Sueli visse, assim que entrasse:

Sueli

*Desculpe-me pelo que vou fazer você passar, mas não quero
nem consigo continuar vivendo. Não aguento mais tanto
sofrimento. Quero descansar. Obrigada por tudo que fez
por mim.*
Júlia

Voltou ao banheiro, de uma gaveta tirou uma gilete e foi para o quarto, deitou-se e pensou:

Com esta gilete, vou cortar meus pulsos. Primeiro corto um, depois o outro. O sangue vai jorrar, eu vou desmaiar e não vou sentir coisa alguma.

Jandira, Ciro e Homero não puderam evitar que lágrimas caíssem por seus rostos. Os vultos, felizes, aproximaram-se mais dela.

Pegou a gilete com a mão direita e a aproximou do pulso esquerdo. Quando estava quase cortando para espanto dos amigos e dos vultos que estavam ali, Júlia começou a chorar e a dizer:

Não posso fazer isso! Não posso! Sei que é errado!

Muito nervosa e tremendo, levantou-se de um pulo. Assim que colocou os pés no chão, escorregou em um tapete e começou a cair. Tentou se segurar com o braço, mas não conseguiu e bateu com a cabeça em um banquinho que estava em frente a uma penteadeira. Imediatamente o sangue começou a jorrar.

Tentou se levantar, mas não conseguiu. Chorando, continuou deitada.

Jandira, Ciro e Homero levantaram as mãos e agradeceram a Deus por aquele momento. O quarto se iluminou. Os vultos, assustados com tanta luz, encostaram-se em uma das paredes e ficaram observando.

Ato de desespero

Naquela manhã, Sueli acordou e, como fazia todos os dias, levantou-se e foi para a cozinha:

Vou tomar café. Júlia já deve ter se levantado e preparado.

Assim que entrou na cozinha, estranhou:

O que será que aconteceu? Ela não preparou o café, como sempre faz. Será que ainda não acordou?

Foi para o quarto de Júlia que estava com a porta fechada. Bateu e, como não obteve resposta, abriu:

Ela não está e deixou a cama sem fazer, isso não é coisa dela. Jamais deixaria o quarto dessa maneira. Parece que saiu apressada. O que será que aconteceu? Estava preocupada com a demora de notícias de Anselmo. Será que ele veio aqui e saíram juntos? Bem, não adianta querer adivinhar. Vou esperar que ela volte para me contar tudo já que não fez café, vou fazer.

Voltou para a cozinha. Preparou e tomou café. Depois, foi para seu quarto. Olhou para o relógio.

É quase meio-dia! Dormi muito. Logo hoje que marquei para provar o meu vestido de noiva! Júlia disse que ia comigo, deve ter se esquecido, mas não posso faltar. O dia do casamento está chegando e tenho muita coisa para fazer. Vou me vestir e sair. Depois de provar o vestido, vou direto para o trabalho.

Foi o que fez. Vestiu-se, saiu e foi até a costureira.

Enquanto provava o vestido, a costureira perguntou:

— Júlia não veio com você?

Sueli sorriu:

— Não, quando acordei, ela não estava. Acho que se esqueceu de que era o dia de eu provar o meu vestido.

— Estranhei, porque vocês estão sempre juntas.

— É verdade, mas ela, agora, está namorando sério. Acho que deve ter ido se encontrar com ele e a senhora sabe como é, quando temos um namorado, nos esquecemos das amigas, não é?

A costureira riu:

— É verdade, acho que isso nunca muda. O homem sempre vem em primeiro lugar.

Terminou de provar o vestido. Marcou uma nova data, saiu e começou a olhar as vitrines:

Preciso comprar algumas coisas para a casa nova. Como tenho tempo, vou aproveitar que estou aqui.

Durante mais de uma hora entrou em lojas e saiu delas. Comprou algumas roupas de cama e banho.

Enquanto esperava o pacote, pensava:

Nossa! Comprei tanta coisa! Ainda bem que o restaurante é aqui perto.

Foi nesse exato momento que Alzira apareceu, colocou-se ao lado dela e, baixinho, falou:

— *Sueli! Precisa ir para casa. Júlia está precisando de você.*

Alheia ao que Alzira falava, Sueli pegou o último pacote e saiu. Na rua, olhou para o lado em que o restaurante ficava e, carregando vários pacotes, começou a caminhar.

Alzira voltou a dizer:

— *Sueli, vá para casa...*

Sueli não ouviu e continuou caminhando.

Alzira, desesperada e sem saber o que fazer, continuou caminhando ao lado dela e repetindo as mesmas palavras.

Sueli, sem saber por que, parou, olhou para o lado oposto que caminhava e pensou:

Acho melhor ir para casa. Quando eu sair do trabalho, estarei cansada e terei mais dificuldade para levar estes pacotes. É isso mesmo, vou para casa!

Alzira sorriu e voltou para junto dos outros. Assim que chegou, disse, eufórica:

— Acho que consegui!

— Conseguiu o quê, Alzira? Ela quase conseguiu seu intento e, agora, está muito mal!

Pesarosa, Alzira olhou para Júlia que, deitada sobre o chão, via a enorme mancha de sangue que se formava ao seu redor.

— Consegui fazer com que Sueli voltasse para casa. Tomara que chegue a tempo.

— Mesmo que isso aconteça, do que vai adiantar se Júlia continuar tendo a mesma ideia? Sabe que vai tentar novamente.

— Sei disso, Ciro, mas teremos mais tempo para fazer com que mude o pensamento.

— Como? Olhe!

Alzira olhou e viu os vultos que, embora encostados à parede, observavam Júlia.

— Ainda não terminou, Ciro! Ainda não terminou!

Jandira e Homero, que acompanhavam a conversa, concordaram com a cabeça. Imediatamente, aumentaram suas luzes e entraram em oração.

Sueli chegou ao prédio. Passou pela portaria e o porteiro não estava lá. Abriu a porta de seu apartamento. Seus olhos foram para a mesa onde pôde ver o caderno aberto. Como as letras eram grandes, chamaram sua atenção. Foi para lá e leu o que estava escrito. Seu corpo tremeu, os pacotes caíram no chão e ela correu para o quarto de Júlia que estava com a porta aberta. Assim que entrou, gritou:

— Meu Deus! Júlia o que você fez?

Júlia, com a voz fraca, respondeu:

— Uma loucura, Sueli. Não quero morrer, me ajude...

O quarto, agora, se iluminou ainda mais e os vultos, que continuavam encostados à parede, foram arremessados com força. Os amigos conseguiram se aproximar. Enquanto Jandira e Homero continuavam jogando luzes sobre Júlia, Alzira e Ciro faziam o mesmo sobre Sueli. Alzira disse:

— *Acalme-se, Sueli. Precisa socorrer Júlia e, depois, procurar ajuda.*

Como se estivesse ouvindo, Sueli respirou fundo, foi até o guarda-roupa, abriu uma gaveta e pegou um cachecol e enrolou o na cabeça de Júlia, tentando estancar o sangue. Depois, disse:

— Fique calma, Júlia. Vou procurar ajuda.

— Não me deixe sozinha, Sueli...

— Precisamos de ajuda. Tente segurar o chalé junto ao ferimento. Se conseguir, não sairá mais sangue vai parar de sair. Fique calma.

Saiu do quarto, pegou o telefone para chamar uma ambulância. Percebeu que estava mudo. Pensou:

Quebrado outra vez? O que vou fazer? Não posso sair daqui. Meu Deus do céu, por que esse telefone foi quebrar logo hoje? Preciso de ajuda, mas não posso me afastar por muito tempo.

Abriu a porta que dava para o corredor. Olhou para os dois lados.

Não adianta, não há ninguém para me ajudar. Todos, a esta hora, estão trabalhando. Meu Deus, o que vou fazer?

Alzira, que estava ao seu lado, sussurrou:

— *O senhor Joaquim...*

Sueli, no mesmo instante, pensou:

— *Espere, o senhor Joaquim, que mora aqui na frente, deve estar em casa! Vou pedir que desça e que traga ajuda.*

Andou alguns passos e bateu à porta com muita força. Alguns segundos depois, ela se abriu e surgiu um rapaz que ao ver o estado dela, preocupado, perguntou:

— O que aconteceu, moça?

Ela muito nervosa, respondeu:

— Minha amiga! Preciso de ajuda!

Sueli voltou depressa para o apartamento. Foi seguida pelo rapaz que, assim que entrou pode ver o bilhete que Júlia havia deixado e entendeu o que havia acontecido. Quando Sueli entrou no quarto, gritou:

— Júlia! Não!

O rapaz se aproximou notou que Júlia estava muito pálida e com os olhos fechados. Sueli começou a chorar. Ele colocou dois dedos sobre a garganta de Júlia e, nervoso, disse:

— Ela está viva! Precisamos levá-la a um hospital!

— Por favor, moço, vá até na rua e consiga um táxi!

— Não temos tempo para isso! Meu carro está estacionado aí na rua, vamos levá-la!

Imediatamente, ele enrolou Júlia em um lençol que estava sobre a cama, pegou-a no colo e saiu apressado. Sueli, chorando muito, seguiu ao seu lado.

O elevador nunca demorou tanto para chegar. Assim que chegou, entraram e, quando passaram pela portaria, o porteiro perguntou;

— O que aconteceu?

Sueli, ainda chorando e sem parar de andar, respondeu:

— Ela não está bem, estamos indo para o hospital.

Assim que chegaram junto ao carro, o rapaz falou:

— Entre e sente no banco de trás, mantenha a cabeça dela alta.

Tirou um lenço do bolso e deu para Sueli, dizendo:

— Coloque esse lenço sobre o corte. Ele é menor que esse cachecol e aperte bem. Faça isso até chegarmos ao hospital.

Sueli, como um autômato, obedeceu.

Ele, depois de acomodar as duas, entrou no carro e saiu em disparada. Poucos minutos depois, chegaram ao hospital. Ele parou o carro em frente à emergência, desceu e entrou correndo. Logo depois, duas enfermeiras, trouxeram uma maca, colocaram Júlia, que ainda estava com os olhos fechados, sobre ela e entraram rapidamente.

Sueli e o rapaz as acompanharam. Enquanto entravam, uma das enfermeiras disse:

— Vamos levá-la para a emergência, enquanto isso é preciso preencher alguns papéis ali na secretaria.

A maca e as enfermeiras trouxeram acompanhadas por Teca e Jandira, entraram por uma porta. Alzira e Ciro permaneceram ao lado de Sueli e do rapaz que, em seguida, dirigiram-se ao balcão.

Após dar os dados de Júlia e dizer o que havia acontecido, Sueli e o rapaz sentaram-se em um dos bancos que havia ali.

Assim que se sentou, Sueli começou na chorar violentamente. O rapaz se assustou:

— Por que está chorando assim?

Sueli, entre soluços, respondeu:

— Não sei. Agora que ela está sendo atendida, acho que minhas forças terminaram.

— É assim mesmo que acontece. Se acha que chorar vai fazer bem a você, continue. Eu ficarei aqui ao seu lado.

Sueli queria parar de chorar, mas não conseguia. A cena de Júlia jogada na cama não saia da sua cabeça. Chorou por um bom tempo, até que, aos poucos, foi se acalmando.

Com as mãos, secou os olhos. Respirou fundo e perguntou:

— Será que ela vai ficar bem?

— Agora, está nas mãos de médicos e de Deus. Fizemos tudo o que podíamos. Vamos ter fé e esperar.

— Obrigada por tudo, moço. Sem sua ajuda, não sei o que teria feito.

— Não precisa agradecer. Estou feliz por ter ajudado. Porém, acho que está na hora de nos conhecermos. Meu nome é Mário. Sou filho do senhor Joaquim.

— Meu nome é Sueli e, como viu, sou vizinha do seu pai. Ele é muito agradável e falante. Por isso, todos gostam dele.

Mário sorriu:

— Sei disso. Ele gosta de conversar e é muito curioso.

— Eu sabia que ele tinha um filho que mora no Rio de Janeiro, mas nunca vi você por aqui.

— É verdade, moro no Rio. Trabalho muito, por isso quase não venho aqui. Meu pai é quem vai me visitar. Quis que ele fosse morar comigo, mas nunca aceitou. Gosta desta cidade. Diz que o Rio é muito grande e que não conhece ninguém.

— Nisso ele tem razão. Em uma cidade pequena como esta, é mais fácil conhecer as pessoas. Garanto que, da maneira como ele é, conhece muitas pessoas.

Agora, Mario riu.

— Acredito nisso. Na realidade, meu pai é um grande fofoqueiro, não é? Ele quer saber tudo sobre a vida de todos.

Sueli também riu:

— Não é fofoqueiro, gosta de saber das coisas e fala muito da sua vida também. Ele gosta e sente muito orgulho de você.

— Também gosto muito dele. Graças a ele, sou o que sou hoje. Ele me incentivou a estudar.

— Ainda bem que estava lá. Se não fosse por você, não sei o que teria feito.

— O engraçado dessa história é que eu nem sei por que estava lá no apartamento do meu pai e estou aqui, agora, com você.

— Não entendi...

— Estou no meio de um projeto muito complicado. Agora, não poderia sair do Rio. Ontem, pela manhã, quando acordei, senti uma vontade imensa de ver meu pai. Pensei em telefonar, mas sei que não adiantaria. Mesmo que estivesse passando por algum problema, não contaria. Sabe como é, diz que não quer incomodar. Tentei me esquecer dele, mas não consegui. À noite, vendo que não teria tranquilidade, resolvi vir até aqui. Parece que alguém estava me mandando vir para cá para poder ajudar você e a essa moça.

— Acredito que isso realmente tenha acontecido.

— O que está dizendo, Sueli?

— Isso que ouviu, Mário. Estou estudando uma doutrina que nos ensina exatamente isso.

— Ensina o quê?

— Que a morte não existe. Quando morremos, nos transformamos em espíritos e voltamos para a nossa verdadeira casa. Nascemos e renascemos várias vezes para o aperfeiçoamento do nosso espírito. Nós mesmos escolhemos a vida que vamos viver em um novo corpo físico e, o mais importante é nunca estamos sós.

— Isso tudo é muito bonito, mas é só uma teoria, Sueli.

— Tem razão, pode ser apenas uma teoria. Por isso, estou estudando e tentando entender e até agora, tudo que aprendi está me convencendo.

— Está certo. Não sei como chegamos a essa conversa, mas, mesmo se o que diz for verdade, o que tem a ver com eu estar aqui em um momento em que não poderia estar?

— Aprendi, também, que fazemos parte de um grupo maior do que aquele que conhecemos.

— Não estou entendendo. Conheço bem o grupo a que pertenço. Minha família, meus amigos...

— Esses são os que você conheceu nesta encarnação, mas, como eu disse, nascemos e renascemos muitas vezes. Muitos amigos nossos caminharam mais rápido e estão nos esperando para que possamos acompanhá-los. Alguns renascem, muitas vezes, sem precisar, apenas para nos ajudar na nossa jornada de aprendizado. Outros continuam no plano espiritual, sempre ao nosso lado, tentando nos ajudar. Durante nossa vida aqui na Terra, conhecemos várias pessoas. Gostamos de algumas assim que a vemos e detestamos outras, sem motivo algum. Conhecemos algumas e delas nos tornamos amigos outras, apenas passam por nossa vida por um curto período, depois desparecem. Todas fazem parte do nosso grupo espiritual.

— Isso tudo é loucura, Sueli! Como pode acreditar nessas coisas?

— Você mesmo disse que não entende como estava lá, quando precisei e está aqui agora, não foi?

— Isso é verdade, mas nada tem a ver com tudo isso que falou. Pelo que entendi, está dizendo que fui influenciado por um pseudo amigo espiritual para largar tudo e vir até aqui a fim de ajudar uma desconhecida. É isso que está dizendo?

Sueli riu:

— É mais ou menos isso, Mário. A única coisa que sei é que, quando precisei, você estava lá e agradeci a você, a Deus e, mesmo que não acredite, aos meus amigos espirituais.

Agora quem riu foi ele:

— Você é mesmo maluca, Sueli.

— Entendo o que está sentindo com toda essa conversa. A princípio, parece complicado, mas, à medida que for entendendo, vai ver que não é.

— Não sei não. Para mim, que sempre estudei ciências, é um pouco difícil aceitar tudo isso. Para a ciência, sempre há uma explicação para tudo o que acontece.

Sueli olhou para a porta por onde Júlia e as enfermeiras haviam entrado:

— Mário, não acha que está demorando muito para termos notícia de Júlia? Será que ela está bem? Será que conseguimos chegar a tempo?

— Fique calma. Tudo o que podia ser feito, você fez. Agora, ela está em boas mãos e sendo atendida. Só nos resta esperar. Enquanto não temos notícias de Júlia, para passar o tempo, podemos continuar com a nossa conversa?

— Está bem, Mario. Vamos continuar conversando.

— Supondo-se que o que diz seja verdade, posso deduzir que estamos todos nós, trabalhando, estudando, cada um tocando sua vida da maneira que dá e, de repente, um ou mais dos nossos pseudo amigos espirituais se aproximam, sussurram qualquer coisa ao nosso ouvido e, imediatamente, deixamos tudo o que estávamos fazendo, para fazer o que eles querem. É isso que está dizendo, Sueli?

— É isso mesmo que acontece, Mário.

— Acredita mesmo nisso?

— Claro que acredito. Aconteceu com você e comigo também. Você estava tranquilo trabalhando, de repente, do nada, sentiu uma vontade incontrolável de ver seu pai. Largou tudo o que estava fazendo e veio para cá. O mesmo aconteceu comigo. Hoje, quando saí de casa, havia planejado ir provar o meu vestido de noiva e depois ir direto para o trabalho. Não pensava em retornar para casa, mas, quando estava indo para o trabalho, senti uma vontade incontrolável de ir para casa. Se isso não tivesse acontecido, Júlia teria morrido sem assistência.

Mário, ao ouvir aquilo, ficou calado, somente pensando em tudo o que ela havia dito. Sueli continuou:

— Depois de tudo o que aconteceu, só posso dizer que, alguém lá em cima, gosta muito dela.

Ao ouvir aquilo, Ciro olhou para Alzira, que estava ali e que também sorriu.

Mario ficou calado. Depois de algum tempo, disse:

— Tem razão, Sueli. Alguém deve gostar muito dela, mesmo. Depois de tudo o que falou, acho que, se não foi uma grande coincidência, tudo isso pode ser verdade. Porém, tem algo que ainda está me incomodando.

— O que, Mário?

— Sempre soube que, assim como existe o bem, existe também o mal. Se um espírito do bem pode nos influenciar da maneira como está falando, outro do mal pode fazer da mesma maneira e nos levar a fazer coisas erradas, a cometer um crime?

— Pode. Claro que pode, Mário!

— Isso que está dizendo é muito perigoso, Sueli.

— Estou dizendo que pode, mas não que precisamos seguir o que ele sugere.

— Não estou entendendo...

— Você mesmo disse que existe o bem e o mal. Todos nós aprendemos desde muito cedo o que é certo e o que é errado. Você sentiu uma vontade imensa de ver seu pai, não foi?

— Sim. A vontade foi tão grande que estou aqui.

— Pois bem, se essa vontade fosse de matá-lo ou de fazer algum mal a ele, você teria vindo e teria feito o que foi sugerido?

— Claro que não!

— Está vendo a diferença? A isso damos o nome de escolha, de livre-arbítrio. Por causa do nosso livre-arbítrio, espírito algum, bom ou mau, poderá nos obrigar a fazer o que não queremos, o que julgamos errado. Espírito do bem ou do mal não pode interferir nas nossas escolhas. Elas são nossas mesmo antes de nascermos. Somos espíritos livres, Mário. Só fazemos o que queremos.

— Se eles são tão poderosos assim, para que precisam de nossa ajuda, simples mortais?

— Os espíritos, por não terem um corpo físico, muitas vezes precisam conversar conosco e, para isso, usam outro espírito com corpo físico. Acredito que foi isso o que aconteceu comigo e com você. Júlia precisava de ajuda material. Ele ou eles como precisava ou precisavam de um corpo físico, veio ou vieram em busca da nossa ajuda. E aqui estamos. Se relembrar o seu passado, vai ver quantas vezes em momentos difíceis, apareceu alguém para ajudar você, muitas vezes até com uma simples palavra ou apenas ouvir o que precisava dizer. Pessoas estranhas, durante a nossa vida, aparecem, nos ajudam de alguma maneira e depois nunca mais as vemos. Em um momento de muito sofrimento, encontrei uma moça que não me conhecia, não sabia de onde eu era. Mesmo assim, ofereceu me sua casa para eu morar e me ajudou muito.

— Seus argumentos são fortes, Sueli. Preciso pensar mais a respeito e pesquisar.

— Faça isso, Mário. Garanto que não vai se arrepender.

— Só tenho mais uma dúvida.

— Que dúvida?

— Por que ele ou eles tiveram de me tirar lá do Rio para ajudar essa moça? Não poderiam ter encontrado alguém daqui, mais de perto?

Sueli riu:

— Lembra-se do grupo de que falei? Pois é, você deve pertencer ao nosso grupo, meu e da Júlia, e deve ter feito parte da nossa vida na encarnação anterior.

Mário também riu:

— Para você tudo é tão simples.

— Mas é simples, Mário. Somos nós quem complicamos tudo.

— Está certa, acho que está na hora de mudar de assunto. Este está muito sério. Você disse que foi provar seu vestido de noiva. Vai se casar?

— Sim, daqui a dois meses.

— Que bom. Felicidades.

— Se me der seu endereço, posso mandar um convite. Seu pai, com certeza, vai ser convidado.

— Gostaria muito. Trabalho tanto que não tenho muitos amigos e oportunidade de conhecer outras pessoas. Acho que o meu grupo é muito restrito.

— Você é casado?

— Não. Embora esteja com trinta e três anos, ainda não decidi me casar. Acho que ainda não encontrei a minha outra metade.

Sueli voltou a rir:

— Não se preocupe, a qualquer momento, quando menos esperar, ela vai aparecer.

— Sabe que estou ficando com vontade de ter uma mulher, crianças...

— Chega uma hora que homem ou mulher sente essa vontade. É o tal do relógio biológico.

— Pois é, acho que o meu relógio está reclamando. — Mário disse, rindo.

Embora estivessem conversando há algum tempo, ambos não tiravam os olhos da porta por onde Júlia havia entrado. Em dado momento, ele perguntou:

— O que aconteceu na vida dessa moça? Por que ela tomou uma atitude tão drástica como essa? Você que a conhece, sabe qual poderia ter sido o motivo, Sueli?

— Ela teve uma vida muito sofrida. Como ela mesma diz, parece que veio com uma marca. Nada em sua vida deu certo. Sempre que pensou que tudo estava bem, tudo desmoronou. Até ontem, parecia que tudo ia bem. Ela ia ficar ao lado do homem que ama e mudar-se, com ele, para Recife. Estava tudo tão certo que pediu demissão do emprego. Deve ter acontecido alguma coisa muito grave. Não precisamos muito para imaginar o que foi.

— O homem a abandonou?

— Não sei, mas tudo leva a crer que sim.

— É uma pena. Tão jovem e tão bonita...

— Tem razão, é uma pena mesmo. Além de jovem e bonita é, também, uma ótima pessoa, uma excelente amiga.

— Sei que, se esse abandono aconteceu, deve ser muito triste, mas, muitas pessoas são abandonadas e não chegam a esse gesto extremo.

Sueli, imediatamente, lembrou-se de Nilson e de como ficou quando descobriu que ele a havia abandonado. Sentiu um caroço formar-se em sua garganta. Disse:

— É verdade, Mário. Muitas pessoas são abandonadas, mas acho que esse abandono é sempre muito sofrido. Quando isso acontece, as pessoas pensam que tudo terminou e que não existe mais coisa alguma para suas vidas, mas é um engano. A vida continua, outras pessoas aparecerão, outros amores virão. Acho que esses momentos ruins são apenas momentos e servem para o nosso aprendizado, para nos mostrar que não devemos nem podemos colocar a nossa felicidade nas mãos de outra pessoa. Somos livres para amar, para viver e, o mais importante, para recomeçar. A vida é um constante recomeço. Sempre que pensamos que tudo terminou, com o tempo, vamos ver que, na realidade, estava apenas começando. Seria bom se todos entendessem isso. Só assim, muito sofrimento seria evitado.

Mário, que ouvia atentamente, quando ela parou de falar, disse:

— Em algumas coisas você tem razão, Sueli. Relembrando meu passado e pessoas que conheço, posso dizer que a vida é feita de bons e de maus momentos. Penso que todos nós, um dia, já pensamos que tudo havia terminado e desejamos morrer. Existem muitos motivos que podem causar esse desejo, como abandono, falta de emprego ou dinheiro. Confesso que eu mesmo já passei por alguns desses momentos.

Sueli, ainda relembrando o tempo em que fora apaixonada por Nilson, falou:

— Eu também passei por esse momento e, assim como todas as pessoas, também senti vontade de morrer, mas, graças a Deus, consegui, provavelmente com a ajuda de meus amigos espirituais, afastar essa ideia da minha cabeça e hoje, quando olho para trás e revejo tudo o que passei, só posso dizer que, realmente, embora eu tenha pensado que tudo havia terminado, estava apenas começando. Agora, mesmo, vou começar uma nova etapa da minha vida. Vou me casar com um homem maravilhoso que amo e que me ama também. Com ele, vou construir minha família e vou fazer tudo o que estiver ao meu alcance para que ela seja feliz.

Mário ia dizer alguma coisa, mas a porta por onde Júlia havia entrado se abriu e, por ela, uma das enfermeiras apareceu. Ambos levantaram-se ao mesmo tempo e foram em direção à enfermeira que, sorrindo disse:

— Não precisam mais se preocupar. Ela foi atendida e tudo correu bem. Está no quarto. Vai ficar internada por uma noite para observação. Não tanto pelo braço, mas por seu estado emocional. O médico quer conversar com alguém da família.

— Ela não tem ninguém. Só tem a mim. Sou sua amiga.

— Sendo assim, seria bom se pudesse vir aqui, amanhã pela manhã. O médico quer conversar, mas não pode ser agora. Ele está se preparando para uma cirurgia.

— Está bem. Eu venho conversar com ele. Agora, podemos entrar? — Sueli perguntou, aflita.

— Podem entrar, mas precisa ser por pouco tempo. Ela precisa descansar. Tomou uma injeção. Deve dormir logo.

Sueli olhou para Mário e perguntou:

— Vamos entrar?

— Não, Sueli. Não acho que essa seja uma boa ideia. Ela não me conhece e, devido às circunstâncias, minha presença pode constrangê-la e não quero isso.

Sueli pensou um pouco. Depois, disse:

— Não penso assim. Se não fosse por você, talvez não tivéssemos chegado a tempo.

— Mesmo assim, prefiro não entrar. Se quiser, posso ficar esperando aqui para poder levar você de volta para casa. Quer que eu fique?

— Bem, já que não quer entrar, se quiser e puder, gostaria muito que me esperasse, não para me levar para casa, mas, sim, para o trabalho. Com tudo isso que aconteceu, acabei me esquecendo dele. Estou atrasada.

Mário sorriu e Sueli acompanhou a enfermeira.

Assim que entrou, percebeu que Júlia estava muito abatida. Aproximou-se, emocionada, perguntou:

— Você está bem?

Júlia começou a chorar:

— Desculpe-me, Sueli, pelo que fiz você passar.

— Não se preocupe com isso, o importante é que esteja bem.

— Não sei o que deu em mim. Depois que descobri que Anselmo foi embora para o Recife com a esposa, sem me dizer coisa alguma, como se eu não existisse, fiquei desesperada, só queria morrer e quase cometi uma loucura.

— Não fale nem pense nisso. Agora precisa descansar. A enfermeira disse que você logo vai dormir. Durma. Amanhã, logo cedo, vou estar aqui. Não se preocupe. Tudo vai acabar bem.

— Por que para mim nada dá certo, Sueli?

— Já disse para não pensar mais. Durma e sonhe com os anjos. Principalmente com seu anjo da guarda, acho que ele teve muito trabalho. — Sueli disse, rindo.

Júlia não suportou e começou a rir também:

— Você tem razão, Sueli. Para eu estar viva, deve ter tido muito trabalho mesmo. Estou ficando com sono...

Sueli beijou a testa de Júlia.

— Isso é bom. Aproveite, durma bem. Amanhã eu venho aqui.

Imediatamente, Júlia adormeceu. Sueli levantou os olhos para o alto e pensou:

Obrigada a você ou a vocês, Deus os abençoe por todo trabalho que tiveram.

Alzira, Ciro, Jandira e Homero sorriram . Alzira disse:

— Nós é que devemos agradecer por toda ajuda que tivemos.

Jogaram luzes sobre Sueli que, sentindo-se leve, saiu do quarto e encontrou-se com Mário que a esperava.

— Como ela está?

— Um pouco assustada e sob o efeito de calmantes, mas está bem. Amanhã vou conversar com o médico.

Saíram. Mario deixou Sueli em frente ao restaurante e foi para o apartamento do pai.

Mesmo antes de Sueli sair, Júlia já estava dormindo. Alzira, olhando para Jandira e Homero, disse:

— Agora ela está bem. Sei que vocês estão envolvidas em um trabalho importante. Daqui para frente, eu e Ciro continuaremos ao lado dela. Podem voltar aos seus afazeres. Só podemos agradecer por terem vindo em nosso auxilio.

— Tem certeza de que não precisamos ficar aqui, Alzira?

— Tenho, Jandira, mas, se precisar, não hesitarei em chamar vocês novamente.

— Sendo assim, vamos embora. Como você disse, estamos envolvidas em um trabalho importante.

— Podem ir em paz, Jandira. Sei que o projeto de vocês envolve uma ajuda enorme para os encarnados. Portanto, deve ser concluído.

Sorrindo, eles desapareceram.

Visita amiga

Assim que Jandira e Homero desapareceram, Ciro e Alzira olharam para uma das paredes do quarto. Os vultos que estavam em volta de Júlia continuavam ali, mas, assustados, encostaram-se à parede e lá ficaram.

Alzira e Ciro, fingindo não vê-los ali, se voltaram para Júlia, que dormia.

— Chegou a hora, Alzira?

— Chegou. Nós sabíamos que essa hora chegaria. Até aqui, ela tem se saído bem, mas sabemos que, a qualquer momento, o desejo de suicídio vai voltar com muita força. Falta pouco para ela conseguir resgatar o passado. Só assim poderá seguir em frente. Nós nos comprometemos a ajudá-la e a ficar ao seu lado até que tudo termine. Agora, ela precisa se lembrar do que se passou para poder se sentir mais forte.

— É verdade, mas será que ela vai conseguir ir até o fim, Alzira?

— Vamos ajudar no que for possível e torcer para que ela consiga, Ciro.

Alzira passou uma das mãos sobre os cabelos de Júlia e falou baixinho:

— Acorde, Júlia...

Júlia abriu os olhos. Olhou à sua volta e percebeu que estava no quarto do hospital. Ao vê-los ali, disse:

— Os senhores são médicos?

— Não. Meu nome é Alzira e o dele é Ciro. Somos seus amigos e estamos aqui para ajudar você.

— Como podem ser meus amigos? Eu nunca os vi em toda minha vida!

— Somos seus amigos, sim e vamos fazer com que se sinta muito bem.

— Obrigada, mas a única maneira de me ajudar é me deixar ir embora. Já estou bem.

— Gostaríamos de poder fazer isso, mas não podemos. O médico ainda não deu alta. Precisa ter paciência. Logo mais ele vem aqui para ver como você está.

— Estou muito bem. A senhora pode me ajudar a ir embora daqui?

Alzira sorriu e perguntou:

— Você se lembra do que fez, Júlia?

Ela começou a chorar e a dizer:

— Lembro-me e sei que quase cometi uma loucura. Porém, se a senhora conhecesse a minha vida, não faria essa pergunta.

Alzira, enquanto ajeitava a cabeça de Júlia sobre o travesseiro, perguntou:

— Quer falar sobre isso? Estamos aqui para ouvir o que você tem para dizer.

Júlia olhou para ambos por algum tempo. Depois disse:

— Minha vida não tem sido fácil. Desde criança sofro sem parar. Sempre que quando acho que está tudo bem, que finalmente vou conseguir ser feliz, alguma coisa acontece e tudo volta a ser o que era. Só perda e sofrimento.

— Quando pensou em se matar, achou que havia encontrado uma maneira para terminar com seu sofrimento?

— Naquele momento, achei que seria.

— Por que não foi até o fim?

— Fiquei com medo.

— Medo do quê?

— Do que vem depois da morte. Do inferno.

— Acredita que existe alguma coisa depois da morte?

— Não sei, mas fiquei com medo. As pessoas falam que existe e que para o suicida não existe salvação.

— Acredita nisso também?

— Não sei, mas, e se for verdade? Não tive coragem para conferir.

— Vai tentar novamente?

— Nunca mais! Aprendi que o suicídio é errado. Ouvi, também, durante toda minha vida, as pessoas dizerem que a nossa vida pertence a Deus e que só ele tem o direito de tirá-la.

— Acha que estavam errados?

— Não sei. Foi o que aprendi e é o que todos falam, mas, se isso for verdade, que foi Deus que nos deu a vida, só peço que ele me leve o mais rápido possível. Não quero continuar vivendo.

— Vai desistir assim, sem esperar dias melhores que, com certeza virão?

Júlia começou a chorar desesperadamente e, entre soluços, respondeu:

— Esperar que venham dias melhores? Isso não vai acontecer!

— Por que não?

— Podem vir dias melhores para qualquer pessoa, menos para mim. Não entendo por que acontece tudo de errado comigo. Sou uma boa pessoa, nunca fiz mal a ninguém. Sempre, desde o dia em que nasci, fui sozinha! Nunca tive família, ninguém...

— Nunca esteve sozinha, Júlia.

— A senhora não me conhece. Sempre fui sozinha, desde o dia em que nasci...

— Nasceu em um lugar, onde as pessoas cuidaram muito bem de você, deram-lhe abrigo e até carinho. Não ficou sozinha. Depois, quando cresceu, com a ajuda de Neide foi para casa da Teca e do Altair.

Eles, por um tempo, mostraram a você uma casa e a tranqulidade do amor familiar.

— A senhora disse muito bem, por um tempo! Do que adiantou esse tempo se foi tirado de mim?

— Foi necessário, Júlia.

— Necessário para quê?

— Para que você aprendesse a dar valor a uma família.

— Como pode dizer isso? Sempre dei valor a uma família, muito mais depois de ter conhecido a Teca e o Altair!

— Nem sempre foi assim. Eu e Ciro estamos aqui para ajudar você. Estamos aqui para mostrar a você que nunca esteve sozinha, que sempre teve ao seu lado amigos que tudo fizeram para ajudar e facilitar a sua jornada e que ainda vão ajudar muito. Depois de Teca e do Altair, Neide continuou ao seu lado. Ajudou você a estudar, se formar e ter um emprego. Tornou você capacitada a se sustentar e, sozinha, cuidar da sua vida. Depois, quando precisou de um lugar para morar, foi encaminhada para encontrar Sueli.

— Não estou entendendo o que está dizendo.

— Sei disso, mas, com o tempo, vai entender. Vamos continuar. Mesmo na casa de Teca, lá estavam Margarida e Jonas que ficaram sempre ao seu lado. Como vê, nunca esteve só.

— É verdade, foram bons amigos, mas estava também tia Rosa que, por pura maldade, tirou tudo de mim!

Alzira olhou para Ciro e ambos olharam para os vultos que, após serem arremessados, tiveram permissão para se aproximar novamente. Continuavam encostados na parede, porém, quietos. Prestavam atenção à conversa. Ciro disse:

— Para tudo existem sempre dois lados, Júlia. Assim como existe o bem, existe também o mal, o certo e o errado, a luz e a escuridão, os amigos e os inimigos. Durante nossa vida espiritual, passamos por todas as fases dos dois lados. O bem serve para nos ajudar a caminhar e o mal para nos permitir fazer nossas escolhas. O certo e o errado nos dão a chance de escolher qual caminho queremos seguir. Os amigos nos ajudam na caminhada e os inimigos nos auxiliam a perdoar e sermos perdoados.

— Acho que sempre escolhi o caminho certo e sempre fui uma boa pessoa. Aos amigos sempre agradeci e aos inimigos sempre perdoei.

— Perdoou mesmo, Júlia?

— Sim.

— Até a tia Rosa?

— Sim, até a tia Rosa. Perdoei a ela e faço questão de não me lembrar dela nem de tudo o que me fez.

— Está vendo como ainda não perdoou à tia Rosa? Se isso tivesse acontecido, sempre que se lembrasse dela, não sentiria dor, mágoa e ressentimento. O perdão precisa ser sincero. Do fundo da alma. O esquecer, querer não lembrar, apenas adia o momento que precisa vir e que, para muitos, demora muito a chegar. Para tudo, sempre existe uma razão. Se tia Rosa agiu da maneira como agiu, foi porque, para você, era importante perder tudo naquele momento.

— Importante? O senhor não sabe o que está dizendo! Eu perdi tudo mesmo! A casa, a escola, as roupas boas que usava, mas, principalmente, Teca e Altair! Fiquei sozinha! Era uma criança! Ela poderia ter tido um pouco de compaixão, mas não teve! Acredita mesmo que eu possa perdoar à tia Rosa do fundo da minha alma? Sinto muito, mas não vai acontecer. Mesmo que eu quisesse, não conseguiria.

Os vultos que continuavam ali começaram a se movimentar. Ciro olhou para Alzira e disse:

— Somente o perdão traz paz ao nosso espírito. Sem ele não conseguiremos continuar nossa jornada em direção à Luz Divina e ficaremos vagando sem destino. Quando pedimos perdão e perdoarmos do fundo da alma, basta nos lembrarmos daqueles que amamos e por quem fomos amados e eles aparecerão e nos levarão para a Luz, para a paz e a felicidade. Nunca mais precisaremos vagar sem destino. Nunca mais nos sentiremos perdidos. Deus é nosso Pai e nos ama muito. Por isso, sempre nos dá a chance de recomeçarmos.

Os vultos olharam uns para os outros e começaram a chorar e a pedir perdão. Imediatamente, outros vultos apareceram no quarto e foram abraçando-se uns aos outros. Todos, chorando, ficaram por algum tempo abraçados. Depois, ainda abraçados seguiram àqueles que os guiavam com muito carinho. Estes agradeceram com a cabeça e desapareceram. Alzira e Ciro sorriram.

Júlia que não viu aquela cena, só se lembrava das palavras que Alzira havia dito. Muito nervosa, perguntou:

— Não entendo o que estão dizendo. Quem são vocês? Como conhecem tanto da minha vida?

— Quem somos não tem importância alguma, Júlia. Só precisa saber que tanto eu como Ciro estamos aqui para ajudar você.

— Estão me deixando com medo.

Nervosa e assustada, Júlia tentou se levantar, mas não conseguiu. Alzira, com a voz tranquila, disse:

— Acalme-se, Júlia. Tudo vai ficar bem.

— Nada vai ficar bem. Vocês sabem tudo sobre a minha vida, portanto devem saber como fui enganada. O homem em quem confiei e por quem eu faria tudo, me abandonou sem dizer uma palavra sequer. Outra vez, achei que minha fase de sofrimento havia passado e que, agora, finalmente, eu seria feliz, mas estava enganada. Deus não quer que eu seja feliz. Acho que ele me odeia...

Alzira olhou para Ciro e ambos riram. Ele perguntou:

— Acredita mesmo que Deus não gosta de você? Que odeia você?

— Só posso acreditar.

— Deus não odeia você, Júlia. Ele é Pai e criador de todos nós.

— Se ele não me odiar, se ele for Pai de todos nós, deve escolher seus filhos a dedo para que suas vidas sejam tão diferentes umas das outras. Por que minha vida tem sido do jeito que é? Por que para mim nada dá certo, enquanto para outras pessoas tudo sempre caminha bem? Algumas pessoas, assim como eu, não têm nada, enquanto outras têm dinheiro que não conseguem gastar, beleza e uma vida maravilhosa?

— E se eu dissesse que foi você quem escolheu essa vida?

Mesmo com lágrimas correndo por seu rosto, Júlia não suportou e, rindo, disse:

— A senhora deve estar brincando ou tentando me enganar.

— Por que diz isso, Júlia?

— Como eu poderia ter escolhido uma vida como a minha? Se eu pudesse escolher minha vida, hoje eu não estaria aqui desesperada com aquilo que quase fiz. Teria muito dinheiro, tanto que não conseguiria gastar. Estaria viajando pelo mundo, conhecendo lugares diferentes. Seria bonita, tão bonita que teria muitos homens querendo me conquistar. Teria tudo o que quisesse, sem precisar pedir ou trabalhar para isso. Teria pessoas me servindo e um pedido meu seria uma ordem!

— Essa era a vida que queria ter tido? Se eu dissesse que já teve essa vida? Que já teve a vida que descreveu?

Júlia, muito nervosa, quase gritou:

— Vocês devem estar brincando comigo, mesmo! Por que estão fazendo isso?

— Não estamos brincando, Júlia. Somos seus amigos. Você já teve uma vida como essa que descreveu e o resultado não foi o desejado. Por causa dessa vida que não deu certo, você escolheu esta que vive hoje.

— Isso tudo é loucura! Estou ficando louca?

— Não, Júlia. Você não está ficando louca! Venha, Júlia. Vamos dar um passeio.

Júlia, confusa e assustada, perguntou:

— Para onde vão me levar?

— Não tenha medo. Eu disse que tudo vai ficar bem. Venha!

Júlia estendeu os braços. Ciro e Alzira, cada um de um lado, seguraram suas mãos e ela se levantou.

— Quando percebeu que estava flutuando, olhou e viu que estava acima da cama. Viu seu corpo sobre ela e notou, que havia um cordão prateado prendendo seu corpo naquele que estava deitado. Desesperou-se:

— Eu estou morta? Sueli não conseguiu me salvar? Meu Deus! Como fui cometer essa loucura!

— Acalme-se, Júlia. Você não está morta. Seu corpo está adormecido, mas seu espírito está bem acordado.

— Quer dizer que estou sonhando?

— Mais ou menos isso. — Alzira respondeu, olhando para Ciro e sorrindo.

— Que cordão é esse que estou vendo?

— Esse cordão prende seu espírito ao seu corpo. Ele indica que você está viva.

Júlia olhou e se desesperou mais ainda.

— Vocês não têm cordão? Vocês estão mortos?

— Você acha que estamos mortos?

— Parece que não, mas não têm o cordão.

— Tem razão, para você, pode-se dizer que estamos mortos, mas não precisa se assustar. Como está vendo, só quem morre é o corpo. O espírito continua vivo. Não acha que estamos bem vivos?

— Até agora, pensei que estivessem, mas, no momento estou com muito medo.

— Não precisa ter medo. Só estamos fazendo isso porque chegou a hora de conhecer o seu passado. Venha, vamos e não se assuste porque agora você vai dormir e, quando acordar, estará em outro lugar, em outra época. Garanto que vai se surpreender.

Mesmo com medo e preocupada, Júlia tentou sorrir e adormeceu.

Ciro pegou Júlia em seus braços e desapareceram.

Apenas começando

Naquela tarde, enquanto tudo isso acontecia com Júlia, Anselmo, em um carro que a empresa havia lhe dado para poder trabalhar, estava indo para o aeroporto. Ansioso, pensava:

Ainda bem que Suzana está chegando. No final, deu tudo certo. Sei que nossa vida, daqui para frente vai ser diferente. Passamos por momentos difíceis, mas tudo terminou. Suzana, quando viu que nosso casamento poderia terminar, resolveu dar o valor merecido a ele e Rodrigo vai crescer feliz num lar estabilizado.

O sinal ficou vermelho e ele parou o carro. Sem saber por que, lembrou-se de Júlia:

Como será que está Júlia? Será que ela descobriu que vim embora com Suzana? Sei que foi errado o que fiz; sumir sem dar uma palavra, sem contar o que estava acontecendo, mas o que eu poderia fazer? Não tive coragem de enfrentá-la. Depois de tudo o que prometi, depois de saber que ela deve ter pedido demissão no emprego, como chegar e dizer que tudo havia sido um engano? Bem, agora já está feito e não tem volta. Não preciso, nem posso me preocupar com ela. É uma moça, forte, bonita e inteligente. Logo vai encontrar outro emprego e alguém que goste dela da maneira como merece. O pior de tudo é que gosto dela, assim como gosto de Suzana. Como é possível gostar de duas pessoas ao mesmo tempo? Se eu pudesse, ficaria com as duas. Tive de fazer uma escolha. Teve de ser Suzana, pois além, de gostar muito dela, temos um casamento, um filho para criar. Bem, agora já está feito e não tem volta.

Chegou ao aeroporto. Estacionou o carro, entrou no saguão e foi ver o painel que mostrava os aviões que estavam para chegar. Olhou primeiro para o painel, depois para o relógio que trazia no pulso.

Ainda falta quase uma hora para o avião chegar. Vou tomar um café.

Foi até uma lanchonete, pediu café, olhou em volta e viu que havia uma mesa vaga. Pegou o café, caminhou até a mesa. Sentou-se. Enquanto tomava café, voltou a pensar:

Há um mês, jamais poderia imaginar que, hoje, eu estaria aqui, morando, trabalhando e, principalmente, que Suzana largaria tudo para me acompanhar. Como a vida pode mudar dessa maneira? Cheguei à conclusão de que não adianta planejarmos nossa vida. Acho que, independentemente da nossa vontade, ela caminha sozinha. Eu tinha uma vida que a muitos podia causar inveja. Ela foi bem planejada. Trabalhava e vivia em um apartamento enorme, mas sempre estive sozinho. Suzana quase nunca estava lá e, quando estava, somente pensava no trabalho. Para ela, o trabalho era mais importante do que qualquer coisa. Foi por isso que pedi a Júlia para que me acompanhasse. Sei que ela deve estar com muita raiva, mas não há motivo para isso. Eu, desde o início, disse que jamais abandonaria a minha família.

Terminou de tomar o café, olhou novamente para o relógio:

Passaram-se apenas cinco minutos. Parece que o tempo parou! Não vejo a hora de abraçar Suzana e Rodrigo. Acho que a minha ansiedade está fazendo o tempo passar tão devagar.

Levantou-se e saiu caminhando. Olhou as vitrines das lojas.

Preciso dar um presente de boas-vindas para Suzana. Ela precisa gostar daqui e se acostumar com a cidade. É bem diferente de tudo que conhece, mas sei que ela vai conseguir.

À sua frente, viu uma floricultura. Foi até lá e comprou rosas vermelhas. Pediu que a atendente fizesse um buquê. Com ele nas mãos, foi para o lugar de desembarque, por onde Suzana deveria sair. Sentou-se e ficou esperando.

Nesse mesmo instante, Suzana, no avião, olhou para a poltrona ao seu lado e viu Rodrigo que dormia.

Meu filho. Estamos mudando nossa vida. Por mais que eu viva, nunca mais vou me esquecer da dor que senti, hoje, quando deixei o nosso apartamento. Os móveis, os quadros e cada objeto que foi comprado com tanto carinho. Depois de muito tempo, consegui ter o apartamento com que sempre sonhei e, assim, de repente, do nada, tudo se acabou. Nunca vou me esquecer do dia em que, sem maiores explicações, fui despedida do emprego a que tanto me dediquei. Nada disso que está acontecendo comigo é justo! Eu não merecia! Nunca fui uma pessoa má. Talvez tenha exagerado um pouco com Anselmo, mas ele foi sempre tão parado. Sempre aceitou ganhar um baixo salário. Nunca teve ambição. Diferente de mim, que sempre quis mais. Agora, não sei quem estava certo. Eu por querer tanto ou ele por não se importar. Para ele, morarmos em apartamento de dois dormitórios estava bom. Eu nunca aceitei nem vou aceitar! Estudei muito, lutei para, apesar de ser mulher, ter um bom cargo na empresa. Sei qual foi o motivo para ter sido despedida. Eu jamais poderia ter um cargo maior do que aquele que alcancei. Jamais seria presidente da empresa. Os homens da empresa não permitiriam. Não é justo, após passar por tudo o que passei para chegar aonde cheguei. Ficar desempregada, dependendo do salário minguado do Anselmo. Tudo aconteceu de uma só vez, por isso não tive tempo de esperar até encontrar um novo emprego. Não podia ficar sozinha e sem marido, por isso, estou acompanhando Anselmo, indo para um lugar que não conheço e onde, dificilmente, vou encontrar um emprego decente. Mesmo morando longe, vou continuar mandando meu currículo e, se algum emprego aparecer, volto na hora. Espero que isso aconteça, antes que meu apartamento seja vendido. Gosto muito dele e não me vejo morando em outro lugar. Foi por isso que deixei o apartamento como estava. Peguei apenas roupas e artigos pessoais. Por enquanto, não vou ter como pagar a prestação. Mas, se eu encontrar um novo emprego, em pouco tempo eu acerto tudo. O mais importante é voltar para minha casa e minha vida. Minha mãe dizia que sempre havia um propó-

sito para as coisas acontecerem. Para que possamos chegar a Deus, ele muitas vezes nos faz andar por caminhos estranhos e que tudo está certo. Por mais que eu pense, não consigo ver propósito algum em tudo isso que está acontecendo. Bem, agora não há o que fazer. Estou aqui e vou ficar até quando for preciso ou descobrir a finalidade dos acontecimentos.

Um vulto de mulher que estava ali sorriu e disse:

— *Vai descobrir, minha filha... vai descobrir...*

O comandante avisou que estavam chegando. Ela apertou seu cinto de segurança e o de Rodrigo também. Colocou o braço em volta do menino para que ficasse protegido. Alguns minutos depois, o avião parou. Ela se levantou. Rodrigo meio adormecido recusou-se a andar. Ela ficou sem saber o que fazer, pois precisava pegar a maleta que estava no alto e outra que continha brinquedos do menino. Um senhor que estava sentado em uma poltrona atrás da sua, pegou as maletas:

— Pode levar o menino no colo. Eu levo as maletas para a senhora.

Suzana sorriu, agradeceu e pegou Rodrigo.

Na ala da bagagem, o mesmo homem retirou suas três malas da esteira e colocou-as em um carrinho. Ela, ainda com Rodrigo no colo, tentou empurrar o carrinho, mas não conseguiu. Sem alternativa, colocou Rodrigo no cesto do carrinho e saiu empurrando-o. Em poucos minutos, estava diante da porta de saída. Assim que saiu, viu Anselmo que também a viu saindo. Com o buquê na mão, correu ao seu encontro. Abraçaram-se, beijaram-se. Anselmo pegou o menino no colo e beijou-o várias vezes. Depois, foram para o estacionamento.

Durante o caminho, ele disse;

— Que bom que você chegou, Suzana. Nesses dias em que passei sozinho, senti muito sua falta. Definitivamente, não sei ficar sozinho.

— Para mim também foi difícil. Precisei providenciar muitas coisas. Deixei o apartamento para ser vendido.

— Não entendi por que você não quis trazer os móveis, Suzana. A empresa pagaria a mudança.

— Achei melhor deixar como está. Com os móveis e a decoração, bonitos como são, acho que vai ser mais fácil vender.

— Espero que logo seja vendido. Com meu salário, vai ser difícil pagar a prestação.

— Sei disso, mas vou tentar encontrar um emprego. Se conseguir, podemos conservar o apartamento. Sinto um aperto no coração só em imaginar que não vai ser mais meu. Sabe que planejei cada detalhe. Ele foi o sonho de minha vida. Estou muito triste com tudo o que está acontecendo.

— Entendo que está passando por um momento difícil, Suzana. Não fique triste. No começo, vai ser difícil, mas estou muito bem no trabalho e logo vou poder pedir um aumento de salário. Vai dar tudo certo! Vamos começar uma nova vida e sinto que ela vai ser muito boa! Agora, aproveite para conhecer a cidade.

Enquanto dirigia, Anselmo, entusiasmado, ia mostrando tudo para Suzana que, embora estivesse olhando, não prestava muita atenção.

Minha mãe sempre dizia que não devemos nos apegar a coisas materiais. Como não nos apegar, se lutamos tanto para conseguir o que sonhamos? Como deixar de sofrer ao ver tudo o que consegui, com tanto trabalho, escapar pelas minhas mãos sem que eu possa fazer coisa alguma?

O vulto de mulher sorriu:

Embora não prestasse muita atenção ao que Anselmo falava, Suzana percebeu que a paisagem estava mudando. O carro entrava em um bairro agradável, com casas bonitas e prédios imponentes.

Anselmo, sem perceber que ela não estava prestando atenção ao que ele falava, disse:

— Tive pouco tempo para encontrar uma casa ou um apartamento que não fosse muito diferente do nosso. Sabe que quero que seja feliz aqui, Suzana. Provisoriamente, vamos ficar em um não tão grande, mas que é agradável. Como pode ver, este é um bom bairro. O prédio é novo e bonito e fica em frente à praia. Poderá tomar sol sempre que quiser.

Parou em frente a uma porta de garagem. O porteiro abriu a porta. Anselmo entrou com o carro e estacionou em uma das garagens. Desceu, abriu a porta do lado em que Suzana estava sentada, pegou Rodrigo no colo, dizendo:

— Desça, Suzana. Venha conhecer o apartamento. Não precisa se preocupar com as malas, depois eu venho pegar.

Suzana saiu do carro e caminharam até o elevador. Ele chegou e os dois entraram. Anselmo apertou o nono andar.

Assim que o elevador parou, desceram. Anselmo saiu e foi seguido por Suzana. O apartamento ficava de frente. Anselmo abriu a porta e se afastou para que Suzana entrasse. A porta de entrada dava para a sala. Ela entrou e ficou parada.

Meu Deus! A cozinha do meu apartamento é maior do que esta sala.

— Venha, Suzana, este é o quarto do Rodrigo e aquele ali é o nosso!

Suzana, vagarosamente, entrou na sala e foi até onde Anselmo estava. Ele se afastou para que ela entrasse no quarto. Ela entrou em silêncio. Ele, empolgado, não percebendo seu desapontamento, segurou sua mão e entraram no quarto que seria o deles. Ele foi até a janela:

— Venha até aqui, olhe a vista do mar. Garanto que nunca viu um mar tão azul como este!

Ela foi até a janela e, ao olhar, não se conteve:

— Realmente, a vista é maravilhosa, Anselmo!

— Agora, enquanto você fica aqui olhando todo o resto, vou até a garagem buscar as malas.

Ela, com os braços apoiados na janela e olhando para o mar, disse:

— Está bem. Vá, vou ficar aqui por um tempo olhando o mar.

Ele sorriu e saiu.

Ela ficou ali por um momento, depois procurou e encontrou a cozinha. Outra decepção:

O meu banheiro é maior do que esta cozinha...

Quando Anselmo voltou trazendo as malas, ela estava sentada em um sofá na sala.

— Viu o resto do apartamento, Suzana?

— Vi, sim, Anselmo.

— O que achou?

— Ele é menor do que aquele em que moramos quando nos casamos.

— Sei disso, Suzana, mas não se esqueça de que fomos muito felizes naquele apartamento.

— Naquele tempo, éramos recém-casados e tínhamos muitos sonhos. Alguns foram realizados, mas, assim como os sonhos, eles desapareceram. Perdemos tudo, Anselmo...

— Sei que não chega perto do nosso apartamento, mas é só o começo. Logo poderemos nos mudar. O importante é que estamos juntos, não é?

— Sim, Anselmo, você tem razão. É somente isso que importa...

Ele abraçou-a e beijou-a com paixão.

Suzana retribuiu ao abraço e ao beijo:

O vulto de sua mãe, que era quem estava ali, disse:

— *Sei que pensa que tudo terminou minha filha, mas, na realidade, está apenas começando...*

O sonho

Alzira e Ciro, que estava com Júlia, adormecida, no colo, chegaram a um grande jardim. Pararam e olharam para uma enorme casa que estava em frente a eles. Ciro, sentando-se e colocando Júlia sobre a grama muito verde, disse:

— Chegamos, Alzira. Por onde vamos começar?

— Acordando Júlia. Ela precisa ver este lugar e relembrar a vida que teve aqui.

— Ela vai se assustar...

— A princípio, sim, Ciro, mas logo entenderá e prestará atenção a tudo o que acontecer.

Alzira sentou-se ao lado de Ciro e, carinhosamente, chamou:

— Acorde, Júlia. Chegamos ao nosso destino.

Júlia abriu os olhos e, ao ver que estava deitada sobre a grama, tentou se levantar, mas não conseguiu.

Olhando para eles, muito nervosa, perguntou:

— O que está acontecendo aqui? Estou tonta!

Alzira, segurando sua mão, disse:

— Acalme-se, Júlia. Está tudo bem. Essa tontura que está sentindo, logo vai passar. Seu espírito ainda está preso à matéria, portanto suas energias são um tanto pesadas. Em alguns minutos estará bem.

— Que lugar é este?

— Estamos em outra época e em um lugar do qual você, no momento, não se lembra, mas logo se relembrará de tudo o que aconteceu e o motivo de ter escolhido viver a vida que está vivendo.

— Não consigo acreditar que escolhi uma vida tão difícil, tão triste...

— Logo mais vai entender tudo. Agora já está bem. Levante-se.

Ajudada por Alzira, ela conseguiu sentar-se. Vendo aquela casa enorme, ficou extasiada:

— Que casa linda! Além de grande é muito bonita! Olhe essa alameda toda cercada por árvores e o jardim. Que lindo! Nunca vi uma casa assim, só mesmo em filmes ou em livros. As pessoas que moram aqui devem ser muito felizes!

— Não disse que estamos em outra época?

— Que época?

— Na época do Império.

— Quer dizer que estamos no tempo de rei, rainha, condes e condessas, duques e duquesas, príncipes e princesas?

— Isso mesmo, Júlia.

— Adoro ler histórias ou assistir a filmes sobre esse tempo. Gosto de ver aqueles vestidos lindos e os bailes nos grandes salões. Sempre que vou a algum museu, fico imaginando as moças descendo por aquelas escadas. Viver naquela época deve ter sido muito bom e romântico. Li sobre grandes amores.

— Existiram, sim, grandes amores, assim como existem hoje.

Júlia lembrou-se de Anselmo e do que ele havia feito:

— Esse amor do qual está falando, se existiu em outra época, hoje não existe mais. Hoje só há traição, mentira e sedução.

— Está enganada, Júlia. Além do amor, existe outro sentimento muito forte.

— O ódio?

Alzira sorriu:

— Esse também, mas, mesmo o ódio não é tão forte como o amor e o perdão. O amor e o perdão são os sentimentos mais fortes e difíceis de serem controlados e sempre foram iguais em todos os tempos, em todas as épocas. Fazem parte do espírito. Somente eles, quando sinceros, podem fazer com que o espírito caminhe e encontre a Luz Divina. Agora, chega de conversa, vamos entrar.

— A senhora precisa me desculpar, mas vou odiar Anselmo até o último dos meus dias, por tudo que fez comigo, por haver me enganado da maneira como fez.

Alzira olhou para Ciro, que disse:

— Você não odeia nem nunca vai conseguir odiar Anselmo, Júlia.

— Como pode dizer uma coisa como essa? Não pode saber o que sinto!

— Tem razão, não posso saber o que sente, mas sei o que já viveu. Por isso, sei que nunca vai odiar Anselmo. Vocês estão, há muito tempo, tentando se encontrar. Um dia isso vai acontecer.

— Bem, essa conversa está tomando um rumo não desejado. Vamos deixar para mais tarde e voltaremos a ela. Agora, vamos entrar na casa?

— Boa ideia, Alzira. Em outra hora, vamos conversar sobre isso. Agora, o melhor a fazer é entrarmos na casa. Vamos, Júlia?

Júlia se espantou:

— Entrar, como? As pessoas que moram nessa casa não nos conhecem, não vão nos deixar entrar!

Alzira olhou para Ciro, ambos começaram a rir. Ele disse:

— Não se preocupe com isso, Júlia. Como Alzira disse, estamos em uma época diferente. Eles não nos verão. Assim como fizemos com você durante toda sua vida. Estivemos sempre ao seu lado, porém você nunca nos viu.

Uma das portas da casa estava aberta. Júlia ficou ali parada.

— O que aconteceu, Júlia? Por que não entra?

— Esta sala é maravilhosa! Linda! Olhe os móveis, os quadros e os tapetes! Parecem obras de arte!

— Olhe aquela escada! Era de uma escada igual a essa que eu estava falando, quando disse que gostava de imaginar as moças usando vestidos longos e armados. Imagine uma delas descendo por essa escada! Tudo aqui é tão lindo!

— É lindo, mesmo, mas continue olhando. Veja o que existe por detrás de tanta beleza e riqueza.

Júlia que só prestava atenção à beleza da sala, não havia percebido várias pessoas que andavam de um lado para outro. Algumas limpavam, outras tiravam a louça do café que estava sobre a mesa e outras tiravam o pó dos móveis. Trabalhavam rápido.

Admirada, Júlia perguntou:

— São escravos? Isso não existe mais!

— Não disse que estamos em outra época, Júlia? Nessa época, a escravidão existia e os negros sofriam muito. Trabalhavam rápido porque havia muito trabalho a fazer.

— Felizmente veio a abolição...

— É verdade. Agora, vamos ver o resto da casa e conhecer as pessoas que moram aqui.

Alzira desviou o olhar para a escada imponente que estava diante deles. Júlia seguiu seu olhar. Perguntou:

— Vamos subir essa escada?

— Sim, Júlia. Tudo vai começar em um dos quartos desta casa. Venha!

Alzira começou a andar. Ciro e Júlia caminharam ao seu lado.

Júlia estava tão empolgada que não prestou atenção ao que Alzira disse. Parecendo se esquecer de quem era e o que estava fazendo ali, correu e começou a subir a escada. No meio dela, voltou-se e disse:

— Tudo isto está sendo maravilhoso! Só falta mesmo o vestido armado!

Ciro sorriu:

— Antes de irmos embora, você, se quiser poderá vestir um vestido armado e, também, descer esta escada da maneira com que sempre sonhou. Você quer?

— Posso fazer isso, mesmo?

— Claro que sim. Não se esqueça de que está sonhando. Em um sonho tudo é permitido.

— Vai ser maravilhoso! Precisamos mesmo conhecer o resto da casa e quem mora aqui.

Júlia continuou subindo. No final da escada, havia um corredor com uma meia parede de onde podia-se ver a sala.

Júlia olhou por cima da parede. Ao ver a sala do alto, exclamou:

— É maravilhoso! As pessoas que moram aqui devem ser muito felizes, mesmo!

Ciro e Alzira ficaram calados e continuaram andando. Júlia percebeu que dos dois lados do corredor havia portas. Deduziu que deveriam ser os quartos. Entusiasmada com tudo o que estava vendo, seguiu os dois.

Entraram em um quarto que estava com a porta fechada. Júlia abriu a boca e não conseguiu fechar.

Alzira percebeu e, rindo, perguntou:

— O que foi, Júlia? Feche a boca e responda!

Júlia respirando fundo, perguntou:

— Como conseguimos entrar neste quarto se a porta está fechada?

— Você está sonhando, Júlia! Apenas isso!

— Tem razão, mas é tudo tão real! Não consigo acreditar que seja um sonho!

— É verdade. É muito real. Agora, olhe o quarto. O que acha dele?

Júlia olhou o quarto.

— Não acredito que estou em um quarto como este! É maravilhoso! Só vi outro igual a este em filmes! Estou tão emocionada que nem sei o que dizer! A senhora disse que escolhi a vida que vivo. Está enganada! Se eu pudesse escolher, escolheria uma vida igual a esta. Moraria em uma casa linda como esta e teria um quarto como este!

— Muito bem. Você poderá ter esta vida, basta querer.

— Está falando sério?

— Sim, mas, agora, você vai conhecer a moradora desta casa e deste quarto. É por causa dela que estamos aqui. Ela está dormindo. Olhe.

Júlia olhou para a enorme cama de madeira de lei que havia no meio do quarto. Um véu branco que caía do alto rodeava a cama. Por esse motivo, não podia ver o rosto da moradora a quem o quarto pertencia.

Alzira e Ciro perceberam o encantamento dela. Sorriram.

— Agora, Júlia, você vai conhecer não só a moradora, mas sua vida.

— Ela deve ser muito feliz...

Enquanto Júlia olhava por todo o quarto, a porta se abriu e por ela entrou uma senhora negra. Trazia em suas mãos uma bandeja com café da manhã. Enquanto ela colocava a bandeja sobre uma pequena mesa, forrada com um tecido azul igual ao da colcha da cama e das cortinas, Júlia, estupefata, perguntou para Alzira:

— Quem é essa mulher?

— É Zefa a escrava que cuida da dona deste quarto. Dissemos a você que estávamos em outra época e que você estava sonhando, não foi?

Júlia concordou com a cabeça.

— Pois bem. Continue vendo. Faça de conta que está assistindo a um filme cujos fatos se passaram no tempo do Império.

Depois de colocar a bandeja sobre a pequena mesa, Zefa aproximou-se da cama, afastou o véu e chamou baixinho:

— *Corda, Sinhazinha Maria Inês.*

A moça abriu os olhos e, ao ver a senhora ali, disse:

— *Ainda é cedo, Zefa. Preciso dormir um pouco mais.*

— *Já dromiu muito. Está na hora di si levantá. Chegou u dia tão isperado pela sinhazinha.*

Maria Inês esticou o corpo e sentou-se:

— É verdade, Zefa! Hoje é o grande dia! Chegou o meu presente?

— *Não. Achu qui num vai chegá. Quando preguntei, vossu pai disse que si esqueceu.*

Furiosa, Maria Inês se levantou e gritou:

— Esqueceu? Como ele pôde fazer uma coisa como essa?

— *Eli disse qui tá preocupado com a duença da vossa mãe, pur isso si esqueceu.*

— Ele não podia ter feito isso, Zefa! Quando vi aquele colar na joalheria, soube que era perfeito, pois combinaria com meu vestido! Meu pai estava comigo e prometeu que o compraria! Eu preciso daquele colar!

— *Percisa intendê, vossa mãe tá muitu duenti i eli tá percupadu...*

— Não preciso entender coisa alguma! Sei que minha mãe está doente, mas ele poderia ter tirado um tempo para ir até a joalheria ou ter mandando alguém comprar!

— *Vossa mãe tá muitu mar, Sinhazinha...*

— Sei disso, mas preciso daquele colar! Dele depende a minha vida!

Zefa começou a rir;

— *Depende a sua vida, pru quê, Sinhazinha?*

Andando de um lado para o outro do quarto, muito nervosa, Maria Inês respondeu:

— Como pode perguntar isso, Zefa? Hoje é o dia do baile anual no palácio! Todas as pessoas importantes estarão lá! Principalmente Luiz Cláudio! Preciso daquele colar! Somente estando muito bonita, ele me notará!

— *Ora, Sinhazinha, não se percupi cum issu, a Sinhazinha é jovem. Num importa a ropa ou joia qui usá, sempri vai tá bunita!*

— Para você tudo é sempre fácil, não é, Zefa?

— *Pra Sinhazinha tumem podia sê. Bastava só aceitá as coisa cumu elas são que, no final, tudo dá certu.*

— Não entendo como você pode ser tão calma e sempre estar de bem com a vida! Parece que está sempre feliz.

— *Num possu se carma, pru quê, Sinhazinha?*

— Você é escrava, Zefa! Como pode ser feliz!

— *Não sou triste pur sê iscrava. Gosto desta casa i muito da Sinhazinha. Seu pai sempre foi um bom amu. Nunca pensô em mi vendê nem u Inácio i nem us meus fios. Sempre dexô a gente vivê juntu como si fossi uma famía. A Sinhazinha sabi qui nem tudu amu pensa assim. Elis vende us escravus sem si importá si elis tem muié e fio. Quando vossu pai cumprô nóis, eu e o Inácio tinha acabadu di si cunnhecê. Dispois a genti começô si gostá i vossu pai dexô a gente vivê juntu.*

— Ele não fez por bondade, Zefa. Sabia que vocês iam ter filhos, portanto mais braços para a lavoura.

— *Podi até sê, Sinhazinha, mais eli ia tê braçu pra lavoura, memo que a gente num morasse juntu.*

— Você é muito ingênua, Zefa.

— *Achu qui tem argum mutivu pra ieu sê escrava...*

— Que motivo, Zefa?

— *Num sei, Sinhazinha, mais devi di tê argum mutivu. Agora, a Sinhazinha percisa tomá u café. U dia, hoje, vai sê muitu agitadu. Percisa cumê tumem.*

— Está bem.

Maria Inês sentou-se e começou a comer.

Júlia, calada, assistia a tudo.

Enquanto Maria Inês comia, Zefa disse:

— *Sinhazinha, vossu pai dissi que tá no hospitá i é pru Inácio levá a sinhazinha até lá.*

Maria Inês voltou a se levantar e, muito nervosa, falou:

— Não posso ir, Zefa! Tenho muita coisa para fazer! Hoje é o dia da festa, preciso me arrumar. Sabe o trabalho que dá para fazer um penteado!

— *Sei, Sinhazinha, mais u médicu disse pru vossu pai qui vossa mãe num tem cura. Qui vai morrê logu. Podi sê inté hoji.*

Maria Inês, ignorando o que Zefa disse,falou:

— Preciso daquele colar, Zefa!

Zefa insistiu:

— *Vossa mãe tá muito mar, Sinhazinha...*

— Se ela vai morrer, o que posso fazer, Zefa?

— *Pudia i no hospitar. Ela ia ficá muitu cuntenti di vê a sinhazinha.*

— Já disse que não posso sair daqui, Zefa! Preciso me preparar para a festa desta noite!

— *U Inácio leva a sinhazinha bem rápidu.*

— Já disse que não posso sair daqui e não me amole mais com esse assunto!

— *Tá bão, Sinhazinha. Tá bão...*

Ao ouvir aquela conversa, Júlia sussurrou:

— Dona Alzira...

— O que foi, Júlia? Não precisa sussurrar, pode falar normal. Elas não podem nos ver nem nos ouvir.

— Como ela pode agir assim em relação à mãe? Não gosta dela?

— Gosta da mãe, sim, Júlia, mas gosta muito mais dela própria.

— Ela é assim?

— Assim como?

— Egoísta e má?

— Você é quem está dizendo isso, mas vamos continuar ouvindo a conversa.

— Zefa, Maria Augusta já se levantou?

— *Já, Sinhazinha. Ela foi prô hospitar cum vossu pai.*

— O que ela foi fazer lá?

— *Foi visitá vossa mãe, Sinhazinha...*

— Por que ela foi fazer isso! Sabia que não podia sair de casa! Precisamos nos preparar para o baile!

— *Sabi que vossa irmã num liga pra essas coisa.*

— Sei disso, mas eu ligo muito e preciso dela para me ajudar!

Nervosa, Maria Inês foi ao guarda-roupa, abriu a porta e tirou de dentro dele, um vestido verde. Colocou-o em frente ao corpo e olhou-se no espelho.

— Ele é lindo, não é, Zefa?

— *É sim, Sinhaznha. A cor deli cumbina com os zóio da Sinhazinha e cum u cabelu tumem.*

— Gostei muito deste tecido, por isso pedi a meu pai que comprasse e você costurou divinamente. Obrigada, Zefa!

Olhou novamente para o espelho:

— Não está bom. Está faltando o meu colar! Eu preciso dele! Chame o Inácio, Zefa!

— *Pra que, Sinhazinha?*

— Já que meu pai não comprou meu colar, eu mesma vou até lá!

— *Num pode Sinhazinha...*

— Não posso, por quê?

— *A Sinhazinha sabi que uma moça num anda sozinha e num cumpra nada sem tê um homi du ladu dela. U homi lá da loja ondi tá o seu colá num vai vendê pra Sinhazinha sem vossu pai tá presente.*

— É verdade, Zefa! Que raiva que eu tenho de tudo isso! Por que tem de ser assim? Por que a mulher não tem os mesmos direitos que o homem? Se eu não tivesse um pai, como seria? Eu não poderia comprar nada?

— *Num sei, não, Sinhazinha...*

— A coisa que eu mais queria nesta vida era ser sozinha! Não ter mãe nem pai! Não ter ninguém! Só assim eu poderia decidir minha vida sem ter que pedir permissão!

— *Num fala anssim Sinhazinha! Nus orfanatu tem muita criança sem pai i sem mãe. Achu que elas sofre muito...*

Alzira olhou para Ciro. Ambos ignoraram Júlia, que estava horrorizada com o que acabara de ouvir:

— Ela não sabe o que está falando, dona Alzira! Ela não sabe como é triste não se ter ninguém. Se eu tivesse tido um pai e uma mãe assim como ela tem, sei que não teria sofrido tanto como sofri. Ela disse que não ia ao hospital visitar a mãe, porque não podia sair de casa, mas estava disposta a sair para comprar um colar! Não entendo isso! Não entendo como uma pessoa pode ser tão egoísta. Sempre pensei que alguém que vivesse como ela só podia ser feliz, mas, pelo que estou vendo aqui, isso não é verdade. Ela, apesar de ter tudo, se julga infeliz...

— É verdade, Júlia, mas não se preocupe. Ela vai entender e dar valor para tudo que nunca deu. Deus é nosso Pai e Criador. Ele nos dá todas as chances para valorizarmos aquilo que, realmente, tem valor. Ele tem paciência e nos dá toda a eternidade para que isso aconteça.

— *A Sinhazinha qué tomá banhu? Mandei culocá água quenti na tina.*

— É a melhor coisa que posso fazer para me esquecer desta vida infeliz que levo.

— *Tá bão, Sinhazinha. Podi í que ieu levo as ropa.*

Júlia olhou para eles e disse:

— Vocês têm certeza de que ela vai entender?

— Vai, sim, Júlia. Todos nós, mais cedo ou mais tarde, entendemos e encontramos o caminho. Agora, enquanto ela toma banho, vamos para o jardim respirar ar puro. Acho que nós três precisamos disso, não é, Ciro?

Ele não respondeu, apenas sorriu.

Socorro espiritual

Imediatamente, Júlia abriu os olhos. Olhou à sua volta e viu que estava novamente no hospital. Lembrou-se do que havia feito.

Meu Deus! Como fui fazer uma loucura como aquela? Onde eu estava com a cabeça?

Lembrou-se de Anselmo:

Ele não podia ter feito o que fez. Eu não merecia...

— Acordou?

Ao ouvir aquela pergunta, Júlia voltou o olhar em direção da voz. Viu uma senhora que sorria. Respondeu:

— Acordei. Parece que dormi muito...

— Dormiu mesmo. Meu nome é Silvia. Qual é o seu?

— Júlia. Dormi por muito tempo?

— Quando chegou, estava um pouco tonta. Conversou com sua amiga e dormiu em seguida. Dormiu por quase duas horas.

— Só isso? Achei que tinha dormido mais. Tive um sonho tão estranho...

— Quer me contar?

— Não me lembro muito bem. Só sei que estava em um lugar muito bonito e que havia um vestido igual àqueles que as mulheres usavam antigamente. Era lindo! Sei que havia pessoas comigo, mas não sei quem eram...

— Parece que o sonho foi bonito mesmo!

— Foi, sim. Só queria me lembrar mais do que aconteceu e de quem estava ao meu lado...

Alzira e Ciro, que estavam ali, sorriram. Silvia continuou:

— Acredito que, quando dormimos, saímos do corpo e vamos passear.

— Saímos do corpo? Como? — Júlia perguntou, desconfiada.

— Estou falando do nosso espírito, Júlia.

— Está falando sobre aquela religião que fala dos mortos? Sueli, aquela minha amiga que esteve aqui, falou alguma coisa sobre isso, mas não prestei atenção.

— Não tenho religião, Júlia. Leio sobre todas. Estudo cada uma delas, mas até agora não decidi frequentar nenhuma. Essa em especial, que você disse, conseguiu me convencer mais.

— Por que essa em especial? Você gosta de mortos?

— Exatamente por isso que você falou. Claro que gosto dos mortos, principalmente dos meus. A doutrina que estou estudando ensina que a morte não existe e que os nossos entes queridos, que se foram, estão em algum lugar esperando por nós, pois, um dia, iremos ao seu encontro.

Júlia lembrou-se do que Neide falara sobre sua mãe.

— Acredita mesmo nisso, Silvia? Acha que um dia vou encontrar minha mãe que morreu quando nasci?

— Acredito que sim, Júlia. Assim como vou encontrar meus pais, irmãos, amigos e meu marido também.

— Isso é só conversa. Acredito que, quando morrermos, tudo se acaba, Silvia.

— Pode ser conversa, mas pensar nisso me faz um bem imenso. Não consigo acreditar que nossa vida termine quando morremos e que nossos entes queridos desapareçam para sempre. Seria muito triste. Uma vida é muito pouco.

— Uma vida? Acredita mesmo que existam outras vidas depois desta que estamos vivendo?

Silvia ia responder, mas ouviram um gemido. Olharam e, em frente à cama em cada uma delas estava, havia outra senhora que parecia dormir. Júlia perguntou:

— Ela está dormindo, Silvia, mas parece que sente muita dor. O que ela tem?

— Não sei o que ela tem. Desde que cheguei, e já faz três dias, ela está quase sempre dormindo e gemendo. Acho que está sentindo muita dor, mesmo.

— Coitada. Não existe nada pior que a dor...

Alzira e Ciro olharam para uma moça que estava em pé ao lado da senhora que gemia. Com as mãos, ela lançava luzes brancas e brilhantes sobre a senhora. Ao ver que a olhavam, disse, sorrindo:

— É minha mãe. Ela está assim há muito tempo, mas se recusa a deixar o corpo, mesmo sentindo tanta dor. Fico enviando luz para ver se a dor passa, mas o corpo físico está doente e não consigo. Ela não quer morrer. Tem medo...

Alzira se aproximou, e também jogando luzes sobre a senhora, disse:

— E quem não tem? Quando estamos no corpo físico temos medo de tudo. Ainda mais de algo desconhecido como a morte.

A moça sorriu:

— É verdade. O corpo físico nos traz o esquecimento de como é a nossa vida na espiritualidade. Por isso, sentimos tanto medo.

— Como está o espírito dela?

— Poderia estar melhor se não fosse todo esse medo...

— Como foi sua vida no corpo físico?

— Foi muito bem. Ela teve uma vida comum. Conseguiu resgatar algumas dívidas pendentes. Teve seus filhos e os criou com carinho. A única coisa que não conseguiu foi se livrar do apego a coisas e pessoas. Sempre gostou dos objetos que tinha em sua casa. Nunca jogou coisa alguma fora. Guardava-os até quando quebrados. Gostava que as pessoas vissem e elogiassem. Esse apego se estendeu aos filhos. Sempre foi superprotetora e não suportou quando eu morri em um acidente. Ficou arrasada, chorava todos os dias, eu poderia dizer todas as horas. Quando me recuperei após o acidente, já no plano espiritual, e tomei conhecimento de como ela estava, tentei fazer de tudo para que ela voltasse a ser a mesma mulher de antes, mas não consegui. Ela não se conformava nem se conforma até hoje pelo fato de eu ter morrido. Nunca se conformou em me perder. Sua dor, amargura e tristeza foram tantas que atingiram seu corpo físico. Ela era muito forte e decidida. Depois da minha morte, transformou-se nisso que está vendo. Seu corpo foi se deteriorando até o momento em que não tinha mais volta, pois a doença e mais alguns espíritos, que sofriam do mesmo mal dela, se aproximaram e fizeram com que sua situação ficasse pior. Estou tentando afastá-los, mas ela impede. Ela os atrai. No momento em que vocês entraram no quarto eu estava pensando em pedir ajuda, pois não sei mais o que fazer.

— Está sozinha ao lado dela?

— No momento, sim, mas, como sabe, nunca estamos sós. Meu pai e alguns amigos, embora não estejam agora, estão em sintonia e, se eu precisar, estarão aqui.

Alzira olhou alguns vultos que estavam no quarto. Notou que eles estavam ansiosos e irrequietos. Depois olhou para Júlia e Silvia que conversavam. Ciro se aproximou.

Alzira, segurando a mão da moça que estava ao lado da mãe, perguntou:

— Não quer despertá-la para poder conversar e tentar convencê-la de que está na hora de abandonar o corpo?

— Já tentei, mas não consegui. Conversei com ela, mas está tão apegada ao corpo que não me ouve. Por isso eu ia pedir ajuda. Ela não pode continuar assim. Está sofrendo muito.

— Vamos tentar outra vez?

— Claro que sim. Farei o que for preciso. Só quero que ela fique em paz. Quero que entenda que a morte não é um fim, que é apenas um começo.

Ciro colocou-se na cabeceira da cama. Alzira e a filha da senhora colocaram-se uma de cada lado da cama. Abriram os braços, fizeram uma oração e o quarto se iluminou completamente. A luz foi tão intensa que fez com que os vultos que estavam ali se abraçassem e se encostassem em uma das paredes.

Das mãos dos três, começaram a sair luzes que foram endereçadas à senhora. Alzira olhou para a moça e perguntou:

— Como é o nome dela?

— Rosália.

— Pois bem. Tente acordá-la.

A moça colocou a mão sobre a cabeça da senhora e falou baixinho:

— Acorde, mãe...

Embora o corpo da senhora continuasse dormindo, seus olhos abriram-se e ao ver a filha ali, desesperou-se:

— Lucila! Você está aqui, minha filha?

— Estou, mamãe. Estou aqui ao seu lado...

— Eu estou sonhando? Não posso ver você! Está morta!

— Não, mamãe, não está morta nem eu.

— Como não? Eu vi você ser enterrada. Nunca me conformei com sua morte. Você era tão linda, estava estudando e tinha uma vida toda pela frente! Não poderia ter morrido daquela maneira!

— Eu sei que a senhora sentiu muito, mas estava certo. Tudo o que acontece está sempre certo.

— Nada está certo, minha filha. Eu tive você, criei com todo carinho, quando cresceu e estava se preparando para a vida foi tirada de mim sem que eu pudesse fazer qualquer coisa para impedir! Isso não está certo nem é justo! Eu tinha que ter protegido você! Eu tinha que ter evitado que você saísse de casa naquele dia! Você era minha e é minha!

— Não fique assim, mamãe. Nunca fui sua. Assim como a senhora, sou filha de um Pai maravilhoso! A senhora foi uma mãe maravilhosa. Nada que fizesse poderia mudar aquele dia. Tinha de acontecer. Precisava acontecer. Só posso agradecer por tudo o que fez por mim, mas, agora, precisa continuar e, de preferência, ao meu lado. Temos um longo caminho a seguir.

— Você é minha filha! Minha, de ninguém mais! Nunca vou conseguir esquecer isso!

— Não, mãe! Eu não sou sua! Eu e a senhora somos filhas de Deus! Foi Ele quem me criou, assim como criou a senhora e todas as coisas e pessoas que vivem na Terra e no céu. Somos amigas de muito tempo. Estivemos, muitas vezes, vivendo juntas e voltaremos a conviver. Sempre estaremos nos ajudando durante a nossa caminhada para a Luz.

— Sempre controlei minha vida. Por que não consegui evitar que morresse antes de mim?

— Realmente, a senhora sempre controlou tudo, mas, assim como não pôde evitar minha morte, não pode evitar a sua.

— Minha morte? Eu não quero morrer!

— Não está sob seu controle, mãe. Precisa entender isso para deixar de sofrer...

— Não quero morrer. Como vão ficar as minhas coisas, minha casa e tudo que comprei com tanto trabalho? Não posso deixar tudo para trás! Tudo é meu e não vou deixar para ninguém!

A filha olhou para Alzira e Ciro e disse:

— Estão vendo? Ela não consegue deixar de se apegar às coisas que conseguiu.

Alzira sorriu:

— Fique calma. Vou conversar com ela.

Voltando-se para a senhora, disse:

— Olá, Rosália, como você está?

Rosália, ao ver Alzira vestida de branco, respondeu:

— Não estou bem, doutora. Sinto muita dor. A senhora precisa me ajudar. Preciso ficar boa para poder voltar para minha casa, para minhas coisas.

— Vai voltar, mas, antes, quero que se levante e abrace sua filha. Ela está aqui e com muita saudade. Quer receber um abraço seu.

Rosália olhou para a filha.

— Eu queria muito, Lucila, mas não consigo me levantar. A dor que sinto é muito grande...

— Pode se levantar, sim. Sua filha está aqui Lucila, segure as mãos de sua mãe e ajude-a a se levantar.

Lucila estendeu o braço em direção à mãe, segurou suas mãos e fazendo uma pequena força, fez com que a mãe se levantasse e a abraçasse.

As duas, abraçadas, começaram a chorar. A emoção foi tão grande que Alzira e Ciro tiveram de fazer um esforço enorme para não chorarem também. Os vultos que ainda estavam encostados à parede, olharam-se.

Alzira vendo que estavam interessados e emocionados, disse:

— O amor é a coisa mais importante que existe. Ele faz com que nosso espírito vibre de emoção e de felicidade.

Voltando-se para Rosália, continuou:

— Como pode ver o amor da sua filha fez com que sua dor parasse, Rosália. Só depende de você continuar ao lado dela, sem dor.

Ainda abraçada à filha, Rosália disse:

— Estou preocupada com as minhas coisas! Tudo o que conquistei com tanto trabalho! Não posso deixar assim...

— As coisas que conseguiu nunca foram suas. O que é seu e que ninguém pode tirar é a maneira como viveu, o bem que fez, os amigos que conseguiu e os momentos difíceis pelos quais passou sem nunca perder a fé. Sua necessidade, no momento, é com seu espírito, com seu bem-estar e com a sua evolução espiritual. Os bens materiais que conseguiu serviram para ajudá-la durante sua vida no corpo físico. Nada, além disso. Agora, precisa agradecer por eles e se desfazer. Nada poderá vir com você. Tudo ficará na Terra, para que outras pessoas possam continuar usufruindo deles.

Ciro fez um sinal com os olhos e Alzira seguiu seu olhar. Viu que os vultos prestavam muita atenção a tudo o que ela dizia. Ela sorriu para Ciro e continuou:

— Todos nós, espíritos vivendo na Terra ou em qualquer outro lugar, temos momentos que precisamos escolher. Algumas escolhas são certas e outras erradas, mas tudo faz parte do aperfeiçoamento do nosso espírito. Algumas vezes tentamos não escolher e somente transferimos para mais tarde. Porém, chega uma hora que não há como escapar. Essa hora chegou para você, Rosália e para tantos outros que, assim como você, ficam presos às coisas que conquistaram e às pessoas que amaram. As coisas que conquistou, não poderão ser levadas com você. As pessoas que amou, assim como sua filha que voltaram antes de você, estão esperando por sua volta. Outras, que ainda têm sua missão, seus resgates, um dia, voltarão e você estará esperando por elas. Chegou o momento de sua escolha. Somente você pode decidir se vai com sua filha para um lugar onde não sentirá mais dor, um lugar onde descobrirá o motivo pelo qual renasceu, ou se fica e continua sofrendo nesse corpo que já fez muito por você, mas que, agora, com o passar do tempo, está degenerado, desgastado. Pode escolher agradecer a ele por tudo o que fez e deixar que descanse em paz, enquanto você viverá por toda a eternidade. Terá outras oportunidades de renascer, de se aperfeiçoar sempre mais. Mas esta sua encarnação está terminando, Rosália, só depende de você.

Rosália e Lucila ouviam em silêncio. Os vultos, um a um, foram se aproximando para poder ouvir melhor.

Alzira, agora olhando para eles, continuou:

— Você pode, também, se quiser, não aceitar o que estou propondo e se tornar um espírito que ficará vagando de um lugar para outro ou ao lado de outros que vagam, sem destino. Pode encostar-se em outros que ainda estão no corpo físico, mas que também são apegados a coisas ou pessoas, coisas que, para o espírito, não têm valor algum. Fazendo isso você deixará de apreciar o que realmente interessa ao espírito na sua caminhada, o bem que pode fazer, os amigos que pode conquistar e o amor que pode doar. Os bens materiais são necessários. Sonhar, desejar e conquistar são formas de aprendizado. O que não é certo é serem valorizados demais. O que não está certo é o apego de tal forma que fica difícil ao espírito se libertar, como está acontecendo com você. Nem sempre ser rico significa felicidade nem ser pobre, tristeza. Cada um, antes de renascer, escolhe a vida que quer ter, aquela que vai ser melhor para seu espírito, seu aprendizado. Seja qual for a vida que se escolhe, no final terá de se responder pelo que se fez com ela.

Todos prestavam atenção ao que Alzira falava. Os vultos olhavam um para o outro e pensavam.

Alzira, ao perceber isso, continuou:

— Só devo alertar que na vida, tanto do encarnado como do desencarnado, existem somente dois caminhos, o do bem e o do mal. Cabe a cada um escolher o caminho que deseja seguir. Aquele que escolher ficar vagando, pode fazê-lo. Ninguém irá impedi-lo. Só que perderá um tempo enorme e precioso na sua caminhada e ficará cada vez mais longe daqueles que um dia amou. Isso que estou dizendo serve para você, Rosália.

Voltando-se para os vultos, continuou:

— Tudo o que falei, vale também para vocês que foram atraídos por Rosália e que são apegados a coisas e ao dinheiro. Vocês estão perdendo um tempo enorme e precioso para encontrar a felicidade e a paz e poderem rever as pessoas que amam.

Quando terminou de falar, sorriu e voltou para o lado de Júlia, que continuava conversando com Silvia.

Rosália, ainda abraçada à filha, afastou-se um pouco e, olhando em seus olhos, perguntou:

— Ela está falando a verdade, Lucila? Vamos poder ficar juntas?

Lucila, sem conseguir acreditar no que estava ouvindo, rindo, abraçou-se à mãe.

— Tudo o que ela disse é verdade, sim, mãe! Vamos ficar juntas, sim! Muitos estão esperando sua decisão.

— Essas dores vão sumir?

— Claro que sim. Essas dores são do seu corpo, não do seu espírito.

Rosália começou a chorar:

— Realmente eu estava valorizando o que não tem valor...

— É verdade, mãe. Precisa agradecer tudo o que conquistou, os sonhos que realizou e a esse corpo maravilhoso que ajudou a senhora na caminhada, mas agora, seu caminho é outro. Tudo isso precisa ser esquecido, deixado para trás.

— Tem razão, minha filha. Estou com muita dor e cansada de lutar...

— Então, mamãe, está pronta?

— Estou, minha filha. Estou pronta para deixar tudo que julgava ser importante, pois não há nada mais importante do que este momento que estou ao seu lado. Sinto que agora, vou encontrar a felicidade.

No mesmo instante, Lucila, em lágrimas, disse:

— Chegou a hora, pai. Estamos esperando.

Alguns segundos depois, cinco entidades apareceram. Uma delas aproximou-se de Lucila e, abraçando-a, disse:

— Até que enfim, minha filha. Fez um ótimo trabalho.

Lucila olhou para Alzira e Ciro:

— Não teria conseguido sem a ajuda deles.

O homem olhou para Ciro e Alzira. Sorriu:

— Obrigado. Meu nome é Valdomiro. Desencarnei cedo para que Rosália conseguisse entender que o apego a coisas ou pessoas não é saudável e que faz mal ao espírito, mas não adiantou. Ela, como sempre foi, continuou apegada. Antes de renascer, ela entendeu que isso era um entrave para sua evolução. Por isso, nesta encarnação, desejou conseguir tudo o que quisesse e que depois perderia. Queria assim passar novamente pela mesma coisa, na esperança de que, desta vez, conseguiria vencer. Eu e Lucila nos comprometemos a renascer ao seu lado e a desencarnamos antes dela para que entendesse, aceitasse e se desapegasse. Nem o meu desencarne nem o de Lucila fizeram com que ela entendesse. Sabíamos que seu desencarne seria difícil. Vocês viram que, mesmo sofrendo com o corpo doente, ela se agarrou a ele. Devem ter estranhado por eu ter deixado Lucila sozinha. Foi preciso, para que pudesse entender o nosso trabalho. Depois de ter ajudado a mãe, poderá ajudar qualquer um. Ela vai trabalhar na nossa equipe.

Lucila se admirou:

— Vou, papai?

— Vai, minha filha. Passou no teste com louvor. Por nossa ligação, precisava mostrar que saberia conversar com um irmão na hora do desencarne. Agora, está pronta para seguir ao nosso lado.

— Entendemos bem isso. Não se preocupe, Lucila. Todos nós passamos por esses testes. Não é, Ciro?

Ciro, também sorrindo, acenou com a cabeça, dizendo que sim.

Valdomiro voltou-se para os outros que o acompanhavam, levantou os braços para o alto e disse:

— Obrigado, meu Pai, pela oportunidade de aprendizado com este trabalho. Obrigado por permitir que eu esteja aqui neste momento e poder conduzir Rosália de volta para casa.

Todos que estavam ali, inclusive Alzira e Ciro, estenderam suas mãos, de onde saíram raios de luz branca, em direção à Rosália. Das pontas dos dedos de Valdomiro, as luzes ficaram mais brilhantes e, com ela, ele cortou dois fios prateados que ainda seguravam o espírito de Rosália ao seu corpo. Quando terminou, abraçou aquela que havia sido sua mulher:

— Está livre, Rosália. Agora, podemos ir.

Ela, chorando, abraçou-se a ele:

— Você veio me buscar, Valdomiro?

— Claro que sim. Jamais deixei de estar ao seu lado nos bons e nos maus momentos e não deixaria de estar, agora, em um momento tão importante. Você me ajudou na caminhada pela Terra, me deu momentos felizes que me ajudaram a crescer espiritualmente.

Ela riu:

— Também dei momentos difíceis, não foi? Eu não fui fácil...

Ele também riu:

— Isso faz parte do casamento. Também tive meus momentos gloriosos. Também não fui fácil. Ambos estávamos caminhando e aprendendo. Agora, vamos embora? Olha quantos estão aqui esperando por você.

Rosália olhou para onde ele apontava:

— Todos vieram me buscar?

— Nem todos, Rosália. Alguns estão vagando, outros nos vales, mas juntos tentaremos resgatar um por um.

Rosália, chorando, abraçou a todos. Depois, abraçou-se a Valdomiro e Lucila. Ele perguntou:

— Ainda está triste por ter deixado tudo para trás?

— Não. Só agora entendo o que é dar valor para aquilo que é realmente valioso.

Todos sorriram.

Juntos, agradeceram a Ciro e Alzira e, com a ponta dos dedos, mandaram um beijo desapareceram.

Nesse mesmo instante, Júlia e Silvia ouviram um gemido diferente daqueles a que já haviam se habituado. Voltaram-se e viram Rosália dando um suspiro profundo. Júlia, que estava recostada na cama, perguntou, assustada:

— Ela parou de respirar, Silvia?

Silvia levantou o corpo para poder ver melhor.

— Não sei. Acho melhor chamarmos a enfermeira.

As duas, assustadas, apertaram a campainha que havia perto da cama.

A enfermeira do andar, ao ver que as duas a chamavam, também assustada correu para o quarto:

— O que aconteceu? Por que estão apertando a campainha juntas?

As duas não conseguiam falar, apenas apontaram com a mão a cama onde Rosália estava.

A enfermeira foi até lá, colocou o dedo sobre o pescoço de Rosália. Depois, olhou para elas e disse:

— Vou chamar o médico, mas parece que ela morreu. Graças a Deus. Ela estava desenganada, estava sofrendo muito, sentia muita dor. Os remédios não faziam mais efeito.

A enfermeira saiu do quarto. Logo depois, voltou com um médico que, ao examinar Rosália, olhou para a enfermeira e disse:

— Terminou. Peça para que venham buscá-la.

Sorriu para Júlia e Silvia e saiu do quarto.

Elas não podiam ver, mas, se pudessem, observariam Rosália seguir, feliz, ao lado de seus familiares, seu marido e sua filha que seguiam felizes por poderem fazer aquela viagem de retorno.

Júlia, ainda assustada, disse:

— Eu nunca tinha visto ninguém morrer...

— Nem eu...

Em seguida, duas enfermeiras vieram com uma maca e levaram o corpo de Rosália.

Assim que elas saíram, Júlia deitou-se e começou a chorar.

Silvia voltou a se deitar e ficou calada por um bom tempo.

Os vultos que haviam se aproximado, ao verem tudo o que havia acontecido, voltaram para o canto da parede e um deles perguntou:

— Será que é verdade tudo isso que ela disse? Será que podemos escolher o que queremos?

Um vulto de mulher que estava ali, chorando, respondeu:

— Claro que é verdade! Você não viu quantos vieram para ajudar a levar a mulher?

Outro disse:

— Não sei, não. Eles podem estar tentando enganar a gente...

A mulher, que estava muito emocionada, argumentou:

— Vocês nunca ouviram falar do povo da Luz?

Todos balançaram a cabeça afirmativamente. Ela continuou:

— Dizem que eles não falam mentiras. Vocês alguma vez viram uma luz igual àquela que iluminou este quarto?

Voltaram a acenar com a cabeça, dizendo que não.

— Não sei vocês, mas eu estou cansada de ficar vagando sem destino, de voltar para minha casa e ficar olhando as pessoas e tudo o que tinha ali. Tenho vontade de ver meu marido e meu filho que partiram antes de mim. Tenho vontade de encontrar a paz.

Alzira, ao ouvir aquilo, aproximou-se.

Os vultos, ao verem que ela se aproximava, encostaram-se uns nos outros.

Alzira, olhando para o vulto de mulher, sorrindo, perguntou:

— Está sendo sincera no que está dizendo?

O vulto de mulher, chorando, respondeu:

— Estou. Quero ter a chance de ser feliz, de encontrar as pessoas que amei. Quero sentir o que essa senhora sentiu.

— Está fazendo uma escolha?

— Estou...

— Olhe para lá.

O vulto olhou para onde Alzira apontava e começou a chorar e a gritar:

— Não acredito! Eles vieram mesmo!

Realmente, vários espíritos com sua Luz própria se aproximaram e começaram a abraçar o vulto.

Ela ficou tão emocionada que não conseguia falar. Apenas chorava.

Depois dos abraços e choros, ela foi levada por todos.

Alzira e Ciro sorriram.

Um a um os outros vultos foram se aproximando e pedindo para que acontecesse com eles o mesmo que acontecera com ela.

Ciro e Alzira foram atendendo a todos e logo o quarto estava pequeno para tantos.

Após os abraços e lágrimas, todos desapareceram. Ciro rindo, disse:

— Quando viemos para ficar ao lado de Júlia, não pensamos que ajudaríamos tantos irmãos. Estou muito feliz, Alzira.

— Também estou, Ciro. Mais uma vez ficou provado que, quando o socorro é necessário, ele sempre vem.

Silvia que estava calada há algum tempo, perguntou:

— Júlia, por que está aqui? O que aconteceu com sua cabeça?

Júlia olhou para o braço que estava enfaixado e, envergonhada, mentiu:

— Fui atropelada por uma bicicleta, caí e machuquei a cabeça.

— Está internada só por isso?

— Estou. Como bati a cabeça, o médico disse que preciso ficar um dia para observação.

Silvia sabia que ela havia mentido, pois ouviu quando Júlia conversara com Sueli, mas fingiu acreditar:

— Eu, amanhã, também vou embora. Retirei a vesícula. Tinha algumas pedras, mas agora está tudo bem. Não vejo a hora de voltar para casa.

Júlia lembrou-se de como estava sua vida e ficou calada. Apenas pensou:

Desempregada e tendo que mudar do apartamento, nem sei o que vai ser da minha vida...

Alzira e Ciro sorriram.

Silvia não parava de falar. Aos poucos, Júlia começou a ficar cansada. Depois da morte de Rosália, ela ficou um pouco deprimida. Disse:

— Nunca tinha visto ninguém morrer, Silvia. Isso me faz pensar no que estamos fazendo aqui. Nascemos, vivemos e morremos. As pessoas trabalham tanto, lutam e correm de um lado para outro, depois, simplesmente morrem. Não vejo utilidade alguma em tudo isso.

— Nossa, Júlia! Você é tão jovem e está pensando como se fosse uma velha! A vida é linda e é muito boa! Claro que ela é cheia de surpresa, tem altos e baixos, mas, mesmo assim, é muito bom viver!

— Se pensar dessa maneira, minha vida só teve momentos baixos...

— É impossível, Júlia! Todos têm bons e maus momentos. Eu, por exemplo, embora tenha tido maus momentos, me recuso a pensar neles. O nome já diz; momentos. Por isso, eles passam. Prefiro pensar nos bons que passaram e esperar, com ansiedade, pelos outros que virão. Se, durante esse percurso, vier algum ruim, vai passar.

— Não consigo pensar assim, pois tive poucos momentos bons. E, daqui para frente, só vejo muitos maus que estão chegando. Estou cansada, Silvia. Não sei por que estou vivendo nem para que...

— Pode ter certeza de que, mesmo se algum momento ruim chegar, ele vai passar e você ainda vai ser feliz.

— Tomara que tenha razão. Estou há vinte e três anos esperando por isso.

— Vinte e três? É ainda muito jovem! Garanto que tem, pela frente, muitos momentos bons e outros tantos ruins. Isso é vida! Isso é viver, Júlia!

Júlia, Ciro e Alzira sorriram.

Elas continuaram conversando, até que uma moça entrou no quarto trazendo o jantar.

Jantaram, conversaram por mais um tempo.

Ciro e Alzira resolveram que havia chegado a hora de continuarem a contar a história de Maria Inês para Júlia que, bocejando, disse:

— Estou cansada, Silvia. Acho que vou dormir um pouco.

— Acho que também vou dormir...

Em poucos instantes, Júlia e Silvia dormiam profundamente.

Eulália

Assim que abriu os olhos, Júlia percebeu que estava deitada na grama do jardim. Ao seu lado, sentados, estavam Alzira e Ciro. Ela perguntou:

— Está mais calma, Júlia?

Júlia sentou-se e, sorrindo, respondeu:

— Estou um pouco assustada e confusa, mas estou bem.

— Assustada? Confusa? Por quê?

— Eu estava no hospital conversando com Silvia e vi uma mulher morrer.

— Ficou assustada?

— Claro que sim.

— Por quê?

— Não sei. A mulher estava li, gemendo de dor. De repente, deu um suspiro profundo e morreu.

— O que pensou?

— Pensei na morte e no porquê de ela existir.

— Não acha que a morte pode ser uma bênção?

— Claro que não! Não precisávamos morrer. Podíamos viver para sempre.

— Você mesma quis morrer. Por que quis isso, Júlia?

— Eu estava desesperada e ainda estou. Não sei o que vai acontecer com a minha vida.

— Aquela senhora que morreu no hospital teve uma vida longa. Como acontece com todos nós, teve bons e maus momentos. Sofreu e foi feliz. Muitas vezes, quando pensou que tudo havia terminado, descobriu, mais tarde, que estava apenas começando. Você não, Júlia. É jovem e tem muito para fazer.

— Muitos jovens morrem...

— É verdade, mas nenhum deles morre sem que isso tenha sido programado. Para tudo o que acontece, sempre há um motivo. Deus é perfeito. Não comete injustiças.

— Tudo isso é muito complicado.

— Nada é complicado. Tudo é mais simples do que você pode imaginar.

— Tem outra coisa que está me incomodando.

— O quê?

— Eu estava no hospital. Agora, voltei para cá. Achei que havia tido um sonho, mas, pelo que parece, não sonhei ou estou sonhando em capítulos.

Alzira e Ciro riram. Ele perguntou:

— Não está sonhando em capítulos, Júlia. Está apenas conhecendo uma história.

— Por que não contam logo de uma vez? Por que, depois que estive aqui, acordei e não consegui me lembrar, em detalhes, do sonho?

— São muitos porquês, Júlia. Não tenha pressa. No tempo certo, vai ter essas respostas.

— Não estou com pressa, só curiosa.

— Você sabia que a curiosidade é uma das ferramentas mais usadas para a evolução do espírito?

— Por quê?

— Exatamente por isso.

— Você está questionando, está curiosa. A curiosidade leva o espírito aos porquês, à busca de respostas e conhecimento, portanto, sabedoria. Antes de um grande invento, sempre vem o mesmo pensamento: "se eu fizesse isso ou aquilo, talvez conseguisse". Na maioria das vezes, o inventor consegue.

— Posso fazer mais uma pergunta?

— Claro que sim.

— Por que preciso conhecer essa história?

— Primeiro, porque chegou a hora, segundo, porque é muito bonita.

— Só mais uma?

Ciro e Alzira sorriram e acenaram com a cabeça.

— Por que isso está acontecendo comigo? Por que fui escolhida? Ciro respondeu:

— Você sabe o que leva o espírito, muitas vezes, a fracassar?

— Não...

— A presunção. Por que está achando que é especial, que foi a escolhida?

— Não sei por que pensei isso, só sei que nunca ouvi falar que uma coisa como essa tenha acontecido com outra pessoa.

— Você não é especial nem foi escolhida. O que está acontecendo com você acontece com todos os espíritos quando estão dormindo.

— Todos?

— Todos, Júlia. Não importa a raça, classe social ou religião. Quando o corpo dorme, seu espírito é levado para lugares onde vai estudar e aprender sobre a espiritualidade ou, como está acontecendo com você, para conhecer uma história.

— Por que vocês falam espíritos e não pessoas?

— Por que as pessoas vivem pouco tempo, mas os espíritos vivem para sempre, por toda a eternidade. Somos todos espíritos, criados por nosso Criador. Nosso Criador é perfeito. Ele não tem filhos preferidos ou especiais.

— Pode ser que o que está falando seja verdade, mas eu acho que existe diferença, sim.

— Por que diz isso?

— Há pessoas ricas e pobres, feias e bonitas, inteligentes e menos inteligentes. Também há aquelas que, com um mínimo de esforço, conseguem tudo o que desejam, enquanto, outras, por mais que se esforcem, nada conseguem. Existem pessoas saudáveis e outras doentes e tantas diferenças que não me lembro agora.

— Já conversamos sobre isso, Júlia.

— Conversamos, sim, mas a resposta que me deram não me convenceu. Disseram que foi minha escolha. Porém, se eu pudesse escolher, jamais teria escolhido esta vida que estou tendo. Escolheria outra bem diferente.

— Tem certeza disso?

— Claro que tenho! Qualquer pessoa escolheria!

— Já sei. Você escolheria ser rica, bonita, ter tudo o que quisesse etc, etc, etc.

— Isso mesmo. Minha vida seria totalmente diferente.

Alzira interferiu:

— Já conversamos muito. Está na hora de continuarmos a conhecer as pessoas que moram nesta casa.

Júlia, que estava sentada, levantou-se e olhou à sua volta.

— Por mais que olhe, não consigo acreditar que estou em uma casa como esta! Realmente é linda!

Alzira e Ciro sorriram e começaram a caminhar em direção a casa.

Júlia, ainda olhando tudo o que havia ali, andou ao lado deles.

Entraram na casa e caminharam na direção da escada. Enquanto subiam, Júlia disse:

— Já se passou muito tempo desde que saímos daqui. Já deve estar na hora da festa.

— Não, Júlia. Estamos em um sonho. Esqueceu-se disso?

Júlia não teve tempo de responder. Entraram no quarto. Maria Inês estava sentada diante de um espelho. Zefa penteava seus cabelos.

— *O cabelu da sinhazinha é muitu bunitu. A sinhazinha vai ficá linda pra festa.*

— Vou nada, Zefa. Esqueceu-se de que não vou usar aquele colar lindo!

— Inda tá pensandu nissu, Sinhazinha?

Maria Inês ia responder, mas a porta do quarto se abriu e por ela entrou uma moça. Ao vê-la pelo espelho, Maria Inês se levantou e, nervosa, perguntou:

— Ainda bem que chegou, Maria Augusta! Estava a sua espera!

— Fui com papai até o hospital. Mamãe está muito mal. O médico disse que ela pode morrer a qualquer momento.

— Estou muito nervosa, Maria Augusta!

— Também estou. Ela está sofrendo muito...

— Não é por isso que estou nervosa!

— Qual é o motivo?

— Já pensou se ela resolver morrer antes da festa?

— Como pode dizer isso, Maria Inês? É sua mãe!

— Não disse que não há mais cura? Já que não há o que se fazer, ela pode morrer a qualquer momento, desde que morra depois da festa! Esperei muito por este dia!

— Não acredito que esteja falando isso, Maria Inês. Ela foi uma boa mãe. Cuidou de nós duas com muito carinho. Como pode ser tão fria?

— Sei que foi uma boa mãe. Não posso reclamar, mas está doente, vai morrer, não vai?

Maria Augusta, nervosa, enquanto saía do quarto, gritou:

— Você é um monstro, Maria Inês!

Júlia, também nervosa, disse:

— Ela tem razão. Como essa moça pode ser dessa maneira? Se ela soubesse como é difícil ser criada sem mãe, garanto que não falaria dessa maneira. Eu daria tudo para ter conhecido minha mãe...

— Infelizmente, ela não pensa assim, Júlia.

— Como pode?

Alzira respondeu:

— O espírito, quando está no corpo físico, dificilmente se contenta com o que tem. Quando tem muito, não dá valor, se tem pouco reclama. Maria Inês está demonstrando isso. Ela tem muito e não dá o justo valor. Por isso, é infeliz e egoísta. Está tão preocupada consigo mesma que não vê nada de errado na sua atitude. Vamos continuar vendo o que se passou.

Júlia não entendia aquele comportamento de Maria Inês, mas ficou calada.

Assim que Maria Augusta saiu, Maria Inês se levantou e gritou:

— Zefa! Vá chamar Maria Augusta! Preciso que me ajude!

— *Percisa dela pra quê, Sinhazinha?*

— Não sei! Só quero que ela venha até aqui! Ela é mais velha e deve me ajudar! Ela precisa encontrar uma maneira de eu conseguir aquele colar.

— *Isquéci du colá, Sinhazinha. Tem tantus, podi iscolhê quarque um.*

— Esquecer? Claro que não vou esquecer! O meu vestido, sem ele, vai perder a luz, vai ficar horrível! Você acha que a Eulália vai ao baile de qualquer maneira? Garanto que vai usar um vestido lindo, com joias lindas e caríssimas! Ela vai tentar conquistar Luiz Cláudio e não posso permitir que isso aconteça! Vá chamar Maria Augusta!

— *Achu qui ela num vem não...*

— Não discuta, Zefa! Vá chamá-la!

Zefa saiu e voltou em seguida:

— *A Sinhazinha Maria Augusta num vem, Sinhazinha.*

— Não vem por quê? Precisamos nos preparar para o baile!

— *A Sinhazinha dissi que num vai na festa.*

— Não vai ao baile?

— *Ela disse qui num vai. Qui só veiu trocá di ropa i levá a sinhazinha pru hospitar. Disse qui já qui a Sinhazinha num qué vê vossa mãe, qui ela vai vortá cum Inácio pra ficá cum a vossa mãe.*

— Maria Augusta não pode fazer isso! Não posso ir ao baile sem ela e sem meus pais. Quero muito ir a esse baile, Zefa! Vou conversar com ela!

— *Num dianta. Quandu falei cum ela, já tava muntando na carruage.*

— Sem meus pais e sem Maria Augusta, preciso encontrar alguém que me acompanhe, mas quem? Seria tão bom se eu tivesse um irmão. Vou conversar com ela.

— *A Sinhazinha tem razão. Achu que num vai podê i, não. Mais num dianta querê falá cum vossa irmã. Já disse qui ela si foi. Quem tá lá im baixu é a Sinhazinha Eulália. Ela qué falá cum a Sinhazinha.*

— Eulália está aqui? O que ela quer?

— *Disse qui percisa falá cum a sinhazinha. Possu mandá ela subí ô a sinhazinha vai descê?*

— Já sei o que ela quer, Zefa! Ela quer ver o meu vestido! Ajude-me a escondê-lo aqui no armário. Vou mostrar outro para ela!

— *Pra quê issu, Sinhazinha? Ela vai vê na festa...*

— Só na festa, Zefa! Só na festa! Antes não!

— *Credu, Sinhazinha. Pra que tantu mistériu?*

— Deixe de ser tagarela, Zefa, e ajude-me a esconder o vestido!

Rapidamente, colocaram o vestido em um cabide dentro do guarda-roupa.

— Agora que já guardamos o vestido, pode ir até lá embaixo e peça para Eulália subir. Estou curiosa para saber o motivo de ela ter vindo aqui.

Zefa saiu do quarto. Maria Inês ficou pensando:

Não sei o que Eulália quer, mas de uma coisa tenho certeza. Posso ir ao baile acompanhada por sua família. Assim poderei ver Luiz Cláudio e conversar com ele.

Alguns minutos depois, uma moça entrou no quarto. Estava chorando, correu e se abraçou a Maria Inês.

— O que aconteceu, Eulália? Por que está dessa maneira?

— Preciso de sua ajuda, Maria Inês. Vai me ajudar?

— Acalme-se, Eulália. Pare de chorar e conte o que está acontecendo.

— Estou desesperada, não sei o que fazer.

— Fale logo!

— Estou apaixonada pelo José Antônio e ele por mim. Estava ansiosa para ir ao baile de hoje à noite, assim poderíamos nos ver.

— Quem é José Antônio? Não o conheço. Pertence a uma boa família?

— Quer dizer, da corte? Não. Ele é filho de um comerciante.

— Comerciante?

— Sim. Você também é preconceituosa, mas isso não me importa. Nós nos amamos e queremos ficar juntos.

— Sendo assim, qual é o problema?

— Ontem à noite, meu pai me comunicou que, hoje, no baile, devo deixar que Luis Cláudio me corteje.

Maria Inês sentiu o sangue subir à sua cabeça:

— Luiz Cláudio?

— Sim. Você sabe que o pai de Luiz Cláudio é conde, não sabe?

— Sim.

— Por isso meu pai disse que preciso me casar com Luiz Cláudio, pois ele receberá o título de Barão que, com o casamento, me transformará em Baronesa. Meu pai receber o título de Visconde e poderemos frequentar a corte. Assim, com o prestígio que meu pai vai conseguir junto ao Rei, ele poderá obter privilégios.

— Por que o pai de Luiz Cláudio está fazendo isso?

— Embora seja um conde, está falido. Sabe da imensa fortuna que meu pai possui. Com o casamento, parte de nossas terras serão dadas a ele, além de uma quantia em dinheiro. Meu pai quer muito ser visconde e, para conseguir isso, está me vendendo, Maria Inês! Eu não quero esse casamento!

— Isso sempre aconteceu, Eulália. Muitos casamentos se realizaram e ainda se realizarão por esse motivo. Para nós, mulheres, só nos resta obedecer.

— Não está certo! Não somos mercadoria, Maria Inês!

— Algumas vezes também acho que não está certo, mas o que podemos fazer?

— Precisamos lutar contra isso, nos rebelar!

— Como, Eulália?

— Não sei, mas preciso encontrar uma maneira de fugir desse compromisso. Amo José Antônio. Quero ficar ao lado dele para o resto da minha vida! Como eu queria ter nascido homem...

— Por quê, Eulália?

— Porque eu seria livre! Eu seria tratada como um ser humano. Poderia trabalhar e ter meu próprio dinheiro!

— Isso nunca vai acontecer. A mulher, para sempre, será dependente do homem e terá de fazer tudo o que ele quiser. Primeiro são os pais, depois o marido e, por final, os filhos. Sempre foi assim.

— Não está certo! Não está certo, Maria Inês!

— Luiz Cláudio está apaixonado por você, Eulália?

— Não sei. Nunca conversamos. Só nos cumprimentamos algumas vezes. Também isso não me importa! Eu amo José Antônio.

Maria Inês quase não conseguiu esconder o que estava sentindo:

— Estão se encontrando há muito tempo?

— Sim. Há dois meses. Ele pretendia pedir minha mão ao meu pai.

— Pretendia?

— Sim. Hoje à noite, no baile. Pretendia mercar um encontro com meu pai para poder fazer o pedido.

— Não estou entendendo sua aflição.

— Como não está entendendo, Maria Inês? Meu pai não vai permitir que eu me case com ele. Terei de me casar com Luiz Cláudio! Eu não quero! Não quero! Você precisa me ajudar!

Maria Inês, ainda confusa com aquela revelação, perguntou:

— Ajudar? Como? O que quer que eu faça?

— Hoje, no baile, não poderei conversar com José Antônio. Por imposição de meu pai, preciso aceitar a corte de Luiz Cláudio. Jose Antônio não vai entender. Por isso, quero que você distraia Luiz Cláudio, para que eu possa conversar com José Antônio e explicar o que está acontecendo. Você é minha amiga! Pode fazer isso por mim, Maria Inês?

Maria Inês quase não conseguiu esconder o que estava sentindo. Pensou:

Ela vai se casar com Luiz Cláudio! Vai ter um título de nobreza! Não posso permitir que isso aconteça! Preciso encontrar uma maneira de evitar esse casamento! Mas, para isso, é imperativo que eu vá ao baile!

Maria Inês, após pensar isso, começou a chorar.

Júlia olhou para Alzira e perguntou:

— Por que ela está chorando dessa maneira?

Alzira sorriu e falou:

— Não fale. Preste atenção, Júlia.

Júlia olhou novamente para Maria Inês, que chorava, desesperada.

Eulália, sem entender o que estava acontecendo, perguntou:

— Por que está chorando, Maria Inês?

— Queria muito ajudá-la, mas não posso...

— Não pode, por quê?

— Não irei ao baile...

— Não irá?

— Não posso. Minha mãe está no hospital. O médico disse que não há cura e que, a qualquer momento, ela poderá morrer...

— Eu não sabia disso!

— Meu pai não quer que as pessoas saibam. Ele e minha irmã estão no hospital. Eu estou esperando Inácio para me levar também. Ele deve estar chegando. Como vê, não posso ir. Preciso ficar ao lado de minha mãe.

— Ela não ia ao hospital, Alzira! Não estava, preocupada, nem ligando para a doença da mãe! — Júlia, disse, revoltada.

— Preste atenção, Júlia.

Eulália abraçou Maria Inês:

— Sinto muito, Maria Inês. Eu não podia imaginar. Podemos ir ao hospital, conversarmos com sua mãe. Direi que preciso de sua companhia e de sua ajuda. Acredito que ela entenderá.

Maria Inês pensou por um tempo. Depois, disse:

— Não é preciso que vá ao hospital, Eulália. Ontem conversei com minha mãe e disse que não iria ao baile. Ela ficou muito triste, pois sabe da minha vontade de comparecer. Disse para eu ir e não me preocupar com ela e que voltasse amanhã para contar como foi. Eu disse que não iria, pois preferia ficar ao seu lado. Ela insistiu. Realmente, eu não queria ir, mas, diante do que me pediu, irei.

— Obrigada, Maria Inês! Você é realmente minha amiga!

— Para que eu vá, existe outro problema.

— Que problema?

— Não posso comparecer sozinha. Meu pai e Maria Augusta ficarão no hospital...

— Não há problema algum, Maria Inês. Conversarei com meu pai e ele mandará nossa carruagem pegá-la aqui. Assim, poderá nos acompanhar.

Maria Inês olhou para ela e, fingindo desinteresse, disse:

— Sendo assim, acredito que não haverá problema algum. Estarei pronta esperando pela carruagem.

— Pode esperar e obrigada mais uma vez.

Maria Inês sorriu.

— Agora preciso ir embora. Está na hora de começar a nos prepararmos para a festa. Quero ficar linda!

— Você é linda, Eulália.

— Posso ver o vestido que vai usar, Maria Inês?

— Não tenho um vestido novo, Eulália. Sabendo que não iria, não me preocupei em mandar fazer.

— Não importa o vestido que estiver usando, pois você é linda mesmo vestida com trapos.

— Obrigada, minha amiga. Agora vou acompanhá-la até a carruagem. Vamos, Zefa!

Zefa, que durante todo o tempo, estivera ali e arregalava os olhos a cada mentira de Maria Inês, em silêncio, obedeceu.

Assim que saíram, Júlia, também com os olhos arregalados e com a boca aberta, ficou olhando para Ciro e Alzira, que sorriram.

— Não consigo acreditar que ela, com mentiras, conseguiu tudo o que queria!

— Ela é muito esperta, Júlia. Sempre foi... — Alzira disse, olhando para Ciro, que sorriu.

— Ela não é esperta! É má e dissimulada! Vocês ainda dizem que Deus existe? Como pode existir e deixar que uma pessoa como ela tenha tudo o que tem, enquanto outras, que nunca fizeram mal a ninguém, não tenham nada? — Júlia disse, revoltada.

— Deus existe e, por ser Deus, não pode ser injusto. Ele dá a todos a oportunidade de aprender, evoluir e caminhar. Mas, para que isso aconteça sem privilégios, ele impôs algumas leis. Entre elas, há a lei de ação e reação. Em outras palavras, a lei do retorno.

— O que diz essa lei?

— Que tudo o que um espírito fizer, estando no corpo físico ou no plano espiritual, receberá de volta na mesma intensidade. Não importa se for bom ou mau.

— Está dizendo que ela vai ser castigada por Deus?

— Não, Deus é amor e não castiga nenhum de Seus filhos.

— Não estou entendendo o que quer dizer.

— Deus não castiga seus filhos. Eles próprios, ao reconhecerem o mal ou o bem que fizeram, determinam qual será o seu castigo ou seu o prêmio. Cada um de nós é responsável por seus atos.

— Tudo o que dizem é muito complicado.

Alzira olhou para a porta. Ciro e Júlia seguiram seu olhar.

Maria Inês entrou, gritando:

— Mentirosa! Mentirosa!

— *Si acarma, Sinhazinha...*

— Acalmar-me como, Zefa? Você ouviu o que ela disse?

— *U quê, Sinhazinha?*

Maria Inês mudou o tom de voz e falou imitando Eulália:

— Mesmo vestida com trapos, você é linda! Mentirosa! Mentirosa! Ela ficou contente por eu não ter um vestido novo! Eu não disse que ela veio aqui só para ver o meu vestido? Quero ver a cara dela, quando vir como é lindo! Pena que não tenho o colar, mas não faz mal eu ainda vou fazer meu pai comprar e, no próximo baile, vou usar!

— *A Sinhazinha Eulália num veiu pru causa du vestido. A sinhazinha veio pra falá du moço qui u pai dela qué qui ela si casi.*

— Ela não vai se casar com ele!

— *Cumu não, Sinhazinha? O pai dela qué e a sinhazinha sabi que quandu u pai qué, a fia num pode fazê nada...*

— Ela não vai se casar porque quem vai se casar com ele serei eu!

— *A Sinhazinha?*

— Eu, sim, Zefa! Eu me casarei com ele e me tornarei baronesa!

— Ela torceu tudo o que Eulália disse! Não entendo como uma pessoa pode ser assim. Ela vai ao baile? Vai conseguir se casar com Luiz Cláudio?

— Não vamos dizer, Júlia. Se fizermos isso, vamos contar o fim do filme e garanto que não ia gostar disso.

— Vou ter de assistir até o fim? Por quê?

— Por nada. Apenas para se distrair, Ciro respondeu, rindo.

— Está bem. Vocês disseram que existe a tal da lei do retorno. Quero ver o que vai acontecer com essa moça tão má, mentirosa, egoísta e dissimulada!

— Verá, Júlia. Só que não vai ser agora.

— Não vai ser agora?

— Não. Está há muito tempo longe do corpo. Suas energias estão se enfraquecendo. Precisa voltar. Outro dia continuaremos.

— Não podem fazer isso!

Alzira e Ciro sorriram.

Júlia deu um pulo na cama e se assustou:

Nossa, pensei que ia cair.

Virou-se na cama e voltou a dormir.

Uma história real

Sueli, embora tenha chegado tarde do restaurante, preocupada com Júlia, não dormiu bem. Acordou e dormiu várias vezes. Assim que o dia clareou, ela se levantou e foi preparar o café. Enquanto a água fervia, pensou:

Nunca imaginei que Júlia tomaria uma atitude como essa. Por que fez isso? Por ter passado por algo parecido com Nilson, entendo o que ela sentiu quando descobriu que Anselmo havia ido embora com a esposa. A sensação do abandono é horrível, mas não pode chegar a esse ato extremo. Ela vai ter alta hoje. Vou buscá-la e tentar conversar com ela. É uma boa moça, só está perdida.

Júlia também acordou. Olhou para a cama ao lado e viu que Silvia continuava dormindo.

Novamente outro sonho estranho? Nunca sonhei tanto como agora. Outra vez com pessoas que não consigo reconhecer. Lembro-me bem de que, como no outro sonho, parecia que eu estava vivendo em outro tempo e que havia aquele vestido lindo. Agora, vou esperar Sueli chegar. Ela disse que vinha me buscar. Preciso ver o quer vou fazer com a minha vida que está tão complicada.

A copeira entrou no quarto, trazendo o café. Enquanto ela acordava Silvia, Júlia sentou-se na cama e começou a tomar o café.

Silvia acordou:

— Bom dia.

A copeira e Júlia responderam ao cumprimento.

— Ainda bem que vou embora hoje. Estou com saudade da minha casa e dos meus filhos.

A copeira rindo, perguntou:

— Não está com saudade do marido também?

— Não tenho marido. Aquele safado me largou quando o meu filho menor tinha um ano e nunca mais apareceu.

Júlia se admirou:

— É verdade? O que você fez?

— Fiquei desesperada. Tinha três crianças pequenas, sem profissão, morava nos fundos de uma casa, pagando aluguel. Procurei o safado por todo lugar, mas não o encontrei. Ninguém sabia para onde tinha ido. Chorei muito. Ele me deixou sem um tostão. A comida que eu havia comprado começou a faltar. Vendo que, logo, eu não ia ter o que dar para as crianças comerem, e que a única coisa que sabia fazer era cuidar da casa, peguei os três e saí pela rua em busca de um emprego. Um tinha oito anos, o outro, seis, e o menor dois.

— Meu Deus! Você encontrou emprego?

— Não, Júlia. Quem dá emprego para uma mulher com três crianças? Voltei para casa, chorando e sem saber o que ia acontecer com a minha vida.

— O que você fez? Não tinha família?

— Quando meus pais morreram, eu era criança. Eu e meus irmãos, que são quatro, fomos criados por tios. Nunca ficamos juntos por muito tempo em uma mesma casa. Sempre havia um problema que nos obrigava a mudar de uma casa para outra. Essa foi uma das razões por eu não ter estudado.

A copeira que ainda estava lá perguntou:

— Eles não ajudaram você?

— Eu e meus irmãos não éramos muito ligados. Quase não nos conhecíamos. Por terem sido criados da maneira como fui, eles também não estavam em boas condições financeiras e tinham suas próprias famílias para cuidar. Mesmo assim, sempre que eu ia à casa deles em busca de alguma coisa, saía de lá com um pacote de arroz ou feijão e com o mesmo discurso:

Silvia, você precisa trabalhar para cuidar dos seus filhos.

— Eu, envergonhada, saía com o mantimento nas mãos e um profundo sentimento de derrota, de tristeza, embora eles pensassem que eu não queria trabalhar, que era uma aproveitadora. Isso não era verdade, Júlia. Eu não tinha o que fazer. Tentava arrumar um emprego, mas não conseguia. Comecei a pegar, nos lixos das casas, comida, latas, vidros e papel. Eu conseguia aproveitar muita comida e dava para as crianças. Com o dinheiro que conseguia, eu comprava pão. Passei muita fome, mas minhas crianças comiam o necessário para o seu crescimento. Eu não consegui pagar o aluguel. Dois meses depois de meu marido ter ido embora, o dono da casa mandou me avisar que eu precisava me mudar, pois ele precisava da casa. Eu sabia que era mentira, pois ele tinha muitas casas, mas sabia também que era direito dele receber pelo aluguel. Fiquei desesperada sem saber para onde ir com as crianças. Naquela manhã, saí de casa para procurar o que vender. No fim da tarde, consegui um pouco de dinheiro, passei em uma padaria e comprei pão. Em casa, enquanto as crianças comiam, eu tentava encontrar uma maneira de poder ficar e cuidar delas. A única maneira que encontrei foi a de, assim como havia acontecido comigo e com meus irmãos, deixar uma em cada casa, mas não queria aquilo. Sabia o que tinha sofrido e não queria o mesmo para eles. Não queria separar meus filhos. Éramos uma família e ficaríamos juntos. Resolvi que, para que não sofrêssemos mais, o único caminho seria a morte. Fui até o armário, peguei um vidro onde havia veneno de ratos, coloquei água em uma panela, um pouco de açúcar e o veneno. Coloquei em copos e ia dar para as crianças.

— Meu Deus! — Júlia falou horrorizada.

— Tem razão de ficar assim, Júlia. Hoje, quando me lembro daquele dia, também fico horrorizada. Mas, meu desespero era muito. Eu não via uma solução, um caminho para seguir. Tudo havia terminado e eu não tinha o direito de deixar que meus filhos sofressem, vivendo de uma casa para outra.

— O que aconteceu para que você esteja viva? Espero que seus filhos também estejam.

Silvia riu:

— Eu e eles estamos muito bem, Júlia. Hoje são adultos e estão casados. Só o menor ainda mora comigo. Ele está terminando a faculdade.

— Faculdade? O que aconteceu? Você ganhou na loteria?

Silvia soltou uma gargalhada:

— Isso não poderia acontecer comigo, Júlia. Eu quase não tinha dinheiro para comprar um pão, como ia ter para comprar um bilhete?

— Conta logo, Silvia! Como foi que mudou de ideia? Estou ficando nervosa!

— Eu também. Preciso servir café em outros quartos. — a copeira falou, ansiosa.

— Está bem, mas foi você que me interrompeu, Júlia.

Júlia sorriu. Silvia continuou:

— Nunca tive religião, sempre achei que Deus foi injusto durante toda minha vida. Depois de muito pensar, cheguei à conclusão de que Ele não existia. Nunca mais pensei Nele, nem mesmo naquela época. No exato momento em que eu ia matar meus filhos e me matar em seguida, Lea, minha vizinha, entrou na cozinha. Quando a vi, larguei a panela com o veneno sobre a mesa. Ela, sem desconfiar do que estava acontecendo, disse, eufórica:

— *Encontrei uma solução para você, Silvia!*

— Olhei para a panela, senti um aperto no coração e um caroço na garganta. Com muito custo, perguntei:

— *Qual solução, Lea?*

— *Sabe que trabalho há mais de dez anos na mesma casa, não sabe?*

— *Sei.*

— *Meus patrões são juízes. Faz dois anos que ele se aposentou e minha patroa vai se aposentar neste mês. Hoje à tarde, quando estava lavando a louça* do almoço, ela veio até a cozinha. Estranhei, pois ela nunca foi até lá. Sequei as mãos com um pano de prato e olhei para ela:

— Pois não, doutora. Do que se trata?

— Ela sentou em uma cadeira junto à mesa e disse:

— Como você sabe, vou me aposentar. Eu e o Joel não queremos ficar aqui na cidade. Pretendemos ir morar no sítio que temos no interior. Você conhece e sabe como lá é agradável.

— Sei, sim. É lindo!

— Preciso saber se você pode nos acompanhar.

— Não posso. A senhora sabe que tenho marido e filhos. A senhora vai me mandar embora?

— Não queria isso, Lea. Você está ao nosso lado há tanto tempo que até parece da família, mas não se preocupe. Vou lhe dar um bom dinheiro. Se você colocar no banco e não ficar gastando à toa, não vai precisar trabalhar nunca mais.

— Obrigada, doutora Vitória. Estou muito triste por não poder trabalhar mais aqui. Gosto muito da senhora e do doutor Joel.

— Estou preocupada, Lea.

— Com o que, doutora?

— Eu e meu marido nos casamos muito cedo. Não tivemos filhos, mas isso nunca nos preocupou. Tínhamos o nosso trabalho, que amamos. Porém, agora que precisamos parar de trabalhar, estamos arrependidos por não termos adotado uma ou mais crianças. Hoje, não nos sentiríamos tão sozinhos. Teríamos netos e crianças correndo pela casa, fazendo travessuras. Achamos que, no sítio, teremos uma vida mais tranquila e poderemos, finalmente, descansar, apreciar a natureza.

— Acho que lá no sítio vão encontrar tudo isso.

— Também achamos isso. Porém, como você não pode ir conosco e como, com nossa idade não podemos ficar sozinhos, precisamos de alguém que vá morar conosco, que cuide da nossa casa. Não conhecemos ninguém confiável. Você conhece alguém para nos indicar?

— Naquele momento, Silvia, pareceu que alguém gritou o seu nome na minha cabeça. Imediatamente, quase gritei:

— Conheço, doutora! Uma moça! Ela mora nos fundos da minha casa. Tenho certeza de que vai gostar dela.

— Ótimo. Peça que, amanhã, venha conversar comigo.

— Só tem um problema...

— Que problema?

— Contei a ela a sua situação, Silvia, o que seu marido havia feito.

— Falou das crianças?

— Claro que sim, Silvia.

— O que ela disse?

— Naquele momento, doutor Joel entrou na cozinha. Estava procurando a mulher. Ela contou o que eu havia falado de você e terminou, perguntando:

— O que acha, Joel?

— Ele não respondeu, saiu da cozinha. Voltou alguns minutos depois. Abraçou a mulher e disse;

— Bem, minha velha. Finalmente, vamos ter crianças correndo pela casa.

— Ela olhou para mim e sorriu: Eu não pude evitar que uma lágrima corresse pelo meu rosto. Ela também estava emocionada. Disse:

— Diante da situação dessa moça, Lea, largue o que está fazendo e vá buscá-la com as crianças, hoje mesmo. Ela vai dormir aqui em casa.

— Eu não esperei que ela falasse outra vez, Silvia. Tirei o avental e o uniforme e saí correndo. Parecia que tudo estava dando certo. O ônibus, que sempre demora, hoje não demorou. Nas paradas que ele costuma parar, não tinha ninguém. Desci do ônibus e subi correndo a rua. Passei pelo corredor e nem entrei em casa. Queria chegar logo para dar essa notícia a você. Vamos, pegue as roupas das crianças e vamos embora. Eles estão esperando.

Júlia e a copeira sentiram um arrepio pelo corpo. Júlia perguntou:

— O que você fez, Silvia?

— Olhei para a panela que estava sobre a pia, depois para minhas crianças e comecei a chorar.

— De felicidade por não ter feito aquela loucura?

— Também.

— Também? Por que mais estaria chorando?

Silvia começou a chorar e respondeu:

— Chorei naquele dia e estou chorando agora, porque, naquele momento, finalmente acreditei que Deus existe e que nunca me abandonou. No momento em que eu pensei que tudo tinha terminado, hoje, sei que estava apenas começando. Eles foram mais que pais para mim e para meus filhos. As crianças cresceram saudáveis e felizes. Estudaram. Os dois maiores estão formados. O mais velho é médico e o outro, advogado. O mais novo quis ser jornalista. Pode? O doutor Joel tem setenta e oito anos e a doutora Vitória setenta e seis, mas estão com saúde. Dizem que só vão morrer quando o meu filho se formar. Sempre que eles dizem isso, meu filho diz que não vai estudar muito para demorar bastante. Meus filhos mais velhos estão casados. Eu e o menor continuamos morando com eles. Continuo cuidando deles com todo carinho. Afinal, eles são os pais que nunca tive.

A copeira, que ainda estava lá, ao ouvir a história de Silvia, começou a empurrar o carrinho e disse:

— Eu ainda acho que tenho problemas. O que aconteceu com a senhora foi um milagre...

Júlia olhando para o pulso, disse:

— Eu também achei que tinha problemas. Você tem razão. Foi mesmo um milagre...

Alzira olhou para Ciro e para o vulto de uma senhora que estava ao lado de Silvia. Os três sorriram.

Silvia sorriu e, olhando para o braço de Júlia que estava enfaixado, disse:

— Como pode ver, Júlia, sempre existe um caminho que não seja a morte. Os milagres existem.

Júlia ficou envergonhada ao perceber que Silvia sabia o que ela havia feito. Calada, colocou a bandeja onde tomava café sobre o criado-mudo, deitou-se e fechou os olhos.

Silvia ao ver a reação de Júlia, disse:

— Agora não é hora para dormir, Júlia! Precisamos nos trocar e arrumar nossas coisas. O médico vai chegar e vai nos dar alta. Meu filho vem me buscar. Acho que aquela moça que esteve aqui, ontem, vem buscar você. Não vem?

— Deve vir. Ela sabe que não tenho ninguém.

— Você é quem acha que não tem ninguém. Garanto que tem muito mais companhia do que pensa. Nunca estamos sós, Júlia. Minha história não demonstra isso?

Ao ouvir aquilo, Júlia se levantou, foi até o armário, pegou sua roupa e entrou no banheiro para tomar banho. Silvia sorriu e também se levantou.

Quando o médico chegou, elas estavam prontas. Ele pegou a ficha de Silvia que estava aos pés da cama, olhou:

— A senhora está bem. Pode ir para casa, mas tome cuidado, não faça esforço, tome os remédios que receitei e volte daqui a sete dias.

Voltou-se para Júlia. Após ver sua ficha, disse:

— A senhorita tem uma saúde perfeita. Conversei com sua amiga e dei minhas instruções. Espero que siga todas.

Dizendo isso, sorriu e saiu.

Duas enfermeiras vieram até o quarto e acompanharam Júlia e Silvia.

Quando chegaram ao saguão do hospital, Júlia viu Sueli que correu para ela. Abraçaram-se.

— Obrigada, Sueli, por ter vindo me buscar. Ainda mais pela manhã. Sei que, neste horário, deveria estar dormindo.

— Deixa disso, Júlia. Estou feliz por você estar bem.

Depois do abraço, Júlia olhou para Silvia que estava abraçada a um jovem e a uma senhora. Sorriu e pensou:

Essa deve ser o anjo da guarda de Silvia.

Saíram do hospital, tomaram um táxi e foram para casa. Durante todo o trajeto, Sueli falou o tempo todo do trabalho e de Eduardo. Júlia percebeu que ela não queria falar sobre o acontecido.

Já em casa, Sueli quis levar Júlia para o quarto, mas ela se recusou:

— Não, Sueli. Não quero me deitar. Estou bem. Precisamos conversar sobre o que aconteceu.

— Deixe para mais tarde, Júlia.

— Não adianta deixar para mais tarde. O médico disse que deixou instruções e quer que eu siga. O que ele falou?

— Está bem. Sente-se. Enquanto eu preparo o nosso almoço, vou contar.

Júlia sentou-se. Sueli foi até a geladeira, pegou um pedaço de carne e começou a falar:

— Ele está preocupado com você e pediu que eu não a deixasse sozinha.

— Preocupado, por quê?

— Disse que todas as pessoas que tentam o suicídio uma vez, se não conseguem, voltam várias vezes até conseguir. Disse que você está em depressão e, por isso, deve ir a um psicólogo ou a um psiquiatra, pois precisa de ajuda, com o que eu concordo.

Júlia se levantou e, revoltada, disse:

— Não preciso de psiquiatra algum! Fiz uma loucura! Sei o porquê de ter feito! Estou arrependida e não vai se repetir!

— Eu disse isso a ele, mas insistiu. Não sei o que fazer. Sou sua amiga, quero ajudar você, mas, como sabe, minha vida é corrida. Não tenho tempo para nada. Quando me casar, vou me mudar daqui e entregar o apartamento.

— Estou bem, Sueli! Aquilo não vai se repetir! Preciso encontrar um emprego e acho que não vai ser difícil! Sou uma profissional! Estudei muito para isso! Pode ficar tranquila.

— Como pode ter tanta certeza de que está bem?

— Tenho tido uns sonhos estranhos. Conversei com uma mulher que estava internada junto comigo. Ela contou sua história. Quando terminou, vi que, por pior que seja o momento pelo qual estou passando, não chega nem perto do que ela passou. Ela me falou de esperança. Disse que nunca estamos sós e que sempre que precisamos temos ajuda.

— Ela segue a mesma doutrina que eu?

— Não sei. Ela não disse. Falou que, antes de tudo acontecer, não tinha religião. Agora, depois que tudo se resolveu, não sei. Disse que a história dela prova que Deus não nos abandona nunca e que sempre temos ao nosso lado amigos espirituais que nos ajudam nos momentos difíceis. Estou acreditando nisso, Sueli! Preciso acreditar!

— Está bem, Júlia. Tenho alguns livros que deveria ler. No momento é só o que posso fazer por você. Já que não posso ficar ao seu lado o tempo todo, preciso acreditar no que está dizendo. Preciso e vou confiar nos seus e meus amigos espirituais. Eles vão ajudar você, assim como me ajudaram, a encontrar um novo caminho e a impedir que torne a praticar um ato tão tresloucado como o que fez.

— Tenho certeza disso, Sueli! Agora vou ajudar você com o almoço. Depois precisa ir trabalhar. Pode ir e não se preocupe comigo. Estou bem.

— Comprei este remédio que o médico receitou. Ele disse para você tomar depois do almoço que vai se sentir bem. Precisa tomar todos os dias até encontrar ajuda.

— Está bem. Hoje vou descansar e amanhã sairei em busca de um emprego. Já disse que não preciso de psiquiatra nem de psicólogo!

Alzira e Ciro sorriram e jogaram luzes brancas sobre as duas.

Assim que terminaram o almoço, Sueli saiu, recomendando:

— Preciso ir para o trabalho. Hoje, vamos receber uma quantidade de turistas que chegaram à cidade. Não posso ficar aqui com você. O médico disse que, com esse remédio que tomou, vai dormir. Promete que, assim que eu sair, vai para o quarto dormir?

Júlia sorriu:

— Não precisa se preocupar comigo, Sueli. Estou bem. Pode ir tranquila e, para que fique bem, prometo que, à noite, vou jantar no seu restaurante. Depois, podemos voltar juntas para cá. O que acha? Posso ir?

— Claro que pode! Não precisa nem esperar a noite. Assim que acordar vá para lá. Tem razão, vou ficar bem mais tranqüila.

— Eu vou! Agora vá embora.

Sueli saiu e Júlia foi para o quarto, olhou para o braço, que estava enfaixado, e se deitou:

Por mais que pense, não consigo me ver na situação em que Silvia ficou. Sem marido, profissão ou dinheiro e tendo três crianças para alimentar. Ainda bem que não tive um filho com Anselmo. Nesse sentido, minha vida é mais fácil. Sei que vou conseguir um emprego, arrumar um lugar para morar e me esquecer dele. Ele que seja feliz com sua mulher!

Ajeitou a cabeça sobre o travesseiro. Sorriu, pensando:

A quem estou tentando enganar? Quero mesmo é que ele morra! Agiu como um canalha! Acabou com a minha vida!

Pouco depois, estava dormindo.

O baile

Algum tempo após ter dormido, Júlia abriu os olhos e viu Alzira e Ciro que sorriam. Estava deitada, outra vez, na grama já sua conhecida. Sorriu:

— Estou aqui novamente? Já estou me acostumando com este lugar e com vocês. Sempre tive muita dificuldade para dormir. Hoje, isso não acontece mais. Basta colocar minha cabeça no travesseiro e o sono vem. Vocês são responsáveis por isso?

— Em parte sim, Júlia. Você está passando por uma fase difícil na sua vida. Seu corpo precisa descansar e nós ajudamos um pouco. Teve um dia cheio hoje, não foi?

Júlia sorriu para Alzira.

— Foi sim. Ouvi uma história que me comoveu muito e me fez pensar em minha vida. Não entendo como Silvia contou sua história para pessoas estranhas.

— Conhecemos a história. Silvia contou, porque tanto você como a copeira do hospital precisavam ouvir. É assim que o plano espiritual trabalha. Sempre está presente e age de acordo com as circunstâncias. Algumas vezes faz com que as pessoas falem o que as outras precisam ouvir. Outras vezes coloca na vida da pessoa, um indivíduo que possa ajuda-la materialmente, com dinheiro ou arranjando um emprego. Sempre somos ajudados, encarnados ou não.

— Ainda é difícil, para mim, entender tudo o que diz, mas estou me acostumando com isso e com a presença de vocês. Só gostaria que, ao acordar, pudesse me lembrar de vocês.

— Embora pense que não se lembra, pode ter certeza de que, das coisas mais importantes, se lembra, sim. Agora, já que gosta tanto de história, vamos continuar a nossa?

Antes que Júlia respondesse, ouviram um barulho. Era uma pequena carruagem puxada por dois cavalos e que parou em frente à porta da frente. Aproximaram-se dela. Um negro desceu e entrou, correndo, na casa. Falou com outra negra que estava arrumando a sala. Ela ouviu o que ele disse, colocou a mão na boca e subiu apressada a escada.

Alzira, Ciro e Júlia acompanharam a negra que chorava.

Entraram no quarto de Maria Inês. A negra, muito nervosa e chorando, quase não conseguia falar.

Maria Inês estava diante de um espelho grande, olhando o vestido. Assim que Zefa entrou, viu que ela estava aflita:

— O que aconteceu? Por que está chorando?

Em soluços, a negra respondeu:

— *Vossa mãe murreu, Sinhazinha...*

— O quê?

— *U Inaciu veiu lá do hospitar. Vossa mãe murreu e vosso pai pidiu prá Sinhazinha i pra lá. U Inaciu vai levá a Sinhazinha.*

Maria Inês, após o primeiro impacto, olhou novamente para o espelho.

— Logo agora que estou pronta para ir ao baile? Ela não podia ter morrido amanhã? O que vou fazer? A carruagem da Eulália deve estar chegando.

Zefa, que ouviu tudo, disse:

— *É vossa mãe, sinhazinha. Percisa i lá no hospitar...*

Maria Inês, muito nervosa, gritou:

— Eu sei, Zefa! Eu sei! Mas não é justo! Esperei tanto por este dia! Estou pronta para realizar um sonho!

— *Vai tê ainda muitos baili, Sinhazinha. Vossa mãe, foi si imbora e num vai vortá mais...*

— Ela não podia ter ido embora amanhã? Não quero perder o baile!

— *Num pudia não, sinhazinha. A hora do nascimentu e a hora da morti já tão marcada...*

— Está bem, Zefa. Preciso da sua ajuda para tirar este vestido. Não posso ir com ele.

— *Tá bão, sinhazinha...*

Maria Inês se virou de costas e Zefa começou a desabotoar o vestido. Quando estava no último botão, Maria Inês se voltou e gritou:

— Espere, Zefa! Abotoe todos os botões novamente! Já sei o que vou fazer!

Zefa parou e, assustada, perguntou:

— *U qui a Sinhazinha vai fazê?*

Maria Inês olhou para a negra que havia trazido a notícia e disse, gritando:

— Vá conversar com Inácio e diz para ele voltar para o hospital e falar para meu pai que, quando chegou aqui, eu já havia saído na carruagem do pai da Eulália.

A negra arregalou os olhos e Zefa, chorando, perguntou:

— *A sinhazinha num vai nu hospitar? A sinhazinha vai pru baili?*

— Vou, Zefa! Não posso perder esse baile! Esperei muito por ele! Meu pai deve trazer minha mãe para cá. Amanhã, vou ficar o dia todo ao lado dela para que as pessoas possam me ver, mas hoje, não! Hoje vou ao baile!

Júlia também arregalou os olhos e a boca. Olhou para Alzira e Ciro e perguntou:

— Ela vai fazer isso?

— Continue assistindo, Júlia. Não vai querer saber o fim do filme, vai?

— Não! Não quero!

— Vai, Zefa! Arrume o meu vestido! A carruagem deve estar chegando! — olhando para a outra negra, gritou: — Negra! Vá transmitir para o Inácio a minha ordem!

A negra abaixou a cabeça e saiu correndo do quarto. Zefa abotoou o vestido novamente e ajeitou os cabelos de Maria Inês, que voltou a olhar no espelho.

— Estou linda, Zefa! Sei que vou conquistar e me casar com Luiz Cláudio!

Ouviram um barulho:

— A carruagem chegou, Zefa! Vamos descer!

Desceram e foram seguidas por Júlia e seus companheiros. Maria Inês passou, em silêncio, pela sala, onde algumas escravas choravam. Fingindo não as ver, entrou na carruagem e, acompanhada por Zefa, foi embora.

Quando chegaram à casa de Eulália, ela, acompanhada de seus pais, já estava esperando. A carruagem parou e Maria Inês desceu. Zefa desceu logo atrás. A mãe de Eulália se aproximou:

— Como vai, Maria Inês? Eulália nos contou que sua mãe está no hospital? Esperamos que não seja grave.

— Maria Inês olhou para Zefa e disse:

— Ela está bem. Meu pai preferiu que ficasse, por alguns dias, no hospital. O médico disse que é só para observação. Ela está muito feliz por eu ir ao baile. Sabe o quanto significa para mim. Está, também, muito agradecida por permitirem que eu os acompanhe.

— Não tem o que agradecer. Sei que, se fosse o contrário, seus pais também levariam Eulália. Sei, também, o quanto esse baile é importante para ela. Não se preocupe, estamos felizes por você. Usaremos duas carruagens. Na maior, iremos eu, meu marido e Paulo Octavio. Na outra, você e Eulália. Está bem assim?

— Está ótimo! Obrigada, senhora.

— Bem, chega de agradecimentos. Está na hora de irmos. Subam na carruagem.

Antes que subissem, Maria Inês disse:

— Zefa está me acompanhando. Ela poderia ficar aqui até a nossa volta?

A mãe de Eulália olhou para Zefa:

— Claro que pode e, se preferir, assim que ficarmos na festa, o cocheiro pode voltar e levá-la para casa. Quando a festa terminar, nós a levaremos, Maria Inês.

— Obrigada mais uma vez. Acho melhor que ela vá para casa. Assim, quando eu chegar, minha cama estará pronta esperando por mim.

— Está bem, vamos fazer assim.

Maria Inês se aproximou de Zefa e, com a voz firme, disse baixinho para que os outros não ouvissem:

— Vá para casa e não se atreva a comentar com o cocheiro nem com os negros da casa o que aconteceu com minha mãe!

— *Tá bão, Sinhazinha. Num vô dizê nada...*

Entraram nas carruagens e saíram. Zefa, com os olhos, ficou parada até que as carruagens sumissem. Depois disso, chorou.

Quarenta minutos depois as carruagens passaram por um lindíssimo portal e continuaram por uma alameda cercada por árvores, folhagens e palmeiras. Ao longe, podia-se ver um lago.

Maria Inês e Eulália olhavam, admiradas com toda aquela beleza.

Júlia também estava encantada, mas ficou calada, apenas apreciando.

Logo depois, as carruagens pararam em frente à porta de entrada do palácio. Dois pajens, um de cada carruagem, desceram e ajudaram os passageiros a descer.

Maria Inês, Eulália e sua mãe ajeitaram os vestidos. Entraram no saguão e foram acompanhados por dois pajens ricamente vestidos até o salão onde seria realizado o baile.

O salão era todo iluminado por vários lustres enormes, com velas acesas que clareavam a sala. Notaram que as mesas estavam decoradas com toalhas brancas. Sobre cada uma delas havia um arranjo de flores do campo, tendo no centro pequenas velas brancas, que ajudavam na iluminação e completavam a beleza.

Maria Inês e Eulália, embora estivessem emocionadas por estarem ali pela primeira vez, com muito esforço, e altivas, seguiram os pajens e conseguiram chegar à mesa apontada por eles. Sentaram-se como se aquilo que estava acontecendo fosse normal em suas vidas.

Júlia, ao contrário, estava extasiada. Gritou:

— Tudo é tão lindo! Já vi bailes como esse em filmes, mas nunca imaginei que fosse tão deslumbrante! É lindo! Lindo!

Alzira e Ciro ficaram calados. Apenas sorriram.

Após se sentar, Maria Inês olhou por todo o salão.

Existem muitos vestidos bonitos aqui, mas nenhum é tão lindo como o meu. O vestido da Eulália também é bonitinho, mas não chega nem perto do meu! Embora esteja usando este colar que é muito bonito, não consigo esquecer aquele maravilhoso que vi na relojoaria. Odeio meu pai por não ter comprado aquele colar! Jamais poderei perdoar o que ele fez!

Paulo Octavio que estava sentado ao seu lado, disse:

— Está muito bonita, senhorita Maria Inês.

— Sim, meu vestido é lindo!

— Não estou falando de seu vestido e sim de um todo.

— Obrigada.

— Fiquei feliz ao saber que viria ao baile conosco.

— Também fiquei feliz por vir.

Maria Inês não prestou atenção ao que ele falou. Seus olhos percorriam o salão procurando por Luiz Cláudio. Eulália também olhava, procurando por José Antônio.

Eulália voltou-se para Maria Inês e falou baixinho:

— Estou preocupada, Maria Inês...

— Por que, Eulália?

— Está quase na hora de o Duque entrar no salão e até agora José Antônio não chegou.

— Tem certeza de que ele virá? Ele não faz parte da corte.

— Ele disse que faria o possível para vir. Embora não faça parte da corte, seu pai tem muito dinheiro e faz muita doação. Com certeza, deve ter recebido um convite.

Maria Inês sem ouvir o que a amiga dizia, ainda olhando pelo salão, disse desinteressada na conversa:

— Está bem...

Paulo Octavio, por várias vezes, tentou conversar com ela, mas Maria Inês não lhe deu atenção. Sua única preocupação era a porta por onde Luiz Cláudio deveria entrar.

Alguns minutos depois, viu que ele chegava acompanhado por seus pais, duas moças e um rapaz que ela sabia serem seus irmãos. Um pajem, como havia acontecido com a família de Eulália, acompanhou-os até a uma mesa do outro lado do salão, que ficava em frente a que ela estava. Seu coração batia forte.

Eulália também viu quando eles entraram, mas não sentiu coisa alguma. O que queria mesmo era ver José Antônio entrar por aquela porta.

Após se acomodarem em volta da mesa, o pai de Luiz Cláudio, tocando a aba do chapéu, cumprimentou o pai de Eulália. As senhoras apenas sorriram.

O som de uma corneta envolveu todo o ambiente. Todos se levantaram. O Duque e a Duquesa entraram. Sorrindo, sentaram-se a uma mesa que havia sido reservada para eles. A mesa ficava em um plano elevado. Dali, o Duque poderia ver todos os presentes e todos poderiam vê-lo.

Um riquíssimo jantar foi servido. Os copos em cristal e as louças em porcelana finíssima haviam vindo da Europa. Negros muito bem uniformizados serviam a todos.

Ao ver tudo aquilo, Júlia gritou:

— Não acredito que estou aqui! Vendo tudo isso! Conhecendo um Duque e uma Duquesa!

Alzira e Ciro olharam para ela.

Colocando a mão sobre a boca, continuou, falando baixinho:

— Já sei. Só mesmo sendo em sonho, não é?

Alzira riu:

— Isso mesmo, Júlia. Só mesmo em sonho.

Após o jantar, o Duque se levantou e deu início ao baile. Um piano e vários violinos começaram a tocar uma valsa. Os casais foram se formando e tomando conta do centro do salão. Luiz Cláudio se levantou e caminhou até a mesa onde eles estavam. Fazendo uma reverência, convidou Eulália para dançar. Ela olhou para o pai, que concordou com a cabeça. Saíram dançando.

Maria Inês ficou furiosa:

Ele não pode ficar com ela! Ele é meu!

Enquanto dançavam, Luiz Cláudio, apertando a mão de Eulália, disse:

— Está linda, senhorita Eulália.

Eulália que, a cada volta, olhava para a porta na esperança de que José Antônio entrasse, não ouviu.

Ele, percebendo que ela estava ausente, voltou a apertar sua mão e a dizer:

— Está linda, senhorita...

Ouvindo o que ele disse, ela corou e, constrangida, disse:

— Obrigada. O senhor também está muito bem.

— A senhorita sabe do acordo entre nossos pais?

— Sim, meu pai me comunicou.

— O que achou desse acordo?

— Sabe que preciso obedecer ao meu pai.

— Estou na mesma situação. Mas só aceitarei esse acordo se a senhorita estiver realmente decidida a se casar. Somos jovens, temos uma vida toda pela frente e não desejo que essa vida seja infeliz. Tenho uma proposta para a senhorita.

— Qual?

— Para que nossos pais continuem discutindo seu acordo, vamos fingir que estamos bem. Durante algum tempo nos encontraremos.

Assim, poderemos nos conhecer melhor. Quando chegar a hora, eu direi ao meu pai que não quero me casar e que desejo ir estudar em Paris.

— Nossos pais não aceitarão! Há muita coisa envolvida.

— Sei disso, dinheiro, terras e títulos, mas o que temos com isso? A não ser que, durante esse tempo, quem sabe, possamos nos apaixonar e nos casar...

— Não posso me casar com o senhor.

— Por quê não?

— Estou apaixonada por outro...

Ele, rindo e apertando sua mão, disse:

— Eu quero ir para Paris! Como pode ver, esse casamento não pode se realizar. Vamos somente fingir!

Ela também riu:

— Está bem. Podemos fazer isso. Quando chegar a hora, encontraremos uma forma de recusar esse casamento.

Riram e rodopiaram felizes pelo salão.

Embora Maria Inês dançasse com Paulo Octavio, não tirava os olhos deles. Quando viu que eles dançavam e riam, parecendo felizes, ficou furiosa:

Eles estão rindo, parecem felizes! Isso não pode estar acontecendo! Preciso fazer alguma coisa para impedir esse casamento!

Paulo Octavio, sem imaginar o que estava acontecendo, enquanto dançavam, disse:

— Tenho pensado muito na senhorita e gostaria de conversar com seu pai para que me conceda sua mão. Eu e minha família ficaríamos felizes.

— Sei que meus pais ficariam felizes, mas eu, particularmente, peço que não faça isso.

— Por que não? Pertenço a uma boa família. Sei que a união de nossas famílias fará com que todos fiquem bem.

Nervosa com aquela conversa, Maria Inês, ainda olhando para Luiz Cláudio e Eulália que pareciam felizes, respondeu:

— Nossas famílias podem ficar felizes, mas eu não! Meu coração pertence a outro! Com licença!

Sem mais o que dizer, se afastou, deixando o rapaz sozinho no meio do salão. Voltou para a mesa e ficou olhando para Eulália e Luiz Cláudio, que dançaram felizes. Após o final de uma música, Luiz Cláudio, segurando Eulália pela mão, acompanhou-a até a mesa, para alegria de seus pais e tristeza de Maria Inês.

Eulália sentou-se ao lado de Maria Inês, que perguntou em voz baixa para que os outros não ouvissem:

— O que aconteceu? Parece que está feliz!

— Estou muito feliz, Maria Inês.

— Por quê?

— Não podemos conversar aqui. Depois conto tudo a você.

Embora estivesse irritada, Maria Inês sorriu.

O baile continuou. Paulo Octavio fez o possível e o impossível para agradar Maria Inês. Enquanto dançavam, ele, apertando sua mão, disse:

— Estou apaixonado pela senhorita faz muito tempo. Poderíamos conversar a respeito?

— Sinto muito, senhor, mas meu coração pertence a outro.

— Entendo, mesmo assim gostaria de encontrá-la outras vezes. Se quiser, posso conversar com seu pai.

Maria Inês, furiosa, parou de dançar e gritou:

— Não!

Nervosa, saiu para o jardim. Lágrimas de ódio caíam por seu rosto. *Isso não pode estar acontecendo! Eulália disse que não se casaria com ele! Que está apaixonada por outro! Mentira! Está feliz ao lado dele! Mentirosa! Mentirosa!*

— Está chorando, senhorita?

Maria Inês se voltou e viu que quem perguntava era Luiz Cláudio. Com lágrimas escorrendo pelo rosto, tentou disfarçar.

— Não, senhor. Deve ter sido um cisco que caiu em meus olhos.

— Está chorando, sim. O que aconteceu? Vi quando saiu correndo do salão. Paulo Octavio foi inconveniente com a senhorita?

— Não. Quer se casar comigo...

— Está chorando por isso? Ele é um bom moço e de uma boa família. Sei que a fará muito feliz.

Maria Inês voltou a chorar:

— Não posso me casar com ele. Meu coração pertence a outro.

— Outro?

— Sim. Outro que não consigo esquecer nem por um minuto.

— Que felizardo! — Luiz Cláudio disse, rindo.

Ela levantou os olhos e disse de uma vez:

— O senhor...

— Eu? — perguntou, perplexo.

— Sim, o senhor. Foi por causa do senhor que me esmerei para este baile.

— Nunca pensei que fosse interessada na minha pessoa. Estou feliz, pois também penso muito na senhorita. Pensei em falar com seus pais, mas algo aconteceu que me fez mudar de ideia.

— Sei. Seu casamento com Eulália, imposto por seus pais.

— Como soube disso?

— Eulália me contou. Ela está infeliz, pois não o ama! Ela está apaixonada por outro!

— Sei disso.

— Sabe?

— Sim. Ela me contou há pouco, enquanto dançávamos.

— Não acredito! Enquanto dançavam, pareciam tão felizes e apaixonados...

Ele soltou uma gargalhada:

— Isso é ótimo!

— Não estou entendendo.

— Fizemos um acordo. Vamos enganar nossos pais e, pelo que parece, vamos conseguir.

— Um acordo?

— Sim, perante todos, nós nos mostraremos apaixonados, mas não nos casaremos. Depois que nossos pais se entenderem, diremos que não queremos nos casar.

— Eles não aceitarão. Serão obrigados a se casar.

— Quando chegar a hora, vou conversar com meu pai e vou dizer que não posso me casar com a senhorita Eulália. Ele me ama e só quer o meu bem. Não vai querer que seu filho seja infeliz pelo resto da vida. Meu pai está com dificuldade financeira, mas nada muito grave. Com o meu casamento, tudo seria mais fácil, mas ele é inteligente e encontrará outro caminho. Eu queria ir para Paris, mas, diante do que a senhorita disse, acho que vou mudar de ideia.

— Não entendi...

— Eu me interessei pela senhorita assim que a conheci na casa do Coronel Cintra. Porém, nunca imaginei que havia se interessado por mim. Diante do que disse hoje, não quero mais viajar. Depois que tudo ficar resolvido entre mim e a senhorita Eulália, quando eu estiver livre desse compromisso, conversarei com meu pai que conversará com o seu e poderemos nos casar. O que acha?

Maria Inês começou a tremer:

— Quer se casar comigo?

— Sim, é o que mais desejo — dizendo isso, Luiz Cláudio pegou a mão de Maria Inês e beijou-a demoradamente. — Agora, preciso voltar ao salão e tirar a senhorita Eulália para dançar. Precisamos manter as aparências. Por favor, não comente com ninguém, nem com a senhorita Eulália, o que conversamos. Se alguém tomar conhecimento de nossos planos, eles serão prejudicados.

Maria Inês, emocionada, só conseguiu concordar com a cabeça. Antes de sair, Luiz Cláudio falou:

— Enquanto não pudermos contar ao mundo o nosso amor, poderemos nos encontrar sem que ninguém saiba? Gostaria muito de poder conversar com a senhorita em um lugar mais tranquilo.

Novamente, ela concordou com a cabeça.

— Ótimo. Estarei esperando pela senhorita, amanhã às quatorze horas, junto ao lago perto de sua casa, pode ser?

Ela sorriu. Ele voltou para o salão e foi até a mesa onde Eulália estava e convidou-a para dançar novamente.

Depois de algum tempo, Maria Inês também voltou para o salão e, sorrindo para Paulo Octavio, disse:

— Desculpe-me por minha atitude. Gostaria de dançar com o senhor.

Ele, sem entender o que estava acontecendo, mas sem se preocupar com isso, levantou-se e, pegando sua mão, conduziu-a até o meio do salão e começaram a dançar. Maria Inês estava feliz.

Ao ver aquilo, Júlia, olhando para Alzira e Ciro, gritou:

— Não pode ser! Não pode ser!

— Não pode ser o que, Júlia?

— Como ela, sendo egoísta, má e dissimulada pode ficar com o homem que deseja? Conseguir o que quer? Como seus planos podem sempre dar certo?

Alzira olhou para Ciro e respondeu:

— Embora muitas vezes possa parecer que não, tudo está sempre certo, Júlia.

— Não está certo! Não está certo! Ela não merece!

— Continue vendo, Júlia.

Júlia olhou para o salão. Depois de algum tempo, perguntou:

— É verdade que eles não podem nos ver nem nos ouvir?

Ciro sorriu:

— Sim, Júlia. É verdade.

— Posso dançar nesse salão?

Alzira olhou para Ciro e sorriu:

— Pode, sim, Júlia e, se quiser posso dançar com você.

— Eu quero!

— Então, vamos.

Sob o sorriso de Alzira, começaram a dançar. Júlia estava feliz e, sempre que passava por Alzira, sorria e abanava uma das mãos.

Minutos antes de o baile terminar, Luiz Cláudio despediu-se da família e de Maria Inês. O pai de Eulália, apertando a mão dele, disse:

— Gostaria muito de recebê-lo em minha casa, para o jantar de amanhã.

— Será um prazer, senhor.

Eulália, sorrindo, estendeu a mão para que ele a beijasse. Delicadamente, ele, olhando em seus olhos, pegou sua mão e beijou. Fez o mesmo com a mãe de Eulália e com Maria Inês, que tremeu ao sentir o toque de sua mão.

Quando o baile terminou, uma das carruagens levou Eulália e Paulo Octavio para casa. A outra, com os pais de Eulália, levou Maria Inês.

A carruagem parou em frente à porta de sua casa. Após descer da carruagem, Maria Inês disse:

— Por mais que procure, não consigo encontrar palavras para agradecer por terem me levado ao baile. Estou muito feliz.

A mãe de Eulália sorriu:

— Também estamos. A senhorita foi uma companhia muito agradável. Amanhã, irei até o hospital visitar sua mãe.

Só naquele momento, Maria Inês se lembrou da mãe. Dissimulou:

— Sei que ela ficará feliz com sua visita. Mais uma vez, obrigada.

Sorrindo, afastou-se e ficou esperando a carruagem desaparecer no fim da alameda. Entrou em casa e, como se estivesse levitando de tanta felicidade, subiu a escada e foi para seu quarto.

Assim que entrou no quarto, viu Maria Augusta recostada em sua cama e Zefa sentada em um banquinho:

— O que estão fazendo aqui?

— Esperando por você, minha irmã.

— Esperando por quê?

— Para ver sua cara de felicidade quando chegasse do baile.

— Como pode ver, Maria Augusta, estou feliz! Zefa! Ajude-me a tirar este vestido. Ele já cumpriu sua missão.

Zefa levantou-se e começou a desabotoar os botões que havia nas costas do vestido. Maria Augusta, furiosa, levantou-se e gritou:

— Como pôde fazer isso, Maria Inês?

Maria Inês, fazendo-se de desentendida, perguntou:

— Fazer o quê?

— Não se faça de sonsa!

— Não estou entendendo o que está querendo dizer, Maria Augusta. O que foi que eu fiz?

— Como pôde ir ao baile mesmo sabendo que mamãe havia morrido?

Maria Inês olhou para Zefa e fuzilou-a com o olhar:

— Por que contou a ela? Sua negra suja e linguaruda!

— *Num cuntei nada, Sinhazinha...*

— Como não contou?

— Ela não contou! — Maria Augusta gritou.

— Se não foi, ela quem foi?

— Você!

— Eu?

— Sim, neste momento. Eu não sabia, mas desconfiava. Inácio teve tempo de chegar aqui, antes de você sair para ir o baile! Quando ele voltou ao hospital dizendo que você já havia saído, não acreditei que ia fazer o que fez!

Maria Inês, percebendo que não tinha como argumentar, tentou justificar:

— Eu não podia deixar de ir ao baile, Maria Augusta! Você sabe o quanto esperei por este dia!

— Sua mãe morreu! Será que isso não atingiu você de alguma maneira? Sua mãe, Maria Inês! Se ela tivesse sido uma mãe má, distante, eu até entenderia, mas não! Ela foi uma mãe maravilhosa! Sempre esteve ao nosso lado, sempre nos deu carinho... — Maria Augusta parou de falar, não conseguiu evitar as lágrimas.

Maria Inês aproveitou aquele momento:

— Exatamente por ela ter sido uma mãe maravilhosa, tenho a certeza de que ela ficaria triste se eu tivesse deixado de ir ao baile por sua causa. Ela sabia o quanto esse baile era importante para mim.

Maria Augusta, com as mãos, secou os olhos e, caminhando em direção à porta, muito nervosa, disse:

— Você não tem jeito! É egoísta, má e mimada! Só pensa em si mesma! Amanhã, logo cedo o corpo da mamãe virá para cá. Algumas pessoas já foram avisadas, outras serão. O padre estava ao seu lado e ainda continua. Papai está em seu quarto. Espero que esteja na sala e que, mesmo mentindo, demonstre alguma dor! Eu odeio você, Maria Inês!

Saiu do quarto, batendo a porta.

Assim que ela saiu, Maria Inês olhou para Zefa e gritou:

— Ela é louca, Zefa? Como pode dizer que eu não gosto da minha mãe? Eu gosto muito, mas que diferença faria a minha presença ou não? Ela já estava morta! Quanto a mim, adorei o baile! Luiz Cláudio está interessado em mim. Amanhã à tarde vamos nos encontrar no lago. Você vai comigo!

— *Num podi, Sinhazinha...*

— Não posso, por quê?

— *U interro vai sê as treis horas. A Sinhazinha tem di tá presenti...*

Maria Inês se desesperou:

— Está vendo como a morte da minha mãe atrapalhou a minha vida? Ela podia ter morrido amanhã, aí eu já teria encontrado Luiz Cláudio. Sou muito infeliz, Zefa...

— *Vai pudê si incuntrá cum eli num otro dia, sinhazinha...*

Maria Inês começou a chorar desesperadamente.

Zefa se aproximou:

— *Num dianta chorá, Sinhazinha. Percisa ficá nu interro. Otro dia si incontra cum eli. Agora vem dromi. Tá muitu tarde e a sinhazinha tá cansada...*

Maria Inês obedeceu. Colocou a camisola e se deitou.

Júlia, nervosa, olhando para Ciro e Alzira, falou:

— Ela é muito má, mesmo! Sua irmã tem razão! Como pode ser tão egoísta! Como pode não sentir dor pela morte da mãe! Ela merecia um castigo!

— Que castigo, Júlia? — Alzira perguntou, olhando em seus olhos.

Júlia olhou para ela, ia responder, mas parou.

Alzira continuou:

— O que acha se, em uma próxima encarnação, ela não tivesse mãe nem família. Acha que seria um bom castigo?

— O que está querendo dizer? — Júlia perguntou, preocupada.

— Não estou querendo dizer coisa alguma. Você disse que ela merecia um castigo, só estou sugerindo esse.

Júlia, ainda olhando para eles, perguntou:

— Está dizendo que eu fui essa moça e que, por isso, escolhi a vida que tenho hoje?

— Não estou dizendo isso. Quem está dizendo é você...

Júlia se afastou e, andando de um lado para outro, falou:

— Não pode ser! Não pode ser! Jamais eu seria igual a ela!

— Não fique nervosa, Júlia, nem tire conclusões apressadas. Precisa conhecer a história até o fim. Vai ter de fazer uma escolha muito importante, por isso, precisa prestar atenção ao resto da narrativa. Agora, volte para o seu corpo, está muito tempo fora dele.

— Não! Eu quero ver o que vai acontecer com ela!

Alzira sorriu. Júlia, com um pulo, acordou, dizendo:

— Não! Quero ver o que vai acontecer com ela!

Olhou à sua volta e viu que estava em seu quarto.

Que sonho louco foi esse? Por que não consigo me lembrar? Esses sonhos estão me deixando louca. Desta vez, só consigo me lembrar que estava em um baile, com um lindo vestido verde e que havia pessoas ao meu lado, mas quem eram essas pessoas?

Olhou para o relógio:

Quase seis horas da tarde! Dormi muito! Preciso me levantar tomar um banho e ir para o restaurante. Sueli deve estar preocupada.

Foi o que fez. Levantou-se e foi para o restaurante.

Vida nova

Suzana acordou. Olhou para o lado e viu que Anselmo não estava ali. Lembrou-se de que estava no apartamento e em Recife:

Como minha vida pode ter mudado tanto? Se minha mãe estivesse aqui, diria que deve ter um motivo. Mas que motivo pode ser? Estou sem emprego, vivendo do pouco salário de Anselmo, morando neste apartamento que é um terço do meu. Que caminho é este que estou percorrendo, mãe?

— Vai descobrir, minha filha. Vai descobrir.— disse a mãe que estava ao seu lado.

— Bom dia, Suzana! Dormiu bem?

— Bom dia, Anselmo. Dormi muito bem.

— Que bom. Estou saindo para o trabalho. Preparei o café e a mesa. Aproveite esta cidade que tem lugares lindos. Faça de conta que está em férias e vá até a praia com Rodrigo. Ele vai gostar. Afinal, faz muito tempo que não tem férias. Aproveite! Quando passar pela portaria, fale com o porteiro e veja se ele conhece alguém para ajudar você aqui em casa.

Ela, rindo, perguntou:

— Terminou de dar as ordens, meu senhor?

Ele, sem graça, também rindo, respondeu:

— Desculpe-me, Suzana. Tem razão. Parece que estou falando com uma mulher que não sabe tomar atitude. Você sabe bem o que quer e como fazer. Só quero que fique bem e que não se arrependa de ter vindo para cá. Conversei com meu chefe e ele disse que está previsto que eu fique aqui por um ou dois anos, mas, se eu conseguir colocar tudo em ordem, voltaremos antes disso. Como pode ver, vai depender do meu trabalho. Vou fazer o possível para que tudo fique bem antes disso e, depois, se você quiser, poderemos voltar.

Suzana, ainda deitada, sorriu:

— Não se preocupe comigo, Anselmo. Entendi e aceitei minha situação. Escolhi ficar com você, com nosso filho e com nosso casamento. Como você disse, estou em férias. Por uma semana, vou aproveitar a praia, passear para conhecer a cidade e, claro, encontrar alguém para me ajudar. Sabe que não entendo do serviço da casa. Sempre trabalhei fora, sei que não daria conta sozinha. Depois desta semana, vou procurar uma escolinha para colocar Rodrigo e tentar encontrar um emprego. Vamos ficar aqui o tempo que for preciso, mas, por favor, trabalhe muito para que esse tempo seja o menor possível. Quero voltar para minha cidade.

— Fico feliz em ouvir você, Suzana. Prometo que voltaremos o mais rápido possível. Agora, preciso ir. Aproveite o dia.

— Fique tranquilo. Vou aproveitar minhas férias,

Anselmo saiu. Ela se levantou, passou pelo quarto de Rodrigo que ainda dormia.

Vamos começar uma nova vida, meu filho.

Foi para cozinha, tomou café e foi até a janela de onde podia ver o mar:

Realmente é lindo! Esse azul com nuances em verde e essas ondas brancas que batem na areia enchem os olhos de qualquer um. A única coisa boa deste apartamento é que fica em frente à praia...

Ouviu Rodrigo acordando. Foi até o quarto. Pegou o menino no colo:

— Hoje, vamos à praia, Rodrigo! Você vai adorar! Não podemos ficar muito tempo, porque aqui o sol é muito forte. Mas, mesmo assim, vamos aproveitar.

Deu café ao menino Vestiu um biquíni e um calção no menino Em uma sacola, colocou água, duas toalhas e protetor solar. Pegou um guarda-sol que estava na lavanderia, colocou a sacola no ombro e o guarda-sol entre o braço e o corpo. Com o outro braço, pegou a mão de Rodrigo e saiu. Desceu pelo elevador e, ao passar pela portaria, falou com o porteiro:

— Bom dia.

— Bom dia, senhora.

— Mudei ontem para cá e preciso de alguém para me ajudar com o trabalho de casa. O senhor conhece alguém?

— Conheço, sim! Minha mulher! Ela trabalhou por dois anos com uma família do Sul. Eles voltaram para lá e ela ficou sem emprego. Estava desesperada.

— Ótimo. Quando posso conversar com ela?

— Vou sair daqui às quatorze horas. Moro longe, por isso, não vai dar para ela vir hoje, mas amanhã, se a senhora quiser, ela vem.

— Está bem. Diga que venha com vontade de trabalhar, pois se acertarmos tudo, ela começará amanhã mesmo.

— A senhora vai gostar dela. É muito trabalhadeira. Não tem medo do serviço, não!

— Está bem. Agora, vou aproveitar a praia. Bom dia.

— Bom dia, senhora.

Ainda segurando o menino, chegou à rua. Olhou e viu o mar

Andou alguns passos, atravessou a rua e chegou à praia. Olhou para o mar e voltou a pensar:

É realmente lindo!

Tirou a sandália que usava e pisou na areia muito branca. Viu que algumas pedras, dentro do mar, formavam uma espécie de piscina, onde adultos e crianças brincavam. Entrou com Rodrigo e ficaram brincando por muito tempo. O menino logo fez amizade com outras crianças. Suzana observando o filho brincar feliz, sorriu.

Depois de algum tempo, estendeu uma das toalhas na areia, de onde podia ver Rodrigo e se deitou. Assim que viu que a mãe saiu do mar, o menino também saiu.

— Estou com sede, mãe.

Deu água para Rodrigo, que começou a brincar na areia ao lado dela. Ficou ali por um bom tempo e pensou:

Até que eu poderia me acostumar com essa vida de dona de casa, sem ter de pensar em números, em como falar com o chefe e sem receber ordens.

Depois de meia hora, olhou para o sol:

Está na hora de irmos embora. O sol está muito quente. Não quero que Rodrigo se queime.

Levantou-se, recolheu a toalha, o guarda-sol e voltou para o apartamento.

Assim que entrou, depois de ter tomado banho e dado banho em Rodrigo, ligou a televisão. Colocou em um desenho que sabia ser o preferido dele. Foi até a cozinha e abriu a geladeira. Dentro havia restos do jantar que Anselmo havia preparado na noite anterior. Esquentou a comida, deu para Rodrigo, pegou um copo com água, voltou para a sala, sentou-se em um dos sofás e, rindo, começou a comer.

É, acho que posso me acostumar com essa vida. Pensando bem, Anselmo sempre foi um bom marido. Seu único defeito é ter um salário tão baixo. Eu gostaria de ter uma vida como esta, morando em um apartamento como o meu. A vida é estranha. Para viver em um apartamento melhor como o que eu morava, preciso trabalhar e receber um ótimo salário, como recebia. Para que isso aconteça, preciso trabalhar muito e não posso ficar assim, como estou, agora, relaxada. Por que não conseguimos ter tudo o que queremos? A vida é estranha, mesmo...

Após o almoço, o menino quis dormir. Ela o colocou na cama e ficou olhando.

Você é tão bonito. Posso contar as vezes em que coloquei você na cama. Desde que nasceu, nunca estive ao seu lado, não acompanhei seu crescimento.

Quando saía de casa para o trabalho, na maioria das vezes estava dormindo e, quando eu voltava, estava dormindo novamente. Nos fins de semana, eu sempre tinha trabalho para fazer. Tudo isso para que? Para terminar morando em um apartamento como este? Será que valeu a pena?

Sentou-se no sofá que havia em frente à televisão. Colocou em um canal onde estava passando um filme. Deitou-se no sofá e ficou assistindo. Adormeceu sem perceber.

Foi acordada por Rodrigo, uma hora depois. Abriu os olhos, olhou para o menino que disse:

— Mãe, estou com fome...

Ela esticou o corpo, bocejou e falou alto:

— Nossa! Não me lembro de ter dormido à tarde em toda minha vida!

Lembrou-se da mãe e pensou:

Será que este é o motivo para tudo o que aconteceu na minha vida, mãe? Dar valor a pequenas coisas que nunca dei? Brincar com meu filho na praia, cuidar dele, colocá-lo para dormir. Dormir à tarde, estar ao seu lado quando acordar e presente em sua vida. Tomar sol, respirar um ar puro?

A mãe, que estava ao seu lado, sorriu e falou:

— *Esse é um dos motivos, minha filha.*

Rodrigo insistiu em dizer que estava com fome. Ela foi até a cozinha, no que foi seguida por ele. Pegou leite, uma maçã na geladeira e falou:

— Rodrigo! Você não acha que este apartamento está muito triste? Não há cortinas, quadros nem enfeites. Vamos sair e comprar algumas coisas! Já que precisamos ficar aqui, que seja em um ambiente feliz!

O menino, demonstrando felicidade, gritou:

— Vamos, mãe! Depois a gente pode tomar um sorvete?

— Claro que sim! Também estou com vontade de fazer algo que não fazia há muito tempo. Chupar um sorvete no palito. Aqui vai ser melhor ainda! Podemos chupar o sorvete, olhando para o mar!

Saíram. Suzana perguntou ao porteiro onde podia comprar quadros, cortinas e enfeites:

— Na pracinha existem algumas barracas e ambulantes que vendem artesanato e que são muito bonitos. Essas outras coisas, eu não sei onde vendem. Acho que só no centro da cidade.

— Obrigada.

Suzana segurou a mão do menino e saiu andando pela orla. Em algumas lojas, viu objetos de artesanato. Ficou encantada com algumas peças feitas em cerâmica. No mesmo instante, imaginou o lugar em que as colocaria. Comprou três e, quando estava pagando, perguntou:

— Quem faz essas peças? São lindas e muito baratas!

— Tem muita gente que faz arte. Eles deixam as peças e uma vez por mês, voltam, recebem por aquelas que foram vendidas e deixam mais.

— Onde trabalham?

— Nas suas casas.

— Só vendem aqui na cidade?

— Não sei, dona.

Suzana percebeu que o homem estava incomodado com tanta pergunta. Pagou, saiu e continuou andando.

Andou mais um pouco, observando o artesanato. Comprou mais duas peças e resolveu voltar para casa. Passou por uma loja, onde viu blusas e vestidos feitos com renda. Pegou uma das blusas na mão e perguntou:

— Essa renda que está nesta blusa é feita a mão?

— É, senhora. Todas as rendas são feitas por artesãs.

— Elas trabalham para vocês?

— Deixam as peças e voltam no fim do mês para ver quantas foram vendidas.

— Poderia dar o endereço de alguma artesã?

— Para quê? Quer ser nossa concorrente? Pretende abrir uma loja?

— Não! Só quero fazer uma encomenda especial. Um vestido para uma festa a que pretendo ir. Por que pergunta se vou abrir uma loja?

— Vocês lá do Sul chegam aqui com muito dinheiro, abrem uma loja, oferecem mais dinheiro para os artesãos e prejudicam a gente.

Suzana pensou um pouco e disse:

— Não quero brigar com a senhora. Só quero um vestido para a festa...

— Diga como quer o vestido. Vou falar com a artesã. Volte no fim de semana que eu devo ter uma resposta.

— Está bem. Vou pensar direito como quero e volto aqui.

Suzana pagou a blusa, saiu dali e foi para casa preparar o jantar. Não sabia cozinhar, por isso passou por um açougue. Entrou e comprou carne moída. Saiu dali e continuou caminhando:

Não sei cozinhar, mas fritar batata e refogar carne moída, eu consigo. Ainda bem que a empregada vem amanhã.

Colocou a carne para refogar e uma panela com óleo para fritar as batatas.

Aquela mulher ficou tão nervosa que a única coisa que pude fazer foi mentir. Por que ela e o homem ficaram tão nervosos quando comentei sobre os artesãos? Será que eles exploram essa gente? Eu não estava pensando nisso, mas agora, gostaria de conhecer um artesão e saber como trabalham.

No dia seguinte pela manhã e, após Anselmo sair, o porteiro interfonou avisando que sua mulher estava ali para conversar com Suzana.

Logo depois, a campainha tocou. Suzana abriu a porta. Uma mulher, muito jovem, disse:

— Meu marido falou que a senhora precisa de uma empregada.

— Pois não. Entre.

A mulher entrou. Suzana apontou para o sofá da sala e começaram a conversar.

— A senhora já trabalhou em casa de família?

— Claro. Aqui a gente começa a trabalhar muito cedo. Comecei com dez anos, cuidando de um menininho. Trabalhei por cinco anos, depois, eu casei e parei de trabalhar.

— Casou-se com quinze anos? — Suzana perguntou, admirada.

— Casei. Aqui a gente também casa cedo. Se não for assim, não casa nunca mais.

— Você estudou?

— Não. Meu pai disse que mulher não precisa estudar. Ela só precisa aprender a cozinhar e a cuidar de criança.

— Sabe ler?

— Não, mas sei cuidar muito bem da casa. Se a senhora quiser, pode perguntar para minha patroa. Mesmo com as crianças pequenas, sempre trabalhei como doméstica ou fazendo faxina.

— Tem filhos?

— Tenho três. Dois meninos e uma menina. Por causa deles é que preciso trabalhar. O salário do meu marido é muito pequeno. Preciso ajudá-lo. Meu filho menor está com oito meses. O médico, lá do posto de saúde disse que ele precisava mamar até os sete meses. Agora não precisa mais.

— Desculpe, mas quantos anos você tem?

— Vou fazer vinte daqui a dois meses.

— Vinte?

— Não, ainda vou fazer vinte.

Suzana ficou olhando para ela e pensando:

Parece ter mais idade, mas é ainda uma criança e já tem três filhos...

— Bem, suas crianças estão na creche?

— Não. Aqui tem pouca creche *pra* muita criança. Não consegui lugar *pra* eles.

— Como vai fazer para trabalhar? Tem mãe para cuidar das crianças?

— Tenho mãe, mas ela também trabalha em casa de família e mora longe daqui.

— Se vier trabalhar aqui, quem vai cuidar das suas crianças?

— Uma menina que mora perto da minha casa.

— Quantos anos ela tem?

— Dez, mas é esperta, sabe cuidar muito bem dos meninos.

— Ela não vai à escola?

— Não, tem cinco irmãos, precisa ajudar a mãe. O pai foi pra São Paulo e não voltou nunca mais.

Meu Deus... — Suzana pensou e perguntou:

— Quantos irmãos você tem?

— Tenho seis irmãos. Meu irmão menor tem sete anos.

— Que idade tem sua mãe?

— Acho que trinta e seis ou trinta e sete anos.

Meu Deus! — pensou, novamente.

— Você trabalhou mesmo quando estava grávida e quando as crianças eram recém-nascidas?

— Não dava, não. Eu não podia sair de casa, mas fazia renda e ganhava algum dinheiro.

— Você faz renda?

— Faço. Eu e todos os meus irmãos. As crianças, que não podem trabalhar, também.

Suzana se levantou, foi para o quarto e trouxe a blusa que havia comprado:

— Você faz esse tipo de renda?

— Essa é fácil. Todos fazem. Tem rendas mais bonitas e mais trabalhadas que essa.

— Vocês fazem só a renda?

— Algumas mulheres fazem a renda, outras costuram.

— Por quanto vocês vendem uma blusa igual a esta?

— Dois mil cruzeiros mais ou menos.

— Dois mil cruzeiros? Eu paguei vinte e oito! Vocês estão sendo explorados!

— A gente sabe, mas fazer o quê. Se não vender pra eles, pra quem a gente vai vender? É melhor ganhar um pouco do que não ganhar nada. Sempre tem alguém que vende mais barato.

— A mulher da loja e o homem da barraca disseram que vocês deixam as peças e voltam uma vez por mês e que eles pagam só as peças que foram vendidas. É verdade?

— É verdade, sim. É o jeito que funciona aqui...

— Eu sabia que tinha alguma coisa errada! Vamos fazer o seguinte. Você vai trabalhar aqui em casa, mas hoje, agora, quero que me leve até o lugar onde você mora e onde estão as artesãs.

— Pra que a senhora quer ir lá?

— Quero conhecer o trabalho e conversar com as artesãs.

— Eu moro aqui perto por causa do trabalho do meu marido, mas a Vila onde minha família mora fica muito longe daqui. De ônibus leva mais de uma hora.

— Não tem importância. Vamos de táxi.

— A senhora quer ir mesmo?

— Quero e não posso esperar. Como o táxi deve demorar menos, podemos voltar depois do almoço.

— Está bem, já que a senhora quer, eu vou, mas eu preciso falar com meu marido...

— Desça e converse com seu marido. Enquanto isso, vou preparar meu filho para podermos ir.

A moça desceu. Susana arrumou uma sacola com algumas coisas de Rodrigo, água e um pacote de bolachas e saiu.

Quando chegou ao térreo, o porteiro disse:

— Minha mulher disse que a senhora quer ir até a Vila. Só queria saber se vai deixar minha mulher trabalhar na sua casa.

— Vai trabalhar, sim, mas, agora, preciso ir até a Vila para ver os trabalhos que fazem lá.

— Então está bom. Pode ir.

Saíram para a rua, tomaram um táxi e foram embora.

Após mais de meia hora, finalmente, o táxi chegou a uma pequena Vila. A rua principal era estreita e a calçada tinha no máximo sessenta centímetros. Notou que havia muitas crianças correndo e brincando na rua. Mulheres conversavam do lado de fora das casas. O cheiro de madeira queimada era intenso, o que demonstrava que a comida era preparada em fogão à lenha. Podia-se ver a fumaça que saía de todas as casas. Para ela, que sempre havia morado em uma cidade grande, tudo aquilo era novidade.

— Pode parar aqui, moço.

O taxista parou e Lindalva, sorrindo para uma mulher que correu para o carro, disse:

— É aqui que minha mãe mora, dona.

Suzana saiu do táxi, ajudou Rodrigo a descer e ficou olhando para a casa e para as duas mulheres que se abraçavam.

— O que está fazendo aqui, Lindalva? Aconteceu alguma coisa com você ou com os meninos?

— Não, mãe. Está tudo bem. Esta senhora é lá do Sul. Ela se mudou agora para cá e eu vou trabalhar na casa dela. Ela comprou uma blusa de renda, gostou, mas eu disse que há muitas outras e mais bonitas do que aquela. Ela veio até aqui para ver mais.

A mulher olhou, desconfiada.

— Muito prazer, dona.

— O prazer é meu. Espero que não se incomode de me mostrar os outros trabalhos.

— Não, pode entrar. Não repare que a casa é simples.

Suzana sorriu. Toda a surpresa que poderia ter já havia acontecido durante a viagem. O táxi passou por lugares que ela jamais imaginou que existissem.

A casa era realmente simples, mas muito limpa e arrumada. Várias crianças, curiosas, ao verem o carro parar, começaram a se aproximar. Assim que Suzana entrou na casa, elas também entraram e, desconfiadas, ficaram olhando para aquela estranha.

— Saiam daqui, meninos! A moça só veio ver as renda! — a mulher gritou para as crianças. Suzana sorriu e as crianças, ainda desconfiadas e curiosas, saíram.

Suzana percebeu que, na casa, havia somente um quarto, pensou: *Dormem todos em um só quarto e eu ainda reclamo do apartamento que Anselmo alugou.*

A mulher mostrou uma cadeira que estava junto a uma mesa feita de madeira tosca:

— Moça, meu nome é Maria do Rosário, mas todos me chamam de Rosa. Pode se sentar, moça. Vou pegar *as renda.*

— Obrigada, senhora. Meu nome é Suzana e estou encantada com o trabalho que é feito aqui no Nordeste.

A mulher entrou no quarto e voltou logo depois, trazendo em suas mãos várias peças de renda.

Suzana foi pegando uma peça atrás de outra e, encantada, disse:

— Você tinha razão, Lindalva! São lindas mesmo!

Voltando os olhos para Rosa, perguntou:

— Como aprendeu a fazer rendas tão lindas?

— Com a minha mãe e ela com a mãe dela. Quase todas as mulheres fazem esse tipo de trabalho.

— Existe outro tipo de arte, aqui nesta Vila, além das rendas?

— Existe, sim. A gente tem artista pra todo gosto. Uns fazem com madeira, outros, com barro. Se a senhora pegar uma delas na mão, sei que vai gostar. Aqui no Nordeste não tem trabalho, por isso, cada um tem de se virar como dá. Com a nossa arte, a gente consegue ganhar um pouco de dinheiro, que dá pra comida *dos menino*.

— A Lindalva disse que vocês vendem muito barato um trabalho tão bonito. Eu paguei por uma blusa muito mais caro. Por que vendem tão barato assim?

— É melhor vender barato e ter algum dinheiro do que vender caro e não ter dinheiro algum.

— A senhora tem razão. Eu gostaria de levar algumas destas peças e de ver outro tipo de arte, pode ser?

— Claro que pode. Vamos, vou levar a senhora a todos os lugares.

Suzana pegou algumas peças e, depois, saíram. Foi a várias casas. E em cada uma delas se encantou com os trabalhos. Viu vestidos, blusas, lençóis e fronhas. Viu várias peças feitas em madeira e de barro. Tudo artesanal. Em cada casa que entrava, ficava mais encantada. Comprou várias peças e, depois, se despediu. Ela e Lindalva entraram no táxi e voltaram para a cidade.

Durante o caminho, uma ideia começou a se formar.

A cerimônia

Júlia saiu do restaurante e foi andando para o apartamento. Enquanto caminhava, pensava:

Esses sonhos que estou tendo estão mexendo comigo. Queria tanto me lembrar de mais alguma coisa. Por que não me lembro?

Alzira e Ciro, que caminhavam ao seu lado, olharam-se, sorriram e estenderam as mãos sobre Júlia que parou de andar.

Espere! Eu estava dançando com aquele vestido lindo e estava com Anselmo! Eu estava dançando com Anselmo?

Continuou andando e pensando:

Eu sabia que aquilo que Sueli falou a respeito do espírito sair e ir passear, quando dormimos, não tem nada a ver com a realidade! É claro que sonhei com Anselmo! Tudo o que está acontecendo na minha vida é por causa dele! Só podia sonhar com ele, com quem mais? O que Sueli disse não conseguiu me convencer.

Foi andando e pensando até entrar no prédio. Ao passar pela portaria o porteiro, olhando para seu braço que estava enfaixado, disse:

— Boa noite. Como a senhor está? Sarou?

Ela, percebendo que ele queria saber o que havia acontecido, respondeu:

— Boa noite. Estou muito bem, mas não sou senhora!

— Não é, mesmo. Mas eu não podia chamar a senhorita de você.

— Senhorita! Está vendo? Assim ficou melhor.

Rindo, continuou andando em direção ao elevador. Assim que entrou no apartamento, olhou para a estante onde estavam os livros de Sueli. Parou, pegou um, depois o outro, leu a contracapa, mas nenhum chamou sua atenção.

Essa história de espíritos, reencarnação, é um tédio. Não estou com espírito para ler essas coisas. Prefiro assistir à televisão.

Foi até a cozinha, pegou um copo, colocou leite e voltou para a sala. Ligou a televisão, deitou-se no sofá e ficou assistindo a um programa humorístico. Após alguns minutos, sem perceber, adormeceu.

Acordou dentro da sala da casa no momento exato em que Maria Inês, com um vestido preto, descia a escada. Ao ver Ciro e Alzira que estavam ali naquela casa , Júlia disse:

— Estou sonhando outra vez?

— Outra vez, Júlia. Não está curiosa para ver o que aconteceu com Maria Inês?

— Estou! Claro que estou! Mas, antes, queria fazer uma pergunta.

— Que pergunta?

— Quando acordada, consegui me lembrar de alguma coisa sobre o que sonhei. Eu estava usando aquele vestido que Maria Inês usou no baile e dançava com Anselmo. Isso aconteceu realmente?

— O que você acha?

— Eu estava com vocês assistindo ao baile, ao lado de vocês, como poderia estar em dois lugares ao mesmo tempo? Acho que fiz confusão. Devo ter sonhado com Anselmo por tudo o que ele me fez e por estar pensando nele com muita força.

— Pode ser. Pode ser, Júlia. Agora, vamos ver o que está acontecendo. Olhe à sua volta.

Júlia olhou e viu que as paredes da sala estavam forradas com panos roxos. Ao centro, sobre uma mesa, havia um caixão mortuário, rodeado por velas e um crucifixo enorme. De onde estava não podia ver o rosto da pessoa que estava nele. Algumas pessoas choravam. Outras conversavam em pequenos grupos. Ao lado dele estava Maria Augusta com os olhos vermelhos e inchados e um homem que Júlia não conhecia. Ia se aproximar, quando viu Maria Inês caminhando em direção ao caixão, gritando e chorando de uma maneira desesperada. Jogou-se sobre o caixão, dizendo:

— Mãe! Por que isso aconteceu! Como vamos viver sem a senhora?

As pessoas que estavam ali, ao verem o desespero de Maria Inês, começaram a chorar com pena da moça.

Zefa, que também estava com os olhos vermelhos, olhou para Maria Augusta que fez um esforço enorme para não esbofetear a irmã perante todos os que estavam ali.

Júlia também ficou revoltada:

— Como ela pode ser tão mentirosa! Ela não se preocupou nem um pouco com a morte da mãe, só pensou no baile!

Alzira e Ciro ficaram calados, olhando para Maria Inês que, nesse momento abraçou-se ao homem que chorava:

— Pai! Por que isso teve de acontecer? Ela foi uma mãe maravilhosa! Dedicou sua vida para nos fazer felizes! Como vamos viver sem ela?

— Não sei como vai ser, minha filha. Perdi a mulher que esteve ao meu lado por mais de vinte anos. Não sei como continuarei vivendo...

Ficaram abraçados e chorando.

Júlia, condoída, disse:

— Ele parece ser um bom homem...

Alzira olhou para Ciro, sorriu e disse:

— Ele é, sim, um bom espírito, Júlia.

— Vocês me irritam com essa história de espíritos. Para mim, ele só é um homem, não um espírito!

— Tem razão, Júlia. Por enquanto, ele é só um homem.

Júlia sorriu e voltou a olhar para todos que estavam ali:

— Vocês disseram que a vida continua, que a morte não existe, então, por que sempre há tanta tristeza nos enterros? Da maneira como falam, deveria ser uma festa.

— Trata-se de tradição e da falta de fé, Júlia. As pessoas ficam tristes e choram, pois como acabou de ouvir, o pai de Maria Inês acha que nunca mais vai ver a esposa. Disse que sofreu uma perda.

— A mulher dele morreu!

— O mesmo ocorre com muitas pessoas, incluindo você, quando algum parente ou amigo morre. Elas você gosta de falar, pensam que sofreram uma perda e que nunca voltarão a ver aqueles que partiram antes deles. Se acreditassem na vida depois da morte, saberiam que isso não é verdade. Todos, sem exceção, não importando seu grau de instrução, sua vida financeira, sua religião, raça ou sexo, um dia, terão de percorrer esse caminho. Alguns vão antes, outros depois, mas todos passarão por essa experiência.

— Isso é verdade...

Júlia ficou olhando para todo lado. Ciro, curioso, perguntou:

— O que está procurando, Júlia?

— Por tudo o que disseram, nesse caixão só tem o corpo, porque o espírito, com a morte, se liberta. Não foi o que disseram?

— Sim. Foi isso mesmo.

Sendo assim, estou procurando pela mãe de Maria Inês.

— Ela não está aqui, Júlia.

— Por que não? Já que está livre do corpo...

— Já disse a você que a energia do corpo físico é diferente da do espiritual. Quando o espírito deixa o corpo através da morte, ele é levado com muito cuidado para um lugar onde, aos poucos, sua energia vai se adaptando ao novo ambiente.

— A mãe de Maria Inês não pode ficar aqui?

— Alguns espíritos, apegados a coisas, dinheiro ou pessoas, algumas vezes insistem em ficar ao lado do corpo. Outros, pelas maldades que praticaram, são obrigados a ficar e a ver seu corpo se decompondo. Muitos sentem até dor como se ainda tivessem o corpo físico.

— Que horror!

— É verdade e você, nunca poderá imaginar de que horror está falando. Porém, normalmente, os espíritos quando se libertam, querem voltar para casa. Principalmente a mãe de Maria Inês, que é um espírito de luz e que só voltou à Terra para poder ajudar a filha de muitas vidas.

— Ela abandonou a filha?

— Não e, pelo que conheço dela, nunca irá abandonar. Tem esperança de que algum dia, a filha saiba fazer suas escolhas e retorne ao caminho. Ela só precisa de algum tempo para se adaptar a sua nova vida.

— Ainda bem...

Maria Inês ficou por quase meia hora abraçada ao pai chorando, desesperada. Só parou, quando Maria Augusta se aproximou, abraçou-se a ela e falou baixinho:

— Pode parar com todo esse escândalo. As pessoas já viram toda a sua dor! Vá até a cozinha, tome um copo de água, se recomponha e volte.

Maria Inês ficou calada. Maria Augusta acenou para Zefa, pedindo que se aproximasse. Zefa se aproximou, pegou o braço de Maria Inês, dizendo:

Vem, sinhazinha. Vem cumigu. A sinhazinha percisa tomá um copu di água.

Maria Inês, secando os olhos com um lenço bordado, seguida pelos olhos de Maria Augusta, começou a seguir Zefa. Conforme ia caminhando, as pessoas, condoídas com tanta dor, tocavam em seus braços e cabelos. Ela percebeu que muitas daquelas pessoas estiveram no baile. Quando viu Eulália e sua família que acabava de chegar, voltou a chorar desesperadamente. Correu para Eulália, abraçou-se a ela, dizendo em voz alta para que todos pudessem ouvir:

— Quando ela morreu, eu estava no baile! Se eu soubesse, teria ficado ao lado dela. Eu sabia que ela estava doente, mas não imaginei que estivesse tão mal. Ninguém me contou...

Maria Augusta, assim que viu e ouviu aquilo, segurou o braço da negra que cuidava dela desde que nasceu e disse:

— Venha, Filó! Vamos sair daqui, senão vou vomitar ou bater nessa mentirosa e fingida!

Saíram dali, sob o olhar de Júlia, que disse:

— Se eu fosse ela, faria a mesma coisa. Essa moça merece mesmo uma boa surra!

Maria Augusta e Filó foram para o jardim e sentaram-se em dos bancos. Maria Augusta, irritada, disse:

— Não entendo por que Maria Inês é assim. Sempre teve tudo. Desde pequena, mesmo quando fazia travessuras, meus pais nunca viam ou fingiam não ver, como está acontecendo agora com papai. Ele sabe que, quando Inácio saiu do hospital, teve tempo de chegar aqui, antes de ela sair para o baile. Como ele pode acreditar que ela não sabia que mamãe havia morrido?

— *Num fica anssim, Sinhazinha. Ela sempri foi muitou ruim. Todas noiti ieu gradeço a Deus pela vossa mãe não tê escolhidu ela pra eu cuidá. A coitada da Zefa sofri muitu cum ela. A sinhazinha trata a coitada como se fossi um bichu. U pió é que a danada da nega gosta muitu dela.*

— Eu sei disso, Filó, só quem não sabe é Maria Inês. Ela só pensa nela. Nunca se preocupou com ninguém.

Enquanto isso, Maria Inês continuava abraçada a Eulália. Por detrás de seus ombros, viu Luiz Cláudio chegando com sua família. Soltou-se de Eulália e foi ao encontro deles, abraçou-se a senhora que, surpresa, abraçou-a também.

— Obrigada por terem vindo.

— Jamais deixaria de vir e dar o último adeus à sua mãe, Maria Inês. Ela foi uma pessoa maravilhosa. Vamos sentir muito sua falta. Com suas ideias e festas sempre conseguiu arrecadar muito dinheiro para o orfanato. Desde que resolveu fundar o orfanato, nunca deixou que faltasse coisa alguma para as crianças. Como disse, ela foi maravilhosa.

— A senhora está certa. Por isso é que estou tão desesperada, desamparada... — falou isso, olhando para Luiz Cláudio.

Soltou-se da senhora e estendeu a mão para ele, que a beijou delicadamente.

— Sinto muito, senhorita.

— Obrigada por ter vindo.

— Não poderia deixar de vir. Tinha um compromisso às quatorze horas, mas algo aconteceu e imagino que deverá ser adiado.

— É uma pena, mas quem sabe esse seu compromisso não possa ser adiado para amanhã...

— Não, amanhã não posso. Já tenho outro compromisso assumido.

Maria Inês, embora estivesse com muita raiva daquela situação, sorriu.

Luiz Cláudio, tocando a aba do chapéu, se afastou e foi conversar com alguns amigos que também estavam ali.

Assim que ele se afastou, Maria Inês olhou para o relógio que estava na parede e, acompanhada por Zefa, voltou para junto do pai.

Enquanto caminhava, fingindo secar os olhos, disse para Zefa.

— Por que tiveram de marcar o enterro para às quinze horas? Não poderiam ter marcado para mais cedo?

— *Num pudia, Sinhazinha. Num si podi interrá antis das vinte e quatru hora.*

— Não sei por que tem de ser assim! A pessoa já morreu para que tudo isso? Todos, assim que morressem, deviam ser enterrados na hora!

— *As pissoa faiz isso pra pudê fica mais um poco di tempu pertu di quem gosta.*

— Eu gosto de minha mãe, mas não gosto de estar aqui. Preferia me encontrar com Luiz Cláudio. Ela já morreu mesmo. Do que adianta ficar aqui tendo que chorar?

— *A Sinhazinha num percisa chorá...*

— Claro que preciso, Zefa! Já pensou o que as pessoas vão falar se eu não chorar? Vão achar que eu não estou sentindo a morte da minha mãe!

— *Vossa irmã num tá churandu e a genti sabi que ela gosta muito da vossa mãe...*

— Maria Augusta sempre foi assim, toda certinha! Ela ainda vai fazer alguma coisa para que todas descubram como é na realidade.

— *Ela não é ruim, não, Sinhazinha. Ela é muitu boa cum tudu nóis.*

— Eu não cuido de vocês?

— *Cuida, Sinhazinha. Cuida...*

Uma senhora se aproximou de Maria Inês e começou a falar de sua mãe.

Maria Inês estava odiando aquela conversa, mas teve de manter as aparências.

Um toque de tambor e vozes começaram a ecoar. Júlia se admirou:

— Quem está tocando e cantando em um enterro?

— São os negros. Eles estão, à sua maneira, chorando a morte de sua sinhá de quem gostavam muito. Ela sempre os tratou como seres humanos. Nunca deixou que seu marido separasse as famílias. Nunca permitiu que morassem em condições sub-humanas. Procurou sempre dar a eles as melhores condições de saúde e educação. Fez com que seu marido construísse uma escola e ela mesma dava aula para as crianças e os adultos que quisessem. Portanto, eles estão sofrendo com a morte da mulher que sempre os tratou como humanos. Isso, nessa época, não era comum.

— Tocando e cantando?

— Sim, Júlia, faz parte da sua cultura. Eles comemoram a tristeza e a felicidade através da música. Neste momento, eles cantam e tocam para que sua sinhá seja acompanhada até Xangô.

— Quem é Xangô?

— Na religião deles, Xangô é o deus da justiça. Todos, quando morrem, são levados até a presença de Xangô para que ele possa julgar e dizer para onde essa alma será levada.

— Esse Xangô existe?

— Na cultura e para eles, sim.

— Mas existe na realidade?

— Existe não só para eles, mas para nós também.

— O quê?

— Cada um dos deuses deles representa a Natureza. O que é mais importante para a sobrevivência do ser humano do que a Natureza? Eles adoram Oxalá que é o deus maior, o criador, que, para nós, representaria Deus. Para eles, a mata, os raios e tempestades, o vento, a justiça, o mar e os rios têm muito valor e são indispensáveis para a sobrevivência da Terra. Para cada um desses elementos, existe um deus.

— Tudo isso que o senhor falou é indispensável mesmo, mas precisa ter um deus?

— Muito antes de conhecer o cristianismo, esse povo reconhecia tudo isso como essencial para suas vidas. É a tradição de um povo e, por isso, precisa e deve ser respeitadas. Deus, o nosso Deus não é um ser ciumento nem vingativo. Ele criou um lugar onde pudesse colocar seus filhos, dando a eles todas as condições para que eles pudessem, com um corpo humano, viver. Portanto, sabe o quanto é importante a Natureza e não vai se importar que alguns a respeitem e adorem. Existem espíritos de muita luz que nascem no meio desse povo e que, também, por terem nascido ali, adoram seus deuses. Como também, existem aqueles espíritos, que se dizem cristãos e que praticam maldades e injustiças inconcebíveis. Para a evolução do espírito não importa a religião seguida. Todos precisam percorrer o mesmo caminho. Todos precisam superar suas dificuldades de aprendizado e todos são responsáveis por aquilo que fazem. Todos estão sujeitos às Leis maiores, a do amor, a do perdão e a do livre-arbítrio e da ação e reação. Portanto, vamos ouvir e apreciar esses tambores e essas vozes.

Júlia continuou ouvindo as vozes e, sem perceber, seus pés começaram a acompanhar o som.

Luiz Cláudio, após conversar com os outros rapazes, resolveu sair daquele ambiente pesado e foi para fora.

Assim que ele saiu, Alzira disse:

— Venha Júlia, vamos ver para onde Luiz Cláudio vai.

Júlia, que estava envolvida pela música e ainda acompanhando com os pés, consentiu com a cabeça.

Quando Luiz Cláudio saiu pela porta, viu Maria Augusta que continuava sentada e conversando com Filó. Aproximou-se e tocando a aba do chapéu com uma das mãos, disse:

— Meus sentimentos, senhorita.

— Obrigada, senhor.

— Deve estar sentindo muito a morte da sua mãe. Desculpe-me, eu não devia ter dito isso, pois é evidente que sim.

— Não se preocupe. Estou mesmo sentindo muito a morte de minha mãe, mas ela estava sofrendo muito. Por isso, acho que foi melhor para ela.

Uma lágrima começou a formar-se em seus olhos. Ela, rapidamente, secou com um pequeno lenço bordado.

— Posso me sentar ao seu lado?

— Sim.

Maria Augusta se afastou para que ele se sentasse. Filó, que estava sentada ao lado dela, se levantou.

— Sente-se, Filó. Não precisa ficar em pé.

— *Si a sinhazinha num si importá, to cum sede. Possu i até a cuzinha pra bebê água?*

— Pode, mas volte logo.

Filó saiu correndo em direção a casa.

— Sente-se, senhor.

Luiz Cláudio se sentou:

— Conversamos poucas vezes, mas sempre admirei a senhorita.

— Obrigada, mas não sou muito de conversar.

— Sua irmã foi ao baile, por que a senhorita não foi?

— Estava no hospital com minha mãe.

— Sua irmã não foi ao hospital?

Ela ficou com vontade de falar o que Maria Inês havia feito, mas mentiu:

— Minha mãe estava bem e ela sabia o quanto Maria Inês queria ir ao baile, por isso pediu que ela ficasse bem bonita para o evento.

— Mesmo assim, acho que ela não deveria ter ido.

— Não julgue minha irmã, senhor. Ela é muito jovem...

— Desculpe, eu não devia ter dito isso.

Maria Inês viu quando Luiz Cláudio saiu, pensou:

Vou conversar com ele para podermos marcar um novo encontro.

Acompanhada por Zefa, saiu da casa. Assim que saiu, viu que Luiz Cláudio estava sentado ao lado de Maria Augusta e que conversavam. Ficou furiosa:

— Olhe lá, Zefa! A minha santa irmã querendo roubar meu namorado!

— *Elis tão só cunversandu, sinhazinha...*

— Como só conversando? Por que ela está sozinha com ele? Onde está Filó?

— *Num sei, sinhazinha. A Filó devi di tê ido fazê arguma cousa que vossa irmã pediu...*

— Está vendo? Ela pediu para Filó sair para poder ficar sozinha com ele! Mentirosa! Fingida! Com essa cara de santa, na primeira oportunidade, tenta roubar o meu namorado!

— *A Sinhazinha tá namurandu cum eli?*

— Ainda não, mas vou namorar e vou me casar com ele! Vamos até lá!

— *Ispera, sinhazinha. Num podi chegá lá dessa maneira. Tá muito nirvosa! Ispera i pensa um poco...*

— Esperar coisa nenhuma! Vou agora mesmo!

— *Num vai não, Sinhazinha!*

Quando Maria Augusta viu que Maria Inês se aproximava, levantou-se:

— Desculpe-me, senhor, preciso entrar para fica ao lado do meu pai.

Ele também se levantou e fez uma reverência. Enquanto ela se afastava, sorriu e pensou:

Vou conquistar você também...

Maria Inês passou por Maria Augusta e, tomada de raiva, fingiu não ver a irmã. Aproximou-se de Luiz Cláudio:

— Precisei sair para tomar um pouco de ar. Lá dentro está muito calor.

— Tem razão. Por isso foi que também saí. Quer se sentar, senhorita?

Maria Inês, vibrando de felicidade, mas procurando não demonstrar, sentou-se. Ele se sentou logo em seguida.

Assim que ela se sentou, olhou para Zefa e falou:

— Zefa! Vá buscar suco para mim e para o senhor Luiz Cláudio!

— *Já vô, sinhazinha.*

Zefa saiu apressada e Maria Inês sorriu:

— Estava conversando com minha irmã?

— Sim. Ela é uma pessoa muito agradável.

— O senhor acha?

Ele começou a rir:

— Desculpe-me, não quis ser deselegante. Ela, definitivamente, não é uma pessoa agradável. É fria e distante.

— Desde criança, sempre foi assim. Muito certinha. Com o tempo me acostumei, mas, sobre o que conversavam?

— Nada importante, apenas amenidade. Na realidade, enquanto eu conversava com ela, pensava na senhorita.

— Em mim? Por quê?

— No que eu poderia fazer para que aquele nosso encontro, que teve de ser adiado, se realizasse.

Ela estremeceu:

— Encontrou uma solução?

— Encontrei, mas não sei se a senhorita vai concordar.

— Posso saber que solução foi essa?

— Pensei que, depois do cortejo e do enterro de sua mãe, eu voltarei e poderemos nos encontrar no lago.

— O senhor não foi convidado para um jantar na casa de Eulália?

— Sim e não posso faltar.

— Vai mesmo se casar com ela?

— Não! Só vou me casar com a senhorita! Sabe que existe um acordo entre o meu pai e o da senhorita Eulália. Por algum tempo, preciso manter as aparências, mas, definitivamente, não me casarei com ela.

— Como vai fazer isso?

— Nossos pais estão em negociações. Quando terminarem, direi que não quero me casar. Só estou preocupado com a reação de Eulália. Não quero que ela sofra.

— O senhor é muito nobre, mas não precisa se preocupar. Eulália não quer esse casamento. Ela está apaixonada pelo senhor José Antônio.

— O filho do comerciante?

— Ele mesmo.

— O pai dela não vai permitir esse casamento.

— Esse é o temor dela, mas disse que não se casará com o senhor e que, se precisar, vai fugir para ficar com o homem que ama.

— Está vendo como tudo está ficando mais fácil para nós, senhorita? Com a recusa dela, estarei livre para que possamos nos casar!

— Está falando sério?

— Claro que sim! Só não a tomo em meus braços agora, porque as pessoas poderiam não entender. Sempre fui apaixonado pela senhorita e, a cada dia que passa, esse amor fica mais forte.

— Não consigo acreditar no que está falando, senhor. Nunca demonstrou interesse algum por mim.

— Sempre tive interesse. Foi a senhorita foi quem nunca olhou para mim da maneira como está olhando agora. Precisamos nos encontrar! Sei que hoje, com a morte da sua mãe, não é um bom dia, mas, se não se importar, eu gostaria muito.

— Bem, senhor. Realmente não é um bom dia, mas de que vai adiantar eu ficar em casa chorando? Minha mãe não vai voltar, não é? Se eu soubesse que minhas lágrimas a trariam de volta, choraria sem parar, mas como isso não vai acontecer poderemos nos encontrar, sim. O que planejou?

— O cortejo e o enterro devem terminar lá pelas quinze horas. Penso que lá pelas dezessete horas já deverá ter voltado ao lado de seu pai e de sua irmã. Eu virei a cavalo e a esperarei no lago, como o combinado. Não poderei ficar muito tempo. Sabe que preciso manter as aparências. Portanto, hoje, às vinte horas, terei de ir ao jantar na cada do Duque. Porém, se concordar, serei o homem mais feliz deste mundo!

— Não sei, senhor, e se não der tempo?

— Dará. Sei que dará! Preciso tomá-la em meus braços nem que seja por um minuto! Promete que não vai me deixar esperando em vão?

Maria Inês estava atordoada:

— Não sei o que fazer. O senhor sabe que não é certo uma moça recatada aceitar encontrar-se sozinha com um homem, ainda mais em um lugar isolado como o lago.

— Preciso fazer uma pergunta:

— Qual?

— A senhorita gosta de mim?

Ela pensou pouco e respondeu:

— Acredito que sim.

— Eu também gosto muito da senhorita e pretendo me casar. Portanto, não existe nada de errado nesse encontro. Se nos gostamos, por que continuamos com tanta cerimônia? Por que nós não nos chamamos pelos nossos nomes próprios? Gostaria que me chamasse de Luiz Cláudio e que eu pudesse chamá-la de Maria Inês. A senhorita vê algum mal nisso?

— Não! Claro que não!

— Pois bem. De hoje em diante, quando estivermos sozinhos, nós nos chamaremos pelos nossos nomes. Está certo, Maria Inês?

— Está, Luiz Cláudio... — ela disse, sorrindo.

— Estarei esperando por você, Maria Inês. Hoje, vamos começar um romance que nos fará muito felizes.

— Eu já estou muito feliz!

Havia várias carruagens. Outras começaram a chegar. Ele, tocando a aba do chapéu, disse:

— Estou há muito tempo aqui fora. Está quase na hora de começar o cortejo até a igreja. Acredito que está na hora de entrarmos. Somente para manter as aparências, ficarei ao lado de Eulália. Espero que não se incomode.

— Tem razão. Você disse coisas tão lindas que cheguei a esquecer onde estou. Entre primeiro que irei em seguida.

Ele voltou para a sala. Dirigiu-se para onde estava Eulália e ficou ao seu lado.

Maria Inês fez com a mão um sinal para Zefa que estava distante. Zefa se aproximou. Maria Inês falou, agitada:

— Ele me ama, Zefa! Ele me ama!

— *Si acarma, Sinhazinha. Si acarma...*

— Como me acalmar? Não entendeu o que eu disse? Ele me ama e quer se encontrar comigo!

— *Tá bão, mas agora tá quase na hora do interru saí. A sinhazinha percisa intrá i ficá do ladu da vossa mãe. Percisa dá u urtimu adeus...*

— Tomara que esse enterro termine logo! Não suporto mais ficar aqui com toda essa gente querendo que eu chore, que eu sofra!

— *A Sinhazinha num tá sufrendu?*

— Claro que estou sofrendo, mas do que adianta todo esse tempo aqui? Não seria melhor que ela fosse enterrada logo?

— *Vamu intrá, Sinhazinha...*

Entraram. Logo depois o caixão foi fechado. O pai de Maria Inês permaneceu ao lado, chorando muito. Maria Augusta ficou ao lado dele, chorando baixinho. Maria Inês chorava e soluçava sem parar. As pessoas a abraçavam, condoídas pelo sofrimento dela. Por dentro, ela pensava:

Tomara que termine logo! Quanto mais cedo, melhor, pois poderei ficar mais tempo ao lado de Luiz Cláudio.

Ele, ao lado de Eulália, também pensava:

Como ela pode fingir tanto?

— Também acho, ela não tem um pingo de sentimento. — Júlia falou balançando a cabeça de um lado para outro.

Alzira olhou para Ciro. Ambos sorriram.

O cortejo chegou à igreja. Após o sermão do padre, o corpo foi enterrado junto ao altar.

Maria Inês ficou aliviada quando terminou e todos começaram a se despedir.

Quando Luiz Cláudio se aproximou ao lado de Eulália e apertar sua mão, ela sorriu.

Apesar de tudo, estava feliz.

Ao ver aquilo, Júlia, que a tudo assistiu em silêncio, não se conteve:

— Ela é insuportável!

Novamente, Alzira e Ciro sorriram. Júlia olhou para eles e perguntou:

— Posso fazer mais uma pergunta?

— Claro que pode. Estamos aqui para que você possa aprender.

— Ela foi enterrada dentro da igreja e perto do altar?

— Sim, Júlia.

— Por quê? Ela é santa?

— Não. Naquele tempo era costume. As pessoas que tinham posses ou títulos eram enterradas dessa maneira. Quanto mais dinheiro e quanto maior fosse o titulo, eram enterradas mais perto do altar.

— E os pobres, onde eram enterrados?

— Longe da cidade. Os negros mais longe ainda.

— Existia toda essa desigualdade?

— A desigualdade sempre existiu e sempre existirá.

— Não é justo nem certo!

— Tudo está sempre certo, Júlia.

— A senhora está querendo dizer que não se deve lutar contra a desigualdade?

— Não estou dizendo isso, Júlia. Só estou dizendo que tudo está sempre certo. Que sempre existe um motivo para o que acontece. Como também, deve-se, sim, lutar para que as pessoas se amem e se respeitem. Cada um está no lugar em que deve estar. Cada um vive a vida que escolheu.

— Lá vem a senhora com essa história de escolha novamente. Por mais que fale isso, jamais vou me conformar. Jamais vou acreditar que alguém possa escolher viver na pobreza!

— Tudo bem, mas agora está na hora de voltar ao seu corpo, de acordar.

— Não, eu não quero! Quero ver o que vai acontecer com Maria Inês! Quero saber se ela vai se encontrar e se casar com Luiz Cláudio.

— Você vai saber, não se preocupe, mas agora precisa voltar. Se não voltar, já expliquei o que acontece com seu corpo físico.

— Das energias?

— Isso mesmo.

Do mesmo modo que das outras vezes, Júlia acordou com um pulo. Virou-se na cama e voltou a dormir.

A entrega

Naquela manhã, Júlia acordou animada. Não se lembrou do sonho. Levantou-se, decidida a encontrar um emprego. Pegou seu currículo e foi a algumas empresas e a uma agência de emprego. Entregou os currículos e voltou para casa.

Quando a porta do elevador se abriu para que ela entrasse, encontrou seu Osvaldo que saía.

— Bom dia, Júlia! Como você está?

— Estou bem, obrigada.

— Meu filho ficou impressionado e preocupado com você.

— Seu filho?

— Sim. Ele mora no Rio e ajudou Sueli a levar você para o hospital.

— Eu vi um rapaz, mas não pensei que fosse seu filho. Ele está aqui?

— Não. Foi embora hoje pela manhã.

— Por favor, agradeça a ele por mim e peça desculpas pelo transtorno.

— Ele não ligou, não. Só ficou preocupado.

Ela sorriu. Ele saiu do elevador e ela entrou.

Quando entrou no apartamento, viu que o quarto de Sueli estava fechado o que significava que ela estava dormindo. Foi até a cozinha, pegou um pão, passou manteiga. Encheu um copo com leite e foi para seu quarto. Não queria acordar a amiga.

Depois de comer e de beber o leite, para não fazer barulho, colocou o copo sobre a pia. Lavaria mais tarde.

Quando estava voltando para o quarto, olhou para a estante e viu os livros de Sueli. Como não tinha o que fazer, pegou um deles e levou para o quarto. Deitou-se e começou a ler. Enquanto lia, mais se entusiasmava com a história. Passou o resto do dia lendo.

Quando Sueli acordou, admirou-se e ficou feliz ao ver Júlia lendo.

— Que livro está lendo, Júlia?

Júlia mostrou a capa.

— Esse livro é lindo! Você escolheu bem. Sei que vai gostar dessa história.

— Já estou gostando, Sueli.

Sueli sorriu e se preparou para ir trabalhar. Saiu e Júlia continuou lendo e só parou para preparar o jantar. Comeu rapidamente e continuou lendo.

Quando Sueli voltou do trabalho ao entrar em casa, viu que a luz do quarto de Júlia estava acesa. Foi até lá:

— Ainda está lendo, Júlia?

— Estou, Sueli. Realmente, este livro é muito bom.

— Eu não disse?

— É uma pena que se trata de ficção.

— Ficção, por quê, Júlia?

— A personagem tem dois amigos espirituais que ficam ao lado dela, o tempo todo para ajudá-la a passar os momentos difíceis. Seria muito bom se isso fosse verdade.

Sueli riu:

— Todos nós temos amigos espirituais, Júlia!

— Acredita mesmo nisso?

— Claro que sim. Acredito que nossos amigos e parentes que partiram antes de nós, se puderem, nos ajudam.

— Se puderem? O que quer dizer com isso?

— Nem sempre o espírito, após partir, está em condições de nos ajudar. Eles precisam primeiro entender o que aconteceu para tentarem se ajudar. Muitos conseguem rapidamente, outros levam mais tempo. Acredito até que muitos de nossos amigos nem renasceram e nós não nos lembramos deles, mas mesmo assim nos ajudam.

— Amigos que não conhecemos?

— Sim. Quando eles nos ajudam a escolher a vida que queremos viver, quando no corpo físico, mesmo não renascendo, ficam ao nosso lado durante todo o tempo em que estamos vivendo. Fazem isso para que tudo dê certo e saia do modo como foi planejado.

— Não consigo acreditar nessa história de que eu tenha escolhido essa vida, miserável, que vivo. Jamais teria escolhido isso!

— Está bem, Júlia. Agora vou me deitar. O dia hoje foi muito cansativo. Acho que deve dormir também.

— Vou daqui a pouco. Só vou terminar mais um capítulo.

— Boa noite, Júlia.

— Boa noite, Sueli.

Sueli foi para seu quarto e Júlia continuou lendo.

Leu por mais um tempo, até sentir que seus olhos estavam se fechando. Pensou:

Estou na metade do livro. Não queria parar, mas estou com sono. Vou deixar para amanhã.

Deitou-se e logo adormeceu.

Estava novamente no jardim da casa de Maria Inês e, ao seu lado, Alzira e Ciro.

— Hoje, demorou para dormir, Júlia...

— É verdade. Eu estava lendo um livro.

— Sei disso. Eu estava lendo com você.

— O que a senhora está falando?

— Que estava lendo com você.

Júlia começou a rir:

— Está brincando!

— Não estou brincando, Júlia. Só por que não estarmos no corpo físico acha que deixamos de gostar e de aproveitar as coisas boas da Terra?

— Não sei. Nunca pensei nisso...

— Quando o espírito retorna para o plano espiritual, ele traz consigo lembranças dos bons e dos maus momentos que teve quando reencarnado. Já imaginou como se sentiria aquele artista que se dedicou a qualquer tipo de arte, como cantar, atuar e tocar se não pudesse mais fazer essas coisas de que tanto gostou? O mesmo acontece com aqueles que gostam de ler. Como ficariam se não pudessem mais fazer isso? Eu, particularmente, sempre gostei de ler. Ciro sempre gostou de atuar, por isso, fica ao lado dos atores ajudando no que for possível.

Jamais imaginei que isso poderia acontecer.

Ambos começaram a rir. Ciro continuou:

— Existem muitas coisas que nem você nem outros espíritos que estão no corpo físico imaginam. Agora olhe quem está saindo da casa!

Júlia olhou e viu Maria Inês que, acompanhada por Zefa, saía da casa. Estava apressada:

— Vamos, Zefa! Ande logo! Estamos atrasadas! Pensei que Maria Augusta e papai não fossem para seus quartos!

— *Tamos trasada, pra quê? Sinhazinha?*

— Isso não interessa para você, mas, mesmo assim, vou falar. Estou indo me encontrar com Luiz Cláudio!

— *A Sinhazinha vai si incuntrá cum eli, suzinha?*

— Vou! O que tem demais?

— *A sinhazinha sabi que num podi si encuntrá cum um homi sozinha! É pirigoso!*

— Perigoso, por quê?

— *Us home gosta di inganá as moça...*

Maria Inês, que andava rapidamente, segurando o vestido para poder andar melhor, começou a rir:

— Zefa! Você me conhece desde que nasci, acha que alguém pode me enganar?

— *Num sei não, Sinhazinha. Inda achu pirigoso. Posu ficá junto cum a Sinhazinha?*

— Claro que não, Zefa! Como poderemos conversar sabendo que está nos olhando e ouvindo? Assim que ficarmos longe da casa e que ninguém possa nos ver, você vai parar de andar ao meu lado e esperar até que eu volte. Não se preocupe! Nada vai me acontecer. Além do mais, Luiz Cláudio me ama e disse que vai se casar comigo!

— *Ele num vai si casá cum a Sinhazinha Eulália?*

— Claro que não! Está apenas fazendo a vontade do pai, mas, antes de se casar, vai dizer que não quer mais. Ele vai se casar comigo! Eu vou ser Baronesa!

— *Toma cuidadu, sinhazinha!*

— Pare de falar, Zefa! Pronto, chegamos! Da casa ninguém mais vai poder nos ver. Vou até o lago me encontrar com ele! Fique aqui e não se atreva a ir nos olhar!

— *Eu num vô, Sinhazinha, mais toma cuidadu...*

Maria Inês, ainda segurando o vestido, continuou correndo em direção ao lago. Logo depois, viu Luiz Cláudio que andava impaciente de um lado para outro. Quando ela o avistou, correu mais ainda.

Assim que Luiz Cláudio a viu, também correu. Ao se aproximarem, ele, sem que ela esperasse, abraçou-a e beijou-a.

A princípio, ela quis evitar, mas não conseguiu e retribuiu o beijo. Após se afastarem, ele, olhando em seus olhos e com a voz apaixonada, disse:

— Pensei que não viesse. Estava desesperado.

— Por quê?

— Estou apaixonado e sinto que não poderei mais viver sem a sua companhia!

— Está falando a verdade?

— Claro que estou! Se não estivesse, acha que estaria aqui? Venha! Preciso de outro beijo.

Antes mesmo que ela tivesse tempo para pensar, ele voltou a to-má-la nos braços e beijou-a novamente. Ela, depois do beijo, se afastou:

— Espere, Luiz Cláudio! Não devemos nem podemos fazer isso...

— Por que não? Eu amo você, Maria Inês! Sei que me ama tam-bém! Pretendo me casar com você! A não ser que esteja enganado e que você não me ama. Será que me enganei?

— Não! Eu amo você!

Ele se afastou:

— Não, você não me ama, se me amasse, não duvidaria das mi-nhas e intenções. Por isso, vou embora...

Ela, desesperada por ver que ele estava indo embora, gritou:

— Eu não duvido! Sei que me ama e estou feliz com isso!

— Então prove...

— Como?

— Venha aqui.

Voltou a abraçá-la e a beijá-la, apaixonadamente.

Emocionada, Maria Inês retribuiu o abraço e o beijo. Lentamente, ele fez com que ela se deitasse sobre a gramà.

Continuou com carinhos, o que fez com que ela fosse se entre-gando sem resistir. Logo mais, se entregou totalmente.

Zefa, que não obedeceu Maria Inês, de longe, viu tudo o que acon-teceu. Chorando, disse;

— *Meu Deus, minha Sinhazinha tá pirdida...*

Júlia também se admirou:

— Jamais pensei que ela se entregaria assim, tão rápido! Pensei que fosse mais madura!

— As situações sempre se repetem, Júlia. Várias vezes ele a envol-veu e ela nunca conseguiu resistir.

— Quantos anos ela tem?

— Dezesseis anos.

— A senhora disse que ela só tem dezesseis anos? Como poderia resistir? Ele é o culpado!

— Como pode ver, você tem razão, Júlia. Ele é o culpado e responsável, perante o plano espiritual. Como eu disse, as situações se repetem para que o espírito possa se libertar de todas as amarras e entenda que é livre e que, portanto, não pode ser escravizado de maneira alguma. Outra vez, ela não resistiu, mas terá outras oportunidades. Em outra encarnação, terá de passar pelas mesmas provas. Tomara que, desta vez, resista ao que está por vir. Ficaremos ao seu lado para que tenha forças e que se liberte para sempre.

— Tomara que consiga mesmo! Não gosto dela! Acho que ela é pedante, egoísta e que não tem um pingo de sentimento, mas acho que isso não deveria ter acontecido. É só uma criança! Ainda mais se levarmos em conta essa época em que está vivendo...

— Ela ainda vai ter a chance de vencer. Vai depender somente do seu livre-arbítrio, das suas escolhas.

— É só uma criança! Como pretende que ela faça escolhas?

— Embora esteja usando um corpo de criança, é um espírito velho. Ela tem condições de escolher, Júlia.

— Está apaixonada por ele...

— Não, Júlia. Ela se apaixonou pela posição dele. Ela não aceita que ele se case com Eulália. Essa luta entre os três se arrasta por várias encarnações e essas mesmas situações se repetem sempre.

— Nunca vai terminar?

— Esperamos que sim, mas isso só acontecerá quando cada um deles entender que seu espírito é livre e que não pode ser aprisionado por nada e por ninguém.

Maria Inês e Luiz Cláudio continuavam abraçados por mais algum tempo. Depois, ele se levantou:

— Agora preciso ir.

— Você vai ao jantar?

— Como combinamos, por mais algum tempo, preciso manter as aparências, mas não se preocupe, Eulália não representa nada para mim. Amanhã, à mesma hora, estarei aqui e poderemos nos amar novamente.

Maria Inês também se levantou e, feliz, disse:

— Vou esperar ansiosa.

Ele, depois de abraçá-la e de beijá-la novamente, se afastou.

Com o coração acelerado de felicidade, ela ficou olhando até que ele desaparecesse entre as árvores.

Depois, voltou para junto de Zefa:

— Vamos embora, Zefa!

— *U qui cunteceu, Sinhazinha?*

— Nada aconteceu, Zefa, somente que sou a mulher mais feliz deste mundo! Vou me casar, Zefa! Vou ser baronesa! Agora vamos para casa!

— *Tá bão, Sinhazinha... tá bão...*

Maria Inês não percebeu que Zefa estava triste e preocupada.

Quando entraram na casa, encontraram Maria Augusta que estava na sala tocando uma música triste, no piano. Assim que elas entraram, perguntou:

— Onde você estava, Maria Inês?

Maria Inês, que não esperava encontrar a irmã, por um segundo ficou sem saber o que responder, mas logo se recompôs:

— Eu estava muito triste e resolvi ir até o lago com Zefa. Diante daquela beleza e daquela água límpida, senti-me muito bem. E você está tocando piano no dia em que nossa mãe foi enterrada?

— Estou tocando em homenagem a ela. Esta música era a de que mais gostava.

— Vou para meu quarto.

— Vá, Maria Inês.

Maria Inês saiu e começou a subir a escada. Maria Augusta olhou para ela por alguns segundos e voltou a tocar piano.

Quando entrou no quarto, Maria Inês se jogou sobre a cama:

— Estou tão feliz! Ele me ama realmente!

Zefa ficou olhando e, balançando a cabeça, disse:

— *Vô preparar u vossu banhu, Sinhazinha.*

— Não quero tomar banho, Zefa!

— *Num qué? Pru quê?*

— O cheiro dele ainda está em mim! Não quero que desapareça!

Zefa voltou a balançar a cabeça e pensou:

A Sinhazinha tá loca...

A espera

Júlia, balançando a cabeça de um lado para outro, acordou, falando:

— Ela é uma criança!

Quando abriu os olhos, se assustou por ter ouvido sua própria voz, pensou:

De qual criança estou falando?

Olhou para o relógio:

Duas e meia da manhã? Por que fui acordar a esta hora?

Continuou deitada, tentando adormecer novamente. Depois de rolar de um lado para o outro sem conseguir dormir, resolveu se levantar e tomar um copo com leite.

Foi até a cozinha, quando abriu a geladeira, viu que havia um bolo que Sueli havia preparado. Pegou um pedaço, colocou leite em um copo, sentou-se em uma cadeira que estava junto à mesa e começou a comer.

Pela primeira vez em minha vida, acordei com a minha própria voz. Com o que será que eu estava sonhando? Por que não me lembro?

Quando terminou de comer, colocou o copo sobre a pia e voltou para o quarto.

Ajeitou o travesseiro e voltou a se deitar. Minutos depois, estava na casa de Maria Inês no momento exato em que uma carruagem parava diante da porta de entrada. Dela, desceu Eulália. Uma das escravas da casa abriu a porta.

Eulália entrou rapidamente, perguntando:

— Maria Inês está em casa?

— *Tá lá nu quartu, Sinhazinha.*

— Preciso falar com ela! Vou até lá!

— *Ispera, Sinhazinha. Perciso avisá ela.*

— Vá logo! Estou com pressa!

A negra subiu a escada correndo. Quando chegou ao quarto de Maria Inês, bateu e entrou afobada.

Maria Inês que estava sentada diante do espelho, enquanto Zefa penteava seus cabelos, perguntou:

— O que aconteceu para você estar assim?

— *A Sinhazinha Eulália tá aí i qué falá cum a Sinhazinha!*

Maria Inês se levantou e perguntou:

— Eulália, aqui? O que ela quer?

— *Num sei, não, Sinhazinha. Só sei que tá muitu nirvosa!*

— Nervosa? O que será que aconteceu? Peça que venha até aqui.

A escrava desceu e, logo depois, Eulália, chorando, entrava no quarto de Maria Inês.

— O que aconteceu, Eulália? Por que está assim?

Eulália chorava tanto que não conseguia falar.

Maria Inês também ficou nervosa:

— Pare de chorar, Eulália! Conte o que está acontecendo!

Eulália, que não conseguia parar de chorar, entregou um envelope para Maria Inês que, imediatamente, abriu e leu:

> *Prezada senhorita Eulália*
> *É com o coração despedaçado que escrevo estas linhas.*
> *Estou embarcando, amanhã, em um vapor para a França.*
> *Meu pai ficou sabendo que estamos nos encontrando.*

*Ficou nervoso, pois, embora tenha ganhado muito dinheiro
como comerciante, não conseguiu, ainda um título de
nobreza, que é o seu maior desejo. Disse-me que se eu
continuar insistindo em continuar com a senhorita, seu
pai não permitirá que ele consiga o que deseja. Portanto,
por esse motivo, exigiu que eu me afastasse da senhorita.
Disse, também, que se eu não acatar o seu desejo, me
deserdará, coisa que não consigo imaginar. Por isso aceitei
ir para França e ficar por lá por algum tempo. Espero que
entenda minha posição e que me perdoe. Sou fraco. Pensar
em ser pobre me apavora. Novamente pedindo seu perdão,
me despeço.*
José Antônio

Maria Inês, com a carta na mão, olhou para Eulália e perguntou:

— O que significa isto, Eulália?

— O que você viu, Maria Inês! Ele vai embora! Vai me abandonar! Ficou com medo de ser deserdado! De ficar pobre!

Eulália, chorando, abraçou à Maria Inês e continuou:

— Ontem à tarde, essa carta chegou através de um mensageiro. Fiquei arrasada e chorei por horas. Só parei quando me lembrei de que Luiz Cláudio e sua família viriam para o jantar.

— Eles foram? — Maria Inês, curiosa, perguntou:

— Sim e, no final, foi bom.

— Por quê?

Luiz Cláudio é maravilhoso! Percebeu que eu não estava bem e fez com que eu lhe contasse o que havia acontecido. Contei e, quando terminou, ele, segurando minha mão, disse:

— *Não fique assim, senhorita. É uma moça linda e inteligente. Ele não a merecia, mas, quando nos casarmos, vou fazer tudo o que estiver ao meu alcance para que seja feliz.*

Maria Inês, rindo por dentro, pois sabia que só se tratava de manter as aparências, perguntou:

— Ele disse isso?

— Disse e confesso que aquilo fez com que eu o enxergasse de outra maneira. Ele é muito carinhoso, Maria Inês. Após o jantar, quando eles foram embora, fiquei pensando que, talvez, não seja tão ruim eu me casar com ele.

— Está pensando nisso?

— Estou. Já que me decepcionei tanto com José Antônio, acredito que esse caminho não será tão ruim assim.

Maria Inês disse e, dessa vez, com sinceridade.

— Não confie, Eulália. Os homens mentem.

Ficaram conversando por mais algum tempo. Maria Inês olhava para o relógio e começou a ficar preocupada, pois estava chegando a hora em que havia marcado encontro com Luiz Cláudio e Eulália não ia embora. Demonstrando pesar, disse:

— Desculpe-me, Eulália. Minha professora vai chegar para a aula de pintura.

Eulália, que estava sentada sobre a cama e que já não chorava mais, levantou-se, dizendo:

— Não se preocupe, Maria Inês. Eu também preciso ir embora. Obrigada por me ouvir. Só mesmo você para ter tanta paciência comigo. Quando me casar, quero que seja minha dama de honra.

— Serei, Eulália! Claro que serei!

Despediram-se e Maria Inês acompanhou Eulália até a carruagem, onde uma negra a esperava. Após a carruagem desaparecer, Maria Inês, acompanhada por Zefa, voltou para seu quarto.

Assim que entrou no quarto, começou a gritar:

— Vai se casar? Vai se casar? Coitada, ele vai se casar comigo, Zefa! Ele me ama e eu já provei a ele o quanto o amo! Ele vai se casar comigo! Só comigo! Eu vou ser baronesa!

Júlia, que a tudo acompanhava, olhou para Alzira e perguntou:

— Ele vai se casar com ela?

— Quer saber o fim do filme, Júlia? Vamos acompanhar e logo você vai saber. — Alzira respondeu, rindo.

Júlia também riu e voltou sua atenção para Maria Inês que, olhando para Zefa, disse:

— Preciso trocar de vestido, Zefa! Quero ficar bem bonita para me encontrar com ele!

— *Tá bão, sinhazinha...*

Depois de se arrumar meticulosamente, Maria Inês saiu feliz, de casa e foi para o lago. Assim que se aproximou, notou que Luiz Cláudio ainda não estava ali.

— Estranho ele ainda não ter chegado. O que será que fez com que ele se atrasasse, Zefa?

— *Num sei, sinhazinha. Ele devi di tá chegandu...*

Maria Inês continuou caminhando e, quando chegou à margem, Zefa estendeu um tapete que era usado para isso. Maria Inês se sentou e ficou olhando para a direção em que ele deveria chegar.

O tempo foi passando e ele não chegou. Preocupada, ela, falou:

— Deve ter acontecido algo muito grave, mesmo, para ele não ter vindo, Zefa. Será que sofreu algum acidente?

— *Num sei, Sinhazinha. Vamu pra casa. Ele num vem mais...*

Embora estivesse preocupada, Maria Inês resolveu acatar o que Zefa falou e voltou para casa. Subiu a escada cabisbaixa e devagar, coisa que ela não costumava fazer.

Em seu quarto, deitou-se e ficou olhando para o alto, tentando entender o que havia acontecido. Depois de algum tempo, levantou-se:

— Quando ele vier amanhã, vai me contar o que aconteceu! Vou estar lá todos os dias, até que ele venha. Ou melhor, Zefa, já que o Inácio é o seu marido, você pode conversar com ele e pedir que tente descobrir se Luiz Cláudio sofreu algum acidente. Precisa dizer a ele para não comentar com ninguém. Vá, negra! Vá, agora mesmo!

— *U Inácio a essa hora, num tá aqui im casa. Eli, tudu dia, vai buscar u vosso pai, Sinhazinha...*

— É verdade. Eu havia me esquecido disso, mas peça para ele, que amanhã, logo cedo, encontre uma maneira de sair e investigar!

— *Ta bão, sinhazinha. Vô falá cum eli.*

Maria Inês passou o resto do dia tentando pintar, mas não conseguiu. Seu pensamento estava nos momentos que passara ao lado de Luiz Cláudio e no porque de ele não ter comparecido ao encontro.

Deve ter acontecido algum acidente.

Naquela noite, teve dificuldade para dormir. Estava ansiosa e olhando a toda hora para o relógio.

O dia precisa clarear. Tenho de saber se Luiz Cláudio está bem. O que será que aconteceu?

Pela manhã, quando Zefa entrou no quarto para acordar Maria Inês, como fazia todos os dias, ficou surpresa por ver que ela já estava acordada:

— *Já tá curdada, Sinhazinha?*

— Não consegui dormir! Inácio já saiu para descobrir se Luiz Cláudio está bem?

— *Ele num podi i, sinhazinha.*

— Não foi, por quê?

— *Vossu pai num saiu hoji e mandô u Inácio cuidá das frô dele. Disse que tão murcha. U Inaciu só vai pode ir di tardi*

— Cuidar das flores?

— *A Sinhazinha sabe u quantu vosso pai gosta daz frô deli e que só dexa u Ináciu cuidá, num sabi?*

Maria Inês ficou furiosa:

— Não pode ser! Não pode ser! Vou ficar maluca se não souber o que aconteceu com ele e por que não foi ao encontro!

— *A Sinhazinha num dissi que ia isperá eli, hoji, lá nu lagu?*

— Eu disse e vou! Sei que ele vai vir!

— *Faiz issu, Sinhazinha. Amanhã, u Inaciu vai discubri u qui cunteceu.*

— É isso mesmo que vou fazer! Na hora marcada, iremos ao lago, Zefa!

Zefa sorriu ao ver a felicidade voltar ao rosto de sua sinhazinha.

À tarde, através da janela, Maria Inês viu quando Inácio subiu na carruagem.

— Ainda bem! Não estou aguentando mais essa falta de notícia! Tenho certeza de que ele sofreu um acidente! O Inácio vai me confirmar!

— *Vamu isperá pra vê, Sinhazinha.*

Maria Inês, nervosa, saiu do quarto e ficou andando, no jardim, de um lado para outro. Entrou em casa e saiu dela várias vezes. Quase duas horas depois, viu que a carruagem se aproximava. Assim que parou e que Inácio desceu, ela, tremendo, perguntou:

— Então, Inácio, conseguiu descobrir o que aconteceu com ele?

— *Num cunteceu nada cum eli, não, Sinhazinha.*

— Como não? Por que ele não veio ao meu encontro?

— *Num sei, Sinhazinha. Eu tava cunversandu cun as pessoa pra sabe dele, quando o Joca, meu amigo disse qui ele tava na cunfetaria. Eu fui até lá e eli tava memo. Tava tumando chá cum a Sinhazinha Eulália.*

— *O que está falando, Inácio? Ele estava com Eulália?*

— *Tava, Sinhazinha. Dispois, elis saíram i foram si sentá lá na praça. Eli, a Sinhazinha Eulália e a Zefinha.*

Maria Inês ficou possessa!

— Eulália me enganou! Ela disse que não gostava dele, mas estava mentindo! Mentirosa! Mentirosa! Depois que foi abandonada, resolveu ficar com ele! Eu sei que ele está fazendo isso somente para manter as aparências, mas ela está tentando envolvê-lo! Mentirosa! Vou falar com meu pai e pedir permissão para ir até a casa dela! Ela vai ter de se explicar!

— *Num faiz isso, sinhazinha. Fica carma e pensa direitu.*

— Como ficar calma, Zefa? Você não ouviu o que o Inácio disse? Aquela mentirosa está querendo tirar o Luiz Cláudio de mim! Não vou permitir!

— *Será que é ela qui tá tirando eli ou é eli qui qué ficá cum ela?*

— Não é ele, Zefa! É ela quem quer ficar com ele, mas não vou permitir! Não vou!

Imediatamente, entrou em casa e foi para o escritório onde sabia que o pai estava. Embora estivesse muito nervosa, respirou fundo e falou:

— Papai! Será que o Inácio poderia me levar à casa da Eulália?

— O pai que lia, levantou os olhos.

— Por que quer ir lá, minha filha?

— Estou muito triste e gostaria de ficar algumas horas com ela.

— Por que não conversa com sua irmã?

— Maria Augusta também está triste.

— Tem razão. Sua irmã fica o tempo todo no piano. Está bem, pode ir, mas não demore muito.

Ela, beijando o pai, disse:

— Não vou demorar!

Saiu correndo e, enquanto entrava na carruagem, disse:

— Zefa, vamos até a casa da Eulália! Aquela mentirosa vai ter de me contar o que está acontecendo!

A contragosto, Zefa entrou na carruagem e Inácio fez com que os cavalos andassem.

Quando chegaram à casa de Eulália, Maria Inês desceu da carruagem e, rapidamente, foi até a porta. Uma escrava abriu:

— Eulália está em casa?

— *Não, Sinhazinha. Ela saiu cum u Sinhozinho Luiz Craudio.*

— Saiu com ele?

— *Saiu. Eli levô Sinhazinha e a Sinhá prá i tomá chá na casa deli.*

— Ela foi com a mãe?

— *Foi, Sinhazinha. Elis vão si casá.*

Maria Inês ficou com vontade de matar a escrava, mas se conteve:

— Está bem, quando ela voltar, diga que estive aqui e que preciso conversar com ela.

— *Tá bão, Sinhazinha. Eu falo.*

Maria Inês, tentando parecer calma, voltou para a carruagem. Assim que entrou, disse:

— Ele só está mantendo as aparências, sei que me ama, Zefa!

Zefa olhou para ela, mas ficou calada. Quem não conseguiu ficar calada foi Júlia:

— Maria Inês não está entendendo o que está acontecendo? Não está vendo que ele não quer mais ficar com ela?

— Está fazendo o que a maioria das pessoas fazem, quando são abandonadas, Júlia. Maria Inês está entendendo, só que se recusa a aceitar o fato.

— Sabe que estou ficando com pena dela?

— Ela é, sim, digna de pena, mas foi quem escolheu o seu caminho.

— Lá vem a senhora com essa história de escolha.

Alzira sorriu.

— Faço isso porque é importante. Agora, está na hora de você voltar.

— Sei, as energias, não é?

— Isso mesmo. Sabe que não precisa se preocupar porque vai conhecer toda a história.

Júlia, sabendo que não adiantava argumentar, sorriu e imediatamente abriu os olhos e olhou para o relógio.

Nossa! Já está tarde! Dormi muito!

Sem se lembrar do sonho, levantou-se e, após tomar café, voltou ao quarto, recostou-se e voltou a ler o livro.

O desfecho

Mais de um mês se passou. Júlia continuou procurando emprego. O casamento de Sueli estava se aproximando e ela sabia que, depois dele, teria de se mudar. Embora continuasse sonhando, não se lembrava dos sonhos.

Depois de passar boa parte do dia ajudando Sueli com os preparativos do casamento, naquela noite, cansada, deitou-se.

Logo depois, estava novamente na casa de Maria Inês e ao lado de Alzira e Ciro.

Assim que abriu os olhos, disse;

— Faz muito tempo que eu não voltava aqui...

— Tem vindo todas as noites, Júlia.

— Eu não lembro, nem agora estando aqui.

— Porque o que aconteceu não teve muita importância.

— O que aconteceu?

— Maria Inês não encontrou uma maneira para conversar com Eulália. Seu pai não deu permissão para que ela saísse. Todos os dias, ia esperar por Luiz Cláudio no lago.

— Ele não veio?

— Não. Também, não importa o que aconteceu. O que importa é o que vai acontecer agora. Vamos até o quarto de Maria Inês.

Quando chegaram, Maria Inês estava sendo ajudada por Zefa, que, preocupada, disse:

— *Si acarma, Sinhazinha. Esse enjoo vai passar logo.*

— Estou muito mal, Zefa! Acho que vou morrer!

— *Num vai, não, sinhazinha. Logo vai ficá bem. A Sinhazinha num vai murrê pur causa du enjoo, mas acho que pode murrê por outra cousa.*

— Do que está falando, Zefa?

— *Achu qui a Sinhazinha tá esperandu criança!*

— Está maluca, negra! Como posso estar esperando uma criança? De onde tirou essa ideia?

— *Já tivi quatro fio, Sinhazinha. Sei bem cumu é...*

Como isso aconteceu?

— *A nega viu quandu a Sinhazinha si deitô cum u Sinhozinho Luiz Cluadio.*

— Você estava me espionando, negra?

— *Discurpa, Sinhazinha, mas eu tava cum medo que aquilu cuntecesse i cunteceu. Agora, tai u resutadu...*

— Não pode ser, Zefa! Foi só uma vez!

— *Só percisa di uma veiz, Sinhazinha. A nega viu que u corpu da Sinhazinha num tá bão. Viu qui u sangui num veiu.*

Maria Inês, chorando, desesperada, perguntou:

— Tem razão, mas pensei que fosse somente um atraso. O que vou fazer, Zefa?

Júlia olhou para Alzira:

— É verdade? Ela está mesmo esperando uma criança?

— Continue vendo, Júlia.

Maria Inês parou de chorar:

— Isso é muito bom, Zefa!

— *Bom pur quê?*

— Agora Luiz Cláudio vai ter de se casar comigo! Vou contar ao meu pai e ele vai obrigá-lo a fazer isso!

— *Cuidadu, Sinhazinha. U Sinhozinho pódi dizê que a Sinhazinha tá mintindu. Ninguém nunca viu os dois junto, só a nega, mais palavra de nego num tem valô.*

— Preciso me encontrar com Luiz Cláudio! Ele tem de saber o que está acontecendo!

— *Percisa memo, Sinhazinha...*

— É isso o que vou fazer. Preciso encontrar uma maneira de poder sair de casa. Vou pensar em alguma coisa.

Nesse mesmo instante, ouviram o barulho de uma carruagem que se aproximava da casa.

Olharam pela janela e viram a carruagem de Eulália parar em frente à porta de entrada da casa. O cocheiro desceu. A porta se abriu e uma escrava apareceu. O cocheiro entregou um envelope e foi embora.

Nesse momento, Maria Inês que viu, através da janela, a carruagem se aproximando, desceu a escada e foi acompanhada por eles. Do alto da escada, perguntou:

— Que envelope é esse?

— *Num sei, Sinhazinha. O cochêro dexô sem falá nada...*

Maria Inês terminou de descer e, nervosa, pegou o envelope que estava endereçado ao seu pai:

— Eu vou levar para meu pai.

Com o envelope na mão, entrou no escritório e o entregou para seu pai.

O pai pegou o envelope, olhou e colocou de lado.

— Não vai abrir, papai?

— Não, Maria Inês. Pelo tamanho, deve ser um convite para uma festa, como estamos de luto, não poderemos comparecer.

— Eu sei disso, papai, mas estou curiosa para ver do que se trata.

O pai, dando o envelope para ela, disse:

— Está bem. Estou ocupado e pouco interessado em festas. Abra e veja.

Maria Inês pegou o envelope e sempre seguida por Zefa, saiu rapidamente do escritório e correu para seu quarto.

Entrou no quarto, correu para cama, sentou-se e abriu o envelope. Leu, ficou branca como cera e começou a tremer e a chorar.

— *Qui cunteceu, Sinhazinha? Qui tá iscritu aí?*

— Eles vão se casar, Zefa!

— *Elis, quem, Sinhazinha:*

— Eulália e Luiz Cláudio!

— *A Sinhazinha sabia qui isso ia cuntecê...*

— Não, Zefa! Ele disse que estava somente mantendo as aparências!

— *Quim sabi num é issu que tá cuntecendu.*

— Não, Zefa, isto é um convite de casamento! Se estivesse mantendo somente as aparências não chegaria a tal ponto! Eles vão se casar, mesmo! Só queria saber o que Eulália fez para obrigá-lo a isso!

— *Será qui ela feiz arguma coisa ou será qui eli qui qué se casá cum a Sinhazinha Eulália?*

— Claro que ela fez! Ele disse que me amava e que só casaria comigo! Preciso descobrir o que ela fez!

— *Achu qui a sinhazinha tem outra cousa pra se preocupá. Si eli si casá cum a Sinhazinha Eulália, o qui é qui a sinhazinha vai fazê cum essa criança que tá aí na vossa barrriga?*

— Preciso conversar com ele, Zefa, e contar que vamos ter uma criança! Ele vai ficar feliz e vai querer se casar comigo!

— *Tá bão, Sinhazinha. Faiz issu...*

Maria Inês foi para o escritório onde o pai estava. Entrou e, com um sorriso para disfarçar o que estava sentindo, disse:

— Papai, Eulália vai se casar e quer que eu seja sua madrinha. Preciso ir até a casa dela para explicar que, por eu estar de luto, não poderei ir ao casamento.

— Ela sabe disso.

— Sei, mas preciso explicar pessoalmente. Posso ir com Zefa e com Inácio até lá? Prometo que volto logo.

O pai sorriu:

— Está bem, minha filha, pode ir. Sinto muito que não possa ir. Sei o quanto está feliz com esse casamento. Ela sempre foi sua amiga.

Sem disfarçar sua felicidade, Maria Inês beijou o pai e foi ao encontro de Inácio que estava cuidando do jardim.

— Inácio! Prepare a charrete. Vamos sair.

Inácio olhou para Zefa que, com a cabeça, disse que sim.

— *Tá bão, Sinhazinha. Vô prepará.*

— Está bem. Vou até o meu quarto trocar este vestido e volto em dez minutos.

Subiu correndo e trocou-se rapidamente. Voltou e subiu na charrete.

Quando chegou ao centro da cidade, pediu a Inácio que desse uma volta pela praça. Ao passar em frente a um botequim, viu que Luiz Cláudio conversava e bebia com outros rapazes. Fez com que Inácio parasse a charrete:

— Inácio. Desça e vá até o botequim. Com um sinal e com cuidado para que os outros rapazes não vejam, chame o senhor Luiz Cláudio. Assim que ele vier ao seu encontro, diga que estou aqui e que preciso conversar com ele. Diga a ele para disfarçar, não quero que os outros rapazes me vejam.

— *Si u Sinhozinho nun quisé vim, Sinhazinha?*

— Por que não ia querer? Claro que ele vem, mas se isso acontecer, diga que é urgente.

Inácio desceu da charrete e foi até a porta do botequim. Maria Inês, de longe, acompanhava todos os passos dele. Luiz Cláudio o conhecia, sabia que pertencia a família dela e, ao ver o negro parado ali, sorriu.

Inácio, um tanto constrangido, mas tendo de obedecer à ordem de Maria Inês, fez um sinal com a mão dizendo que precisavam conversar.

Luiz Cláudio se aproximou. Inácio deu o recado de Maria Inês. Luiz Cláudio olhou para onde estava a charrete, colocou a mão na aba do chapéu e fez uma reverência. Maria Inês sorriu e viu que ele falou alguma coisa com Inácio. Para sua surpresa, viu Luiz Cláudio voltar para o botequim e Inácio caminhou de volta. Ele se aproximou:

— *Sinhazinha, eli dissi para Sinhazinha isperá qui eli já vem.*

Ela respirou aliviada. Esperou por quase meia hora, quando viu que ele se despediu dos amigos e caminhou em sua direção.

Assim que se aproximou, disse:

— Como vai, senhorita? Estou feliz em vê-la por aqui.

Ela estranhou ao ver que ele a chamava por senhorita, mas esforçando-se para não demonstrar seu nervosismo, disse:

— Também estou feliz por vê-lo, senhor. Precisamos conversar.

— Aqui na praça? Não prefere ir para outro lugar onde as pessoas não possam nos ver?

— Não. Vamos conversar aqui mesmo. Nossa conversa será rápida.

Depois de dizer isso, Maria Inês se voltou para Zefa e Inácio que acompanhavam a conversa:

— Afastem-se um pouco. Preciso conversar com o senhor Luiz Cláudio.

Os negros se afastaram. Ela voltando-se para ele, com a voz trêmula, falou de uma vez:

— Estou esperando uma criança.

— O quê?

— O que o senhor ouviu. Estou esperando uma criança.

Ele, tentando disfarçar a surpresa, sorriu:

— Meus parabéns! Só não entendo por que está me dizendo isso...

— Como não entende! O senhor é o pai dessa criança e precisa assumir perante meu pai. Precisa se casar comigo...

Ele, nervoso, começou a rir:

— Eu, o pai? A senhorita dever estar me confundindo com outra pessoa. Não posso me casar com a senhorita. Vou me casar com Eulália. Nossos pais já decidiram tudo e nós concordamos.

Ela se desesperou:

— Não pode estar falando isso! Sabe que foi o único homem que tive e que esse filho é seu!

— Como posso saber? Nunca conversei com a senhorita sobre esse assunto ou qualquer outro parecido. Nunca estivemos juntos e eu vou me casar com Eulália e depois iremos para Paris, onde vou estudar.

— Não vai assumir seu filho?

— Que filho? Esse filho pode ser de qualquer um, menos meu. Desculpe-me, senhorita, mas preciso ir ao encontro de minha noiva.

— Vou contar para Eulália o que o senhor fez.

Ele, que estava se afastando, voltou-se e, rindo, disse:

— Pode contar! Eu direi que é mentira, que me assediou e quando viu que eu não aceitei por amar minha noiva, ficou brava e inventou esse filho! Acha que ela e todos vão acreditar em quem? No final, se fizer isso, ficará difamada em toda a cidade e perante nossos amigos. Será obrigada a ir embora daqui ou para um convento.

— O que ela fez para que o senhor quisesse tanto se casar com ela?

Ele, com um sorriso irônico, respondeu:

— Nunca tentou me conquistar nem se entregou. Ela é uma moça decente.

Maria Inês começou a chorar:

— O que vou fazer?

— Não sei, senhorita, e não me importo. Sinto muito que, alguns momentos de diversão, tenham terminado assim. Com licença. Agora preciso ir. Se quiser, depois do meu casamento, poderemos nos encontrar no lago, sem que ninguém nos veja, é claro...

Tocando novamente na aba do chapéu e fazendo outra reverência, Luiz Cláudio se afastou. Maria Inês, tremendo e branca como cera, ficou olhando-o se afastar.

Zefa, embora não tenha ouvido a conversa, percebeu que ela não havia sido agradável para Maria Inês. Aproximou-se e, parada e calada, ficou junto à charrete.

Maria Inês, chorando, olhou para ela e perguntou:

— O que vou fazer, Zefa?

Zefa, voltando a subir na charrete, respondeu:

— *Num sei, Sinhazinha. Só sei qui a Sinhazinha percisa vortá pra casa. Inácio! Vamu si imbora!*

Assim que Zefa e Inácio subiram na charrete, ele fez com que o cavalo começasse a andar. Maria Inês não conseguia parar de chorar.

Júlia, revoltada, falou:

— Ele é um canalha! Como pôde fazer isso? Sabe muito bem o que aconteceu!

Olhou para Alzira Parou de falar e perguntou:

— Por que a senhora está chorando?

— Porque, por várias encarnações, Luiz Cláudio tem passado por essa mesma situação e tem falhado. Neste momento, para nós, seus amigos e companheiros de jornada, só resta chorar e lamentar. Ele está perdendo, novamente, o momento de se redimir e atrasando, assim, sua evolução.

— Vocês choram por ele, mesmo depois de toda essa maldade que acaba de fazer?

— Sim, Júlia, assim como choramos por outros amigos que estão na caminhada, quando perdem a oportunidade de redenção.

— Quanto à Maria Inês que, para mim, é a vítima, o que vão fazer para ajudá-la? O que ela vai fazer?

— Para ela ainda não terminou. Terá a chance de redenção e estaremos ao seu lado para que possa ser vencedora, mas nunca poderemos interferir em suas escolhas. Isso cabe somente a ela.

— Pelo que estou vendo, sua ajuda não vale muito! Por que não impediram que Luiz Cláudio fizesse o que fez?

— Escolhas e livre-arbítrio, Júlia, e, como disse, contra elas não há nada que se possa fazer. Ele teve a oportunidade de escolher. Não fez a escolha certa. Agora, terá de arcar com as consequências. Ela ainda terá sua oportunidade. Só nos resta esperar.

— Disse que estarão ao lado dele até que faça a escolha certa e se redima.

— Nós estaremos ao lado dele e de todos os que fazem parte do nosso grupo.

— Grupo?

— Sim. Um grupo de espíritos foi formado, todos com as mesmas oportunidades. Já deve ter ouvido falar da parábola que Jesus contou sobre os talentos, não ouviu?

— Sim, muitas vezes. Não se esqueça de que fui criada em um orfanato cristão.

— Quando Deus nos criou, não quis que fôssemos como bonecos que ficam parados sem nada fazer. A todos nós, deu sentimentos de bondade e de maldade para que escolhêssemos o caminho que queríamos seguir. Como aconteceu na parábola dos talentos, alguns fizeram com que os bons sentimentos se multiplicassem, outros demoraram um pouco mais e muitos, quase pararam. Durante a caminhada, alguns decidiram continuar, outros preferiram ficar ao lado daqueles que se atrasaram, tentando ajudá-los. Embora soubessem que pouco poderiam fazer, como você disse, a não ser, nos momentos de difíceis escolhas, dizer palavras de incentivo e mandar Luzes para que se acalmassem e parassem para pensar. É o que está acontecendo agora. Embora não tenha visto, Luiz Cláudio tem ao seu lado vultos que, com seu comportamento, atraiu para junto de si. Esses vultos fazem parte do nosso grupo e escolheram ficar para trás, bem para trás. Sempre que podemos, tentamos conversar com eles e fazer com que reflitam. Dizemos que estão perdendo muito tempo, mas quase nunca é possível, pois se escondem em uma energia muito densa a qual não conseguimos atravessar. Agindo assim, eles não podem nos ver nem ouvir. Preferem ficar ao lado daqueles que pensam como eles. Aqueles que não dão valor para os bons sentimentos seus e dos outros. Da mesma forma você não pode ver os espíritos amigos que, assim como nós, estão juntos de Maria Inês, Luiz Cláudio e Eulália. Todos, sem exceção, têm ao seu lado amigos espirituais que mesmo atrasando sua evolução, se recusam a abandonar por aqueles que se atrasaram.

— Por que fazem isso, por que não seguem adiante?

— Por que sabem que, um dia, não importando quanto tempo demore, todos encontrarão o verdadeiro caminho e a redenção. E, assim, todos poderão seguir juntos em direção à Luz Divina.

— Como saber quem faz parte do mesmo grupo?

— Todos aqueles que encontramos no plano físico ou espiritual, por mais rápido que seja esse encontro, fazem parte do nosso grupo.

De uma maneira ou de outra, se os encontramos é porque podemos ajudar ou sermos ajudados. Deus é perfeito, Júlia.

— Para mim, é muito complicado.

Alzira olhou para Ciro que, rindo, continuou:

— Quando voltar para o plano entenderá rapidamente.

— Eu vou voltar?

— Claro que vai! Todos voltam!

— Estou assustada. Não sei se estou pronta.

— Só voltará quando chegar a hora e estiver pronta. A não ser...

— A não ser o quê?

— A não ser quer abrevie esse dia, através do suicídio.

— Nunca mais vou fazer uma loucura como aquela!

— Estamos torcendo para que isso não aconteça, pois, se acontecer, sofrerá muito e ainda perderá uma encarnação.

Júlia disse, rindo:

— Também porque, se isso acontecer se atrasarão por minha culpa?

— Por isso também. Temos muito o que fazer.

— Agora, quero saber o que vai acontecer com Maria Inês. Eles estão entrando pelo portão da casa. Até agora, ela não parou de chorar.

Júlia olhou, quando Maria Inês ainda chorando e demonstrando muita raiva, disse:

— Ele é um canalha! Vou encontrar uma maneira de me vingar! Ele não vai se casar com Eulália! Não vou permitir!

— *Num faiz issu, Sinhazinha. Dexa que Deus toma conta deli.*

— Vou fazer. Zefa! Não posso esperar por Deus, ele demora muito!

— *Num fala anssim, Sinhazinha. É pecadu...*

— Pecado foi o que ele fez comigo! Vou me vingar!

Sem conseguir parar de chorar, desceu da charrete e correu para dentro da casa. Subiu os degraus da escada correndo.

Maria Augusta, que estava no jardim, viu quando ela chegou. Pelo estado da irmã, percebeu que alguma coisa muito grave havia acontecido. Também, apressada foi ao quarto de Maria Inês.

Assim que entrou, viu que a irmã, deitada sobre a cama, chorava copiosamente:

— O que aconteceu, Maria Inês? Por que está chorando dessa maneira?

— O que está fazendo aqui, Maria Augusta? Este é o meu quarto!

— Vi quando chegou e percebi que alguma coisa estava acontecendo. O que foi?

— *Cunta pra vossa irmã, Sinhazinha!*

— Contar, por quê?

— *Ela podi judá a Sinhazinha...*

— Ajudar como? — Maria Augusta perguntou, desesperada.

— Ninguém pode me ajudar, Maria Augusta. Estou perdida...

— O que aconteceu, Maria Inês?

— *Cunta, Sinhazinha. Ela é vossa irmã...*

— Está bem, vou contar. Talvez você tenha uma solução, Maria Augusta.

Maria Augusta respirou aliviada, sentou-se sobre a cama e ficou olhando para Maria Inês que contou tudo e terminou, dizendo:

— Como pode ver, ele foi um canalha que me enganou e iludiu. Se não tivesse essa criança, não haveria problema, mas como vou esconder? Todos ficarão sabendo da minha vergonha e o pior é que não posso dizer que foi ele, pois disse que vai me desmentir e dizer que eu arrumei esse filho para obrigá-lo a se casar comigo. Não sei o que fazer...

Maria Augusta pegou a mão da irmã e falou:

— Sou sua irmã. Sei que algumas vezes brigo por causa das coisas que faz, mas amo você e vou ficar ao seu lado.

Maria Inês, mesmo entre lágrimas, conseguiu sorrir:

— O que vamos fazer?

Maria Augusta se levantou, ficou por algum tempo andando pelo quarto, depois disse:

— Acho que precisamos contar ao nosso pai. Ele é um bom homem e gosta muito de você. Sei que vai encontrar uma solução.

— Não! Não podemos falar com ele! Não vai me perdoar nunca!

— Podemos e devemos, Maria Inês. Ele é nosso pai e é a única solução. Ele pode nos mandar para uma cidade do interior, onde ninguém nos conheça. Ficamos ali até a criança nascer e encontraremos alguém que a crie. Quando ela crescer, inventaremos alguma coisa e a traremos para cá.

— Mesmo que papai concordasse com tudo isso, o que acho improvável, o que aconteceria com Luiz Cláudio?

— Precisa se esquecer dele, Maria Inês. Agora, só tem de pensar em você e nessa criança que está para nascer!

— Deixar que ele case com Eulália e seja feliz para sempre? Nunca! Quanto a essa criança, não quero que nasça! Não quero que essa coisa continue dentro de mim! Tem de existir uma maneira para que isso aconteça!

— *Sinhazinha du céu! Num fala anssim! Uma criança é uma bençá di Deus! A criança num tem curpa de nada...*

— Pode ser bênção para quem quer! Para mim é um estorvo! Está dizendo que a criança não tem culpa, também acho. O culpado é aquele canalha! Ouvi dizer que existem alguns tipos de chá que podem resolver o meu problema! Você conhece algum, Zefa?

— *Nun cunheçu não, sinhazinha. Si cunhecessi num tinha tido quatru fio prá elis sê escravu. Mais num tinha memo...*

— Ela tem razão, Maria Inês. Não precisa fazer isso. Podemos dar um jeito e essa criança vai poder nascer e ser amada por nós duas. Você não está sozinha, minha irmã. Estou e estarei sempre ao seu lado. Vamos conversar com nosso pai.

— Não, Maria Augusta! Nosso pai vai me mandar para um convento! Eu não consigo aceitar essa ideia! Não precisamos falar com ele hoje. Com estas roupas que usamos, vai demorar um pouco para que minha barriga comece a aparecer. Poderei esconder por muito tempo. Até que esse dia chegue, vou ter tempo para pensar em uma maneira de me livrar desta criança e de me vingar de Luiz Cláudio.

— Está bem, vamos esperar mais um pouco. Agora, o importante é que fique calma. Tudo vai dar certo, minha irmã...

Maria Augusta saiu do quarto. Maria Inês voltou a se deitar e a pensar. Júlia, que até então permaneceu calada acompanhando a conversa, disse:

— Ainda bem. Fiquei apavorada com a ideia de que ela fosse matar a criança...

— Tem razão de ficar assim, Júlia. Se todos soubessem como é difícil, para um espírito, renascer, ninguém, sequer, pensaria em fazer isso.

Júlia olhou para Maria Inês que, naquele momento, sentou-se na cama e falou:

— Zefa, pode cuidar da sua vida. Quero ficar sozinha.

— *Num vô saí daqui, não, sinhazinha.*

— Pode ir, Zefa. Estou bem. Só quero pensar no que vou fazer. Não se preocupe. Falo com você e com Maria Augusta.

— *Tá bão, sinhazinha, eu vô, mais si percisá, chama eu.*

Zefa saiu. Maria Inês se levantou, foi até a cômoda, abriu uma gaveta, pegou uma folha de papel e um lápis. Sentou-se em frente à penteadeira, afastou alguns objetos que estavam sobre ela, colocou o papel e pensou:

Se ele pensa que vai se casar e que será feliz, está enganado. Eulália e todos vão saber o que ele me fez! Já que não tenho como enfrentar essa vergonha nem quero ir para o convento, já que não tenho como tirar essa coisa de dentro de mim, e não tenho como me vingar de Luiz Cláudio, meu único caminho vai ser morrer, mas, antes, vou deixar tudo escrito. Todos vão saber como ele é um canalha!

Júlia, desesperada, gritou:

— Ela não pode fazer isso!

— Ela não devia, mas tem o direito de escolha, Júlia.

— Ela vai se matar e à criança também?

Continue olhando, Júlia. Olhe a companhia que ela está atraindo para si.

— De onde surgiram esses vultos negros?

— Eles sempre estiveram aqui, Júlia. Por causa das energias deles que são diferentes das nossas e das suas, você não os viu. Só está podendo ver, agora, porque eu e Ciro fizemos com que as suas e as nossas energias se aproximassem mais das energias deles. Fizemos isso, porque é importante que os conheça para ver como agem e como pode evitar que se aproximem.

Júlia, assustada, ficou olhando para quatro vultos que rodopiavam em volta de Maria Inês que pensava:

Eu não posso deixar que ele fique impune. Vou escrever uma carta contando tudo o que aconteceu, depois vou encontrar uma maneira de me matar. Ele não vai suportar a vergonha e a culpa. Nunca mais, em toda sua vida, vai se esquecer de mim!

Os vultos se aproximaram ainda mais. Um deles disse:

— Precisa fazer isso mesmo! Ele vai se arrepender e sofrer muito!

— Ela está ouvindo o que ele está dizendo?

— Não com os ouvidos, Júlia, mas com o espírito, sim.

Maria Inês, sem imaginar que estava sendo intuída pelo mal, começou a escrever.

Usou a página dos dois lados e contou tudo desde o início, sem dizer, é claro o que havia feito para poder se aproximar dele. Quando terminou de escrever, leu e releu várias vezes para ver se não havia esquecido qualquer detalhe. Os vultos rodopiavam, felizes, durante todo o tempo.

Depois de ver que estava tudo ali, guardou o papel no fundo de uma gaveta, onde sabia que Zefa quase nunca mexia. Voltou a se deitar e a pensar:

Agora, preciso encontrar uma maneira de me matar sem sentir muita dor.

Para o horror de Júlia, os vultos começaram a dar uma porção de ideias. Conforme eles falavam, Maria Inês, em seu pensamento, via a cena. Até que resolveu:

— Preciso ir até o lago. Se eu morrer ali, o impacto vai ser maior.

Levantou-se e desceu. Na escada, encontrou Zefa que estava indo para seu quarto:

— Zefa, vamos até o lago.

— *U qui a sinhazinha vai fazê lá? Vai sufrê inda mais?*

— Não, Zefa. Só quero ficar lá pensando em como vai ser minha vida daqui para frente. Não se preocupe, não vou fazer nenhuma loucura.

Zefa concordou e a acompanhou. Assim que chegou perto do lago, ela começou a olhar à sua volta. Viu que havia várias árvores:

É isso que vou fazer. Sem que Zefa perceba, vou sair de casa, trazendo uma corda, vou subir e, depois de colocar a corda na árvore e no meu pescoço, basta só me jogar. Acho quer vai ser rápido e Luiz Cláudio estará perdido para o resto de sua vida! Espere, não vai dar certo. Não vou ter força para fazer um nó forte o suficiente para me segurar no alto. Dessa maneira não vou conseguir. Preciso pensar em outra.

— Zefa! Vamos embora!

— *A sinhazinha num dissi qui ia ficá pensandu?*

— Já pensei! Vamos embora!

Quando estavam voltando, um dos vultos fez com que ela tivesse uma ideia:

— Zefa! Quando estava no quarto, acho que vi um rato correndo. Pede para Inácio dar uma olhada e acabar com ele. Sabe que morro de medo de rato!

— *Ratu, Sinhazinha?*

— Acho que era. Não tenho certeza, foi rápido. Ele me pareceu ser muito grande. Mesmo assim, Inácio pode conferir.

— *Tá bão, vô falá cum eli.*

— Peça para ele vir agora mesmo. Não quero me arriscar a estar dormindo e um rato subir na minha cama.

Entraram na casa. Maria Augusta ao ver a irmã, disse:

— Parece que está bem, Maria Inês.

— Estou, sim. Obrigada pelo seu apoio. Decidi que vamos fazer o que sugeriu. Só me dê algum tempo para que eu tome coragem.

— Fico feliz por você ter decidido.

— Também fiquei mais tranquila. Agora, vou para o meu quarto.

Maria Augusta sorriu.

Quando estavam subindo a escada, Maria Inês, olhando para Zefa, disse:

— Zefa! Converse com o Inácio e diga que ele precisa cuidar do rato o mais rápido possível! De preferência agora mesmo.

— *Tá bão, já tô indu, Sinhazinha.*

Maria Inês terminou de subir a escada e foi para seu quarto. Zefa se voltou e foi procurar Inácio.

Logo depois, Zefa voltou acompanhada der Inácio. Bateu à porta eles entraram.

— *Tô istranhandu, Sinhazinha. Nunca qui vi ratu na casa* — disse Inacio.

— Também nunca tinha visto, mas acho que, hoje, vi alguma coisa correndo. Não custa nada você dar uma olhada por aí, colocar algum veneno. Não sei! Faça qualquer coisa, Inácio!

— *Tá bão, vô oiá.*

Inácio olhou todos os cantos do quarto. Procurou por todo lado e disse:

— *Num veju lugá pro ratu ficá, Sinhazinha. Achu qui num tem não.*

Maria Inês ficou nervosa:

— Eu vi alguma coisa que me pareceu ser um rato, Inácio. Estou nervosa, assustada e com medo. Você tem veneno para rato?

— *Tem sim, chumbinho, Sinhazinha. Tá lá nu barracão.*

— Para que eu tenha certeza de que, enquanto eu estiver dormindo, não vou ser atacada por ratos, vamos fazer o seguinte: você coloca veneno espalhado por todo o quarto e você, Zefa, avisa a Tonha para amanhã, quando vier fazer a limpeza, não tirar o veneno e, se em uma semana não aparecer nenhum rato morto, limpamos tudo.

Os dois concordaram com a cabeça e saíram. Maria Inês foi para a janela e ficou olhando para o horizonte. Os vultos continuavam ao seu lado, falando sobre o benefício do suicídio.

Logo mais, os escravos voltaram. Inácio colocou veneno pelo rodapé e aumentou a quantidade nos cantos. Quando terminou, disse:

— *Prontu, Sinhazinha, si tivé argum ratu aqui, vai murrê.*

— Ainda bem. Eu não ia conseguir dormir.

Saíram do quarto. Inácio voltou para o jardim. Maria Inês voltou para s ala, sentou-se em frente a uma tela e continuou pintando uma que havia começado. Maria Augusta, no piano, tocava uma melodia. Zefa, de longe, olhava para as irmãs.

Depois do jantar, Maria Inês foi para seu quarto. Zefa chegou em seguida, trazendo uma xícara com chá, como fazia todas a noites. Colocou o chá sobre o criado-mudo, acendeu algumas velas. Assim que Maria Inês se deitou, ela falou:

— *Agora qui a Sinhazinha já si deitô, vou apagá as vela. Num vai tumá u chá?*

— Não, Zefa! Não faça isso. Ainda estou com medo daquele rato. Deixe as velas acesas.

Zefa riu:

— *Num tem ratu, não, Sinhazinha...*

— Eu vi alguma coisa, Zefa. Não vou conseguir dormir no escuro...

— *Tá bão num vô apagá. Já possu i dromi, Sinhazinha?*

— Pode, Zefa.

Zefa saiu. Maria Inês esperou um pouco e se levantou. Sob a luz das velas, pegou dois pedaços de papel. Colocou um pedaço em uma das mãos e o outro na outra mão. Com ajuda de uma mão, foi recolhendo o veneno que estava espalhado pelo chão e colocando na outra. Quando viu que tinha uma boa quantidade, voltou para perto da cama e colocou o veneno na xícara de chá. Foi até a cômoda, abriu a gaveta onde havia escondido a carta, pegou-a e colocou-a sobre o criado-mudo, jogou o veneno dentro da xícara. Com a xícara na mão, pensou:

Ele vai pagar por tudo o que fez! Além de não se casar, de ser julgado por todos, ainda vai morrer de remorso!

Mais vultos negros entraram no quarto e se aproximaram de Maria Inês. Eles estavam exultando de felicidade.

Ao ver aquilo, assustada, Júlia gritou:

— Vocês não vão fazer nada para impedir que ela faça isso?

Alzira que estava chorando, não conseguiu responder. Ciro, embora muito emocionado, falou:

— Nada podemos fazer, Júlia. Ela escolheu e já aconteceu. Usou o seu livre-arbítrio e, mesmo que, na época, pudéssemos, não conseguiríamos nos aproximar. Como pode ver, ela está totalmente envolvida por esses vultos que atraiu para si.

Alheia à presença deles e dos vultos, Maria Inês tomou de uma só vez todo o chá que havia na xícara.

Alguns minutos depois, sentiu seu coração disparar e uma dor no estômago como se estivesse queimando. Tentou se levantar, mas não conseguiu. Após algum tempo de agonia, deu o último suspiro.

Júlia, horrorizada, viu os vultos se jogarem sobre ela e rindo, arrancarem seu espírito do corpo.

Maria Inês abriu os olhos e se assustou ao ver aqueles vultos. Quis perguntar o que estava acontecendo, mas não pôde. Eles, ainda rindo, pegaram suas mãos e saíram dali.

— Para onde eles a estão levando?

Ciro e Alzira, um de cada lado, seguraram sua mão e, segundos depois, estavam em um lugar que, para Júlia, foi assustador.

Escuro, lamacento, ali havia vozes que gritavam e choravam sem parar. Júlia olhou à sua volta e, apavorada, perguntou:

— Que lugar é esse?

— O lugar para onde vêm todos os espíritos suicidas.

— É horrível! Por que eles a trouxeram para cá?

— A vida no corpo físico é o único lugar onde o espírito pode resgatar seus enganos e conseguir evoluir. Ela é desejada por muitos, mas nem todos conseguem com a rapidez que desejam. Por isso, não é justo que, de posse dela, o espírito deixe de lado tudo a que se comprometeu e aquilo que escolheu e, antes da hora, coloque fim a sua vida. Neste lugar, ele vai aprender a dar valor para a vida. Deus é Pai e, como todo pai, quando necessário, castiga o filho. Maria Inês, por várias vezes, apesar do nosso empenho, tem cometido o mesmo ato desesperado.

Por muitas vezes, esteve aqui e foi resgata. Agora, infelizmente, voltou novamente.

— Ela teve seus motivos. É ainda uma criança, foi enganada e iludida.

— Nada é motivo para o suicídio, Júlia, pois, por pior que pareça o momento, sempre existe uma saída e um novo caminho para seguir. O importante é ter fé. Deus está ao nosso lado e não nos abandona nunca. O espírito, encarnado ou não, não sabe o que vai acontecer no momento seguinte. Portanto, só é preciso ter fé, entregar-se totalmente a Deus, seu Criador.

— Isso leva muito tempo...

— Não importa quanto tempo demore, Júlia. Deus tem toda a eternidade para esperar.

— Maria Inês, vai ficar aqui, por quanto tempo?

— Muito tempo, Júlia, até que entenda o que fez e peça perdão. Nesse dia, para nossa glória, seus amigos, estaremos aqui para levá-la de volta para casa.

— Esse dia vai chegar?

— Sim. Esse dia sempre chega para todos.

— Como faz muito tempo que isso aconteceu, posso ver como ela está agora?

— Pode, mas está na hora de acordar. Já está por muito tempo longe do seu corpo.

Júlia olhou para Alzira e, apesar do desespero por estar naquele lugar, disse:

— Está bem, não vou reclamar. Sei que não adianta.

Naquele momento ela viu Maria Inês que corria desesperada, sendo seguida pelos vultos que a haviam trazido.

Assustada, Júlia gritou:

— Não deixem que eles me peguem!

O grito foi tão alto que Sueli ouviu de seu quarto, e correu para ver o que estava acontecendo. Vendo que a amiga estava dormindo, começou a sacudi-la:

— Júlia! Acorde!

Na terceira vez que chamou, Júlia abriu os olhos e começou a chorar;

— Que pesadelo foi esse, Júlia? Com que estava sonhando?

— Não sei, Sueli. Estava em um lugar horrível e fiquei com muito medo. Monstros me perseguiam...

— Ainda bem que foi só um sonho. Você está aqui e muito bem protegida. Fiquei assustada quando ouvi o seu grito. Agora, acho que, ao invés de tomar café, preciso de um chá de erva-doce para me acalmar. Levante-se, vou preparar o chá.

Júlia respirou fundo:

— Você pode tomar chá, Sueli. Eu estou com fome. Vou tomar café com leite e comer pão com presunto.

Júlia se levantou e foram à cozinha.

Quando Júlia colocou um pedaço de pão na boca, ficou tonta e quase desmaiou. Sueli, assustada, perguntou:

— O que você tem? Está amarela como cera, Júlia!

Sem responder, Júlia correu para o banheiro.

Alguns minutos depois, voltou e, constrangida, disse:

— Devo ter comido alguma coisa que me fez mal.

— Esses desmaios e enjôos matinais...será que não está grávida, Júlia?

— O quê? Você está maluca? Não posso nem quero estar grávida!

Sueli começou a rir:

— Pode não querer, mas poder estar grávida, pode...

— Pare com isso, Sueli!

— Posso parar, mas, se fosse você, eu iria fazer um exame para ter certeza. Ouvi dizer que, quando uma criança quer nascer, não tem nada que segure.

— Nem brinca com isso! Era só o que me faltava! Minha vida está uma bagunça só!

Terminaram de tomar café. Sueli voltou para o quarto e Júlia saiu. Na rua, pensou:

Será que estou grávida? Não pode ser. Porém, como disse Sueli, é melhor fazer um exame para ter certeza. Não estou, mas se estiver, tenho tempo para tomar alguma providência. Quero muito um filho, só que, agora, não é o momento.

Foi a um laboratório.

Livre-arbítrio

Após fazer o exame, Júlia ficou sabendo que o resultado sairia no dia seguinte. Saiu foi até uma empresa que havia lá perto para ver se havia vaga. Deixou o currículo e continuou andando. Depois de muito andar, voltou para casa. Estava cansada. Deitou-se e, embora não quisesse, não conseguia se esquecer de Anselmo.

Ainda não consigo me conformar com o que ele me fez. Como pôde ter sido tão cruel, me abandonar sem uma palavra? Se eu estiver grávida mesmo, o que vou fazer, sem emprego, sem ter onde morar? Sueli fala tanto que tudo está certo, que Deus é nosso Pai. Que Pai é esse que permitiu que minha vida fosse da maneira como foi? Que Deus é esse que faz com que eu não arrume um emprego? Estou cansada de tudo. Não sei para que continuar vivendo. Chega de tanto sofrimento. Se dona Neide estivesse viva, eu poderia voltar para o orfanato, mas até ela me abandonou. Estou sozinha sem ninguém...

Alzira e Ciro, que estavam ali, viram que alguns vultos negros começaram a se aproximar e a forçar mais aqueles pensamentos. Tentaram afastá-los, mas não conseguiram. A energia que saía do pensamento de Júlia estava densa e os atraía.

Ela passou aquele dia pensando em Anselmo. Por algum tempo, lembrou-se dos nos bons momentos, o que fizeram com que os vultos se afastassem. Durante a tarde, foi com Sueli fazer algumas compras. Com isso se distraiu. À noite, após jantar, sob a influência de Alzira, pegou o livro e continuou a ler.

Enquanto lia, os vultos ficaram ali, porém distantes.

Terminou de ler o livro e se deitou.

Essa história é linda. Pena que não seja verdadeira. A vida não é como nos romances. Adormeceu e se encontrou com Alzira e Ciro que a levaram para um lugar lindo e tranquilo.

Na manhã seguinte, acordou cedo e bem. Levantou-se e, ainda pensando em Anselmo foi para o laboratório e pegou o resultado.

Olhou-o e guardou o papel na bolsa. Saiu para a rua e começou a andar sem destino.

Andou muito até se cansar e resolveu sentar-se em um banco que havia na praça.

Alzira e Ciro, que a seguiam, estavam preocupados. Alzira disse:

— Ela não pode continuar assim, Ciro. Precisa chorar gritar, tomar alguma atitude. Levando Júlia para conhecer lugares bonitos e tranquilos, fizemos com que ela tivesse bons pensamentos e mudasse sua energia. Fazendo isso, conseguimos afastar os vultos, mas, se continuar assim, vai atraí-los novamente. Olhe lá, já estão se aproximando!

— Sabe que não podemos interferir no seu livre-arbítrio, Alzira. Ela precisa decidir o que vai fazer daqui para frente.

— Tem razão. Não podemos interferir, mas, neste momento, podemos encontrar uma maneira de ajudá-la.

— Ajudar como, Alzira?

Alzira sorriu. Olhou para frente e viu uma senhora que se aproximava. Trazia, pela mão, um cachorrinho preso a uma coleira. Ciro também viu a senhora. Perguntou:

— O que vai fazer, Alzira?

Ela não respondeu. Colocou-se ao lado da senhora e fez com que ela olhasse para o banco onde Júlia estava sentada. Com a voz baixa, disse:

— Você está cansada, Natália? Por que não se senta naquele banco?

A senhora, sem entender o que estava acontecendo, olhou para frente e viu o banco. Apressou o passo e sentou-se ao lado de Júlia. Puxou a coleira do cachorrinho fazendo com que ele se aproximasse e se sentasse também. Júlia, pensando no que havia acontecido, não percebeu que ela havia sentado.

Alzira colocou-se por detrás do banco e, sorrindo, olhou para Ciro que, também sorrindo, se aproximou e se colocou ao lado dela e atrás de Júlia e de Natália. Alzira, ainda sorrindo, voltou-se para a senhora e falou:

— Olhe como ela está nervosa, Natália. Converse com ela.

Natalia, parecendo ouvir o que Alzira dizia, voltou-se para Júlia e perguntou:

— Você está bem, moça?

Júlia, parecendo não ouvir, não respondeu.

Inspirada por Alzira, Natália insistiu:

— Você está muito pálida. Quer que eu chame alguém ou quer ir para algum lugar?

Ao ouvir Natália, Júlia voltou-se:

— Estou bem, apenas um pouco nervosa.

— Nervosa, por quê? O que aconteceu para que fique dessa maneira?

— Nada! Nada aconteceu.

— Como nada? Deve ter acontecido algo muito grave. Estou sentindo cheiro de homem

Júlia se espantou:

— Como? O que a senhora disse?

— Para uma moça, bonita como você, ficar da maneira como está, posso apostar que o culpado de tudo é um homem. Estou certa?

Júlia não respondeu. Começou a chorar desesperadamente. Soluços vinham do fundo do seu ser. Natália deixou que ela chorasse. Alzira olhou para Ciro e sorrindo, disse:

— Agora ela vai ficar bem, Ciro.

Natália colocou seu braço no ombro de Júlia e trouxe sua cabeça para junto de si.

Enquanto Natália, em silêncio, acariciava seus cabelos. Júlia, desesperada, aconchegou-se a ela e continuou chorando.

Alzira e Ciro permaneceram ali durante todo tempo. Depois de chorar muito, Júlia, parecendo lembrar-se de onde estava, afastou-se de Natália e, com um sorriso envergonhado, disse:

— Desculpe, senhora...

— Não tem do que se desculpar. Você estava sofrendo e precisava chorar, se não fizesse isso, seu coração poderia estourar.

— A senhora não me conhece e, mesmo assim, tentou me ajudar...

— Para dizer a verdade, moça. Espere. Meu nome é Natália. Como é o seu?

— Júlia.

— Júlia? É o nome da minha filha! Assim como você, ela também é muito bonita.

Júlia sorriu. Natália continuou:

— Como eu estava dizendo, Júlia, sou uma pessoa calada, nem gosto de conversar muito. O único com quem converso é o Duque, meu cachorrinho. Ele não é lindo?

— É, sim, muito bonito.

— Pois é, não sou de conversar muito. Gosto de ficar na minha casa. Só saio para passear com Duque. Tenho duas filhas que já estão casadas cuidando das suas vidas. Por isso, não estou entendendo o que aconteceu hoje. Eu estava andando com Duque, como faço todos os dias e, de repente, me deu vontade de me sentar. Olhei e vi este banco. Sentei e vi que você não estava bem.

— Não estava mesmo e ainda não estou...

— Bem, como eu disse, não gosto muito de conversar, mas sou boa ouvinte. Se quiser me contar o que aconteceu, prometo ouvir em silêncio.

Júlia olhou para aquela desconhecida e não entendeu o que estava acontecendo. Sem saber por que, começou a contar tudo o que havia acontecido e terminou, dizendo:

— Ele foi embora sem dizer uma palavra. Ele me ignorou, agiu como se eu não existisse...

Natália, após ouvir Júlia, começou a rir.

— Do que a senhora está rindo? Não há motivo para risos! Estou desesperada! Estou desempregada e sem chance alguma de recuperar o meu emprego anterior! Fui enganada, humilhada! Não tenho mais nada nesta vida! Estou cansada de tanto sofrimento, parece que nasci marcada para sofrer! Estou cansada de viver! Não aguento mais, o melhor é morrer!

— Desculpe-me, Júlia. Você tem razão, este não é momento para rir, só que não consegui me conter.

— Por quê?

— Eu não havia dito que sua dor estava cheirando a homem? Eu estava com razão, não estava?

— Estava, mas como podia saber?

Natália voltou a rir:

— Você acha que eu nasci velha como estou hoje? Não, Júlia. Fui criança, adolescente, jovem adulta e agora sou velha. Tive uma vida intensa e, todas as vezes que me senti assim como você está agora, o motivo sempre foi um homem.

— Todas as vezes? Houve mais do que uma?

— Tantas que perdi a conta.

— A senhora não está falando a verdade...

— Estou falando a verdade, Júlia, e garanto a você que se esta foi a primeira vez que se desiludiu com um homem, outros surgirão e passarão por sua vida. Serão muitos e isso só vai terminar quando encontrar aquele com o qual viverá e formará sua família. Até lá, minha filha, esteja preparada. Os homens são fracos. Claro que existem alguns que agem direito, mas a maioria deles faz o que Anselmo fez, simplesmente, depois de iludir a mulher, desaparece, sem se despedir. Eles não têm coragem de enfrentar uma situação difícil.

— A senhora tem certeza disso? Não é só o Anselmo que agiu assim, outros fazem a mesma coisa?

Natália voltou a rir:

— Muitos homens e mulheres fazem isso, Júlia. Isso sempre aconteceu, e acho que vai continuar para sempre. Por isso, minha menina, levante a cabeça e não perca seu tempo chorando por alguém que não a merece.

— Não contei tudo.

— Tem mais? Estou aqui para ouvir você. Quer me contar o resto?

— Tenho mais um problema. Talvez a senhora possa me ajudar, conhecer alguém que possa me livrar deste problema.

— Que problema?

— Acabei de saber que estou grávida...

— Desde quando gravidez é um problema? Pensei que estivesse com uma doença incurável...

— Eu quero muito um filho, mas não agora. A senhora não entendeu o que eu disse? Não tenho emprego nem lugar para morar e, agora que estou grávida, é que não vou arrumar um emprego mesmo.

— Se eu tivesse lugar, levaria você para morar comigo. Mas moro em um quarto, onde cozinho e durmo. Não tem lugar, mas não se preocupe, Deus proverá.

— Deus? Que Deus? Esse que me escolheu para que eu sofresse dessa maneira? Esse Deus que fez com que eu não conhecesse meus pais, que fez com que eu fosse abandonada por eles? Esse Deus que fez com que eu fosse criada em um orfanato e que, agora me manda essa criança que eu não posso ter? Desculpe-me, senhora, mas não posso acreditar nesse Deus. Sempre fui sozinha! Nunca tive ninguém por mim!

Ainda intuída por Alzira, Natália perguntou:

— Você disse que foi criada em um orfanato?

— Sim, fui abandonada no dia em que nasci.

— Isso é muito triste, mas para que isso acontecesse, teve uma mãe que permitiu que nascesse, não teve?

— É verdade...

— Durante sua vida, nos momentos difíceis, não teve alguém que a ajudasse? Que cuidasse de você?

Júlia pensou um pouco e respondeu:

— Teve dona Neide. Ela sempre me tratou com carinho, me incentivou a estudar e a ter uma profissão. Quando me formei, ela encontrou um emprego para mim aqui nesta cidade.

— Está vendo? Ela fez o que eu fiz pelas minhas filhas e o que qualquer mãe faz. Embora não fosse sua mãe, agiu como se fosse.

— Porém, dois meses depois de eu vir para cá, ela sofreu em ataque do coração e morreu. Também ela me abandonou...

— Veja o que aconteceu. Ela só morreu depois de você estar encaminhada. Você contou que, quando precisou de um lugar para morar, encontrou sua amiga, como é mesmo o nome dela?

— Sueli.

— Ela, sem conhecer você, deixou que morasse na sua casa e é sua amiga. Nunca esteve sozinha, Júlia! Mesmo agora, olhe o que está acontecendo. — Natália disse, rindo.

— Por que está rindo?

— Olhe o que estamos fazendo agora. Sem saber bem por que, me sentei neste banco, começamos a conversar e você está desabafando. Nunca fui religiosa. Sempre achei que era uma perda de tempo, mas de uma coisa eu tenho certeza, enquanto tivermos fé, tudo se acerta. A vida se encarrega de colocar as coisas no seu lugar. Você ainda vai encontrar um homem, se casará e será feliz com seu filho.

— Isso é o que me assusta.

— Por quê?

— Estou morrendo de raiva de Anselmo. Em certos momentos desejo que ele morra, mas, sinto que, se ele aparecesse, eu perdoaria a ele imediatamente e me esqueceria de tudo o que fez. Não consigo enxergar minha vida sem ele.

— Olhe como é a vida, Júlia. Por mais que ela mude, que se modernize, certas coisas continuam sempre iguais. Grande parte dos homens continua enganando e iludindo as mulheres e fugindo de suas responsabilidades. Elas, continuam perdoando.

— A senhora tem razão, mas fazer o que, não é?

— No dia em que a mulher reconhecer o seu valor, isso mudará, Júlia. Porém, esse dia está muito distante.

Natália se levantou e sorrindo, disse:

— Agora, preciso ir. Tenho de preparar meu almoço. Boa sorte, Júlia. Espero que tudo dê certo na sua vida. Pense bem, antes de tomar qualquer atitude de que possa se arrepender mais tarde.

Puxando a coleira do cachorro, disse:

— Vamos embora, Duque!

Segurando o cachorro pela mão, afastou-se.

Júlia ficou olhando e pensando:

Que mulher é essa que não conheço e que me fez tão bem?

Levantou-se e começou a caminhar. Alzira e Ciro, embora soubessem que os vultos estavam por perto, sorrindo caminharam ao seu lado.

Júlia andou por muito tempo.

Embora aquela senhora tenha dito tudo aquilo, sinto que não vou conseguir. Como ter, educar e criar uma criança? Como posso viver sem um emprego ou um lugar para morar? Não quero que meu filho seja criado em um orfanato. como eu fui nem que seja adotado por uma família que não o ame ou achando que foi abandonado por mim como aconteceu comigo. O pior de tudo é saber que não conseguirei viver sem Anselmo. Não tem outra maneira, o melhor que tenho a fazer é dar fim a minha vida e levar comigo o meu filho.

Ao ouvirem aquilo, os vultos se aproximaram e começaram a rodopiar em volta dela e a envolveram com uma energia densa.

— Eles voltaram, Ciro!

— Voltaram, Alzira! Ela mudou de pensamento e os atraiu novamente.

— Vamos jogar luzes sobre ela para que eles se afastem.

— Podemos fazer isso, mas sabe que nossas luzes não conseguem
atravessar essa névoa. Tudo depende do desejo dela, somente dela.

Júlia, sem imaginar a luta que estava sendo travada no plano espiritual, continuou andando. Viu uma mercearia e entrou. Parou junto
ao balconista e, com voz firme, falou:

— Estou tendo problemas com ratos. O Senhor o senhor tem algum veneno eficaz?

— Tenho sim. Espere, vou pegar. Voltou com o veneno, entregou-
-lhe, dizendo:

— Precisa colocar este veneno por toda a casa, principalmente
nos cantos. Em poucos dias, todos os ratos estarão mortos. Mas, se
tiver crianças ou animais, tome cuidado, pois ele é muito forte.

Ela, tentando sorrir, disse:

— Não se preocupe, não tenho crianças nem animais.

Pagou o veneno e saiu.

Durante todo o caminho de volta, continuou pensando em como
faria para tomar o veneno.

*Vou esperar Sueli sair para o trabalho. Preciso escrever um bilhete onde
pedirei à Sueli que conte ao Anselmo o que ele fez comigo. Quero que ele sofra
e que se sinta tão culpado que nunca mais consiga ser feliz. Vou pedir também,
que ela procure a mulher dele e que conte o que aconteceu. Vou morrer, mas ele
vai pagar pelo que me fez!*

Chegou a casa. Sueli ainda dormia. Foi para seu quarto e se deitou. Tentou dormir, mas os vultos não permitiam. Rodopiavam, riam
e falavam sem parar em como seria bom depois que ela morresse, pois
poderia descansar.

Ansiosa, Júlia resolveu sair de casa.

Sueli, na mesma hora de todos os dias, levantou-se e viu que Júlia
não estava em casa:

Deve estar procurando emprego. Bem, preciso ir.

Pegou a bolsa e saiu. Júlia, sempre acompanhada dos vultos e de Alzira e Ciro, ficou escondida em uma travessa da rua de onde podia ver seu apartamento. Assim que Sueli saiu, foi para casa. Entrou e imediatamente, pegou um copo, encheu com leite, foi para a sala. Depois de colocar o copo sobre a mesa, pegou um caderno e uma caneta. Sentou-se.

Escreveu o motivo pelo qual estava tomando aquela atitude. Pediu perdão à Sueli e pediu que fizesse com que aquela carta chegasse às mãos de Anselmo e Suzana.

Sentou-se, pegou o copo, olhou para ele e sorriu.

Os vultos se aproximaram ainda mais, fazendo com que a névoa ficasse mais densa. Alzira e Ciro, agora acompanhados por Neide, chorando, tentavam jogar as luzes que não chegavam até Júlia.

Júlia ficou olhando para o copo. De repente, lembrou-se do que Natália havia dito. Lembrou-se de Neide, Teca, Altair e Sueli. Lembrou-se de quanto eles a haviam ajudado para que tivesse uma vida feliz. Pensou:

O que estou fazendo? Como posso me matar e, o pior, matar o meu filho? Como posso dar fim a uma vida que tantos ajudaram a construir? Não, não vou fazer isso. Mesmo sem família, com a ajuda de todos eles, consegui chegar até aqui! Não tenho o direito de decepcioná-los! Não vou fazer isso!

Colocou o copo de volta sobre a mesa e começou a chorar.

Não sei o que vai acontecer com minha vida. Mas vou tentar criar meu filho e se não conseguir, vou colocá-lo em um orfanato ou em uma casa qualquer. Não tenho o direito de impedir que nasça, que viva! Alguém vai cuidar dele! Vou continuar com minha vida, tenho fé que vou encontrar um emprego, um lugar para morar e tentar ser uma boa mãe!

Naquele instante, a névoa se desfez e as luzes dos amigos invadiram toda a sala, o que fez com que os vultos desaparecessem.

Alzira, ao ver que eles desapareceram, sorrindo, disse:

— Como dizem, onde há luz não existe escuridão. Graças a Deus, desta vez, ela conseguiu resgatar tudo o que havia feito. Deus seja louvado.

Júlia pegou o copo, foi até a pia e despejou ali o liquido. Olhou à sua volta e pensou:

Esta casa está precisando de uma limpeza! Quero que tudo à minha volta, esteja claro e limpo!

Ligou o rádio e uma música se fez ouvir. Pegou uma vassoura, produtos de limpeza e começou a limpar a casa.

Algumas horas depois, tudo estava limpo e em seu lugar.

Esta vida, apesar de tudo é maravilhosa! Quero viver por muito tempo! Quanto ao Anselmo, como disse a dona Natália, não me merece! O que preciso fazer é agradecer a este apartamento que, por tanto tempo, me serviu de abrigo e desejar que aqueles que vierem morar aqui sejam felizes. Agora, vou tomar um banho. Depois, vou ler um desses livros de Sueli. Segundo o que li, tudo está sempre certo e todos temos amigos que estão e sempre estarão ao nosso lado e que, na medida do possível, nos ajudam. Será que tenho algum amigo espiritual? Devo ter, já que tenho tantos aqui na Terra...

Quando Sueli chegou, ela ainda estava lendo. Assim que entrou, viu que o apartamento estava limpo e, surpresa, perguntou:

— Passou o dia limpando o apartamento, Júlia?

— Não! Somente algumas horas.

— Vejo que está lendo um dos meus livros. Está gostando?

— Para dizer a verdade, acho um tanto fantasioso.

— Por que diz isso?

— Nele diz que tudo está sempre certo e que para tudo o que nos acontece há sempre um motivo. Contudo, o que mais me agradou, embora não acredite, é imaginar que temos amigos espirituais nos acompanhando em todos os momentos difíceis.

— Por que não acredita?

— Não sei, seria bom demais, não seria?

— Não acho que seria, acho que é! Hoje, depois de tudo o que passei com Nilson e, agora, com toda a felicidade que estou sentindo ao lado de Eduardo, acho que, se não tivesse tido ajuda do céu, não teria conseguido.

— Pode ser que tenha razão. Se for verdade, agora mais do que nunca, vou precisar deles.

— Por que agora?

— Estou grávida...

— O quê?

— Estou grávida...

— Isso é ótimo, Júlia! Uma criança deve ser sempre bem-vinda! É a oportunidade para um espírito renascer, resgatar e cumprir sua missão.

— Tirando essa parte de reencarnação, acredito nisso que diz, mas passou pela sua cabeça que não tenho emprego e que, estando grávida, dificilmente encontrarei outro? Quando você se casar, vou precisar me mudar e não vou ter dinheiro para pagar o aluguel em lugar algum. Não sei o que fazer. Só me resta acreditar nos meus amigos invisíveis para me ajudarem.

Sueli começou a rir;

— Do que está rindo, Sueli?

— Parece que seus amigos espirituais já estão ajudando você, Júlia!

— Não estou entendendo.

— Hoje, tive um problema sério no restaurante. Com tanto para fazer, esqueci-me de pagar uma conta e vou ter de arcar multa. Não é a primeira vez que isso acontece. Percebi que precisava de alguém para cuidar da parte financeira. No mesmo instante, lembrei-me de você. Gosto de cozinhar, mas em matéria de números, sou um fracasso. Você é a única pessoa que conheço em quem tenho confiança para que possa fazer esse trabalho.

— Decidiu isso agora?

— Não! Ia conversar com você assim que chegasse, mas nossa conversa tomou outro rumo. Eu nem sabia que estava grávida.

— Penso que, após saber, tudo mudou.

— Não! Vai ter essa criança e ela vai ser criada com muito amor! O mais estranho foi que quando decidi contratar você para trabalhar comigo, Rosana me telefonou para falar sobre o casamento. Contei a ela minha decisão e que você ia se mudar assim que eu me casasse. Ela disse que não tem de se mudar, que não precisa do apartamento e sabe que ele está sendo bem conservado.

— Está brincando, Sueli!

— Não, Júlia! É verdade! Vai trabalhar comigo, claro que não posso pagar o que recebia na outra empresa, mas vai ficar bem. Vamos ter essa criança, Júlia! Ela vai ser a mais feliz deste mundo!

Júlia, sem conseguir deixar de rir, feliz, olhou para o alto e falou:

— Acho que tenho amigos, sim!

— Claro que tem! Só que eles não estão no alto! Estão ao seu lado e ao lado de todos nós!

— Como é que sabe, Sueli?

— Não sei como, só sei que eles estão aqui!

— Estou muito feliz, Sueli! Agora, para que minha felicidade seja completa só falta Anselmo voltar.

— Você quer que ele volte? Quer ficar com ele?

— Claro que sim. Minha vida só será completa, se ele estiver ao meu lado para podermos criar nosso filho.

Sueli olhou para ela. Sentiu vontade de criticar, mas lembrou-se de como ficou quando Nilson a abandonou. Simplesmente sorriu e falou:

— Está certa. Deve correr atrás de sua felicidade. Agora, vamos dormir. Amanhã preciso mostrar a você a bagunça do meu escritório.

— Não se preocupe. Em pouco tempo vai estar tudo em ordem. Você não vai se arrepender por haver me contratado.

— Sei que não, Sueli. Boa noite.

— Boa noite, Júlia.

Entraram em seus quartos e logo depois, estavam dormindo.

Sentindo na pele

Suzana abriu os olhos e olhou para o relógio. Virou-se para Anselmo e chamou:

— Anselmo! São quase dez horas, você não vai trabalhar?

Ele também abriu os olhos e, sorrindo, respondeu:

— Hoje é sábado, Suzana...

— É mesmo! Não dormi bem à noite. Só peguei no sono lá pelas seis horas.

Enquanto se levantava, ele disse:

— Continue deitada. Vou até a padaria para comprar pão fresco. Quando voltar, vou preparar para você um café como aquele servido em um hotel. Depois, vamos até a praia. Preciso tomar um banho de mar e um pouco de sol.

Ela olhou para ele, mas permaneceu calada. Também se levantou e foi para a cozinha. Colocou água em uma chaleira e entrou no banheiro para tomar banho.

Não posso deixar passar de hoje. Durante a noite, pensei muito e não há outra maneira. Chegou a hora de eu tomar uma decisão. Sei que não vai ser fácil, mas não existe outra maneira.

Anselmo passou pela portaria, cumprimentou o porteiro e foi até a padaria. Comprou pão, frios e um bolo. Passou por uma quitanda, comprou frutas e voltou para casa.

Suzana anda estranha. Embora tenham se passado mais de três meses e ela esteja envolvida com a organização da cooperativa que está disposta a montar, acho que ainda não se acostumou com o fato de morar aqui. Estou tão bem na empresa, preciso fazer com que a vida dela seja a melhor possível.

Entrou no prédio e, quando estava passando pela portaria, o porteiro disse:

— Bom dia, seu Anselmo. Olhe! Este telegrama acabou de chegar. É para dona Suzana.

Anselmo, estranhando, pegou o telegrama e foi para o apartamento.

Quando entrou, Suzana estava terminando de colocar a mesa para que tomassem café. Rodrigo estava no banho.

— Suzana! O porteiro me entregou este telegrama. É para você.

Ela, surpresa, olhou para a mão dele.

— Para mim? De quem será?

— Só vai saber quando abrir.

Pegou o telegrama e abriu. Era do doutor Santana, seu antigo chefe. Tremendo, Suzana leu:

Suzana.
Preciso que venha conversar comigo. Estou desesperado
sem você. Está tudo uma confusão, sinto que só você
poderá arrumar tudo aqui. Telefone ou venha. Tenho uma
ótima proposta para que retorne ao trabalho, inclusive com
aumento de salário.
Santana

Com o telegrama na mão, Suzana ficou olhando para Anselmo que, ao ver sua palidez, tomou-a dela e leu.

— Quem mandou esse telegrama, Suzana? Quem tinha seu endereço?

— Quando saí do meu emprego, deixei o meu endereço com Olga, minha secretária, para que se soubesse de algum emprego, me escrevesse. Com este telegrama, tenho muito que pensar.

— O que significa isso que está dizendo, Suzana?

— Significa que estou indo embora, Anselmo.

— Indo embora, por quê? Pensei que estivesse feliz em morar aqui e com a organização da cooperativa.

— Estou muito feliz. Minha mãe dizia que sempre existe um propósito para tudo o que nos acontece. Pode ser que não o entendamos num primeiro momento, mas, com o tempo, tudo fica claro. O propósito de eu ter vindo para cá foi o de ajudar artistas que sempre foram explorados. Durante todo esse tempo em que estive aqui, tenho conversado com muitos deles e estou conseguindo fazer com que entendam que, no dia em que se unirem, suas peças serão vendidas por um preço justo. Estou mostrando a eles a eficácia de uma cooperativa, que receberia todas as peças e se encarregaria de vende-las por um preço justo, seria, inclusive, possível enviar as peças a outros estados para serem comercializadas. Está dando certo, Anselmo, muitos deles já concordaram. Com o tempo, outros concordarão.

— Está vendo como tudo corre bem, Suzana? Não entendo por que disse que quer ir embora...

— Preciso ir embora. Não posso mais continuar casada com você.

— Não estou entendendo. É por causa do seu emprego? Quando viemos para cá, você disse que era porque me amava! Disse que queria salvar o nosso casamento!

— Eu estava mentindo, Anselmo.

— O quê?

— Foi isso o que ouviu. Eu estava mentindo. Não entendeu o que está escrito nesse telegrama? Eu vim para cá porque fui despedida! Despedida! Entendeu? Se isso não tivesse acontecido, jamais teria acompanhado você! Jamais teria largado meu carro, meu apartamento para vir morar neste apartamento minúsculo, longe da minha cidade e das pessoas que eu conheço!

Anselmo, ao ouvir aquilo, abriu a boca.

— Estava mentindo? Foi despedida?

— Sim. Fui despedida no dia em que achei que ia ter uma promoção. No dia em que, depois de ser despedida, fui procurar você para contar o que havia acontecido e você estava com aquela moça Lembra-se?

No mesmo instante, Anselmo lembrou-se daquele dia e de Júlia. Tentou afastar a imagem dela de seu pensamento. Perguntou:

— Agora que vai recuperar seu emprego quer voltar para lá?

— Pelo que entendi, esse telegrama diz que eles me querem de volta e poderei negociar um aumento de salário. Com esse dinheiro, poderei voltar para o meu apartamento. Só de pensar que eu reclamei tanto por ele não ter sido vendido. Poderei comprar um carro novo e voltar ao meu trabalho! Só que eu não quero mais!

— Não quer?

— Não! Não quero voltar para aquela vida de trabalho, de pressão. Embora eu tivesse dinheiro e o carro do ano e morasse muito bem, não tinha tempo de olhar para o céu, para a lua. Não tinha tempo para brincar com meu filho, tomar banho de mar ou ficar deitada na praia. Eu não vivia, Anselmo! Hoje eu vivo! Eu tinha tudo o que queria, mas nada de que precisava! Aprendi que a felicidade não está naquilo que você possuímos, mas nas pequenas coisas. Aprendi que não importa o tamanho da casa em que se viva, mas, sim, em como se sinta dentro dela. Aprendi que, para ser feliz, precisamos de pouco!

— Você está me deixando louco, Suzana! Já que encontrou tudo isso aqui, por que disse que vai embora?

— Para ter toda essa felicidade que eu disse ter encontrado aqui, faltava apenas uma coisa.

— O quê?

— Um amor, Anselmo, o que também encontrei.

Anselmo, que estava sentado, levantou-se e gritou:

— O que está dizendo, Suzana? Encontrou um amor?

— Encontrei. Um amor como nunca senti em minha vida. Alguém que me faz feliz somente por estar ao meu lado.

— Vai me deixar por outro?

— Sim.

— Quem é ele?

— Um rapaz que mora na Vila, que é pintor.

— Um pintor? Onde vai morar? Em um barraco qualquer? Você que sempre quis o que havia de melhor!

— Sim. Não acabei de dizer que é preciso de pouco para ser feliz?

— Você enlouqueceu!

— Não, Anselmo! Nunca estive tão lúcida. Depois de ler esse telegrama, estou mais feliz ainda. Tenho a certeza de que não quero voltar para aquela vida.

— Como vai viver?

— Tenho um pouco de dinheiro guardado. Conversei com alguns comerciantes daqui e disse que as coisas iam mudar, que eles teriam de pagar um preço justo pela mercadoria. A princípio, disseram que não comprariam mais. Porém, com o passar do tempo, perceberam que, sem as peças não teriam o que vender e aceitaram o preço que pedi. Os negócios estão bem. Quando a cooperativa estiver andando sozinha, vou levar essas peças para outros estados.

— O que vai acontecer com Rodrigo?

— Vai continuar comigo, é claro. Ele vai ser criado em um ambiente saudável, junto à natureza.

— Não pode fazer isso! Ele é meu filho! Não vou permitir que o crie sem conforto algum, vivendo em um barraco.

— Várias vezes você disse que, para ele, seria melhor ser criado aqui, pois o ar é saudável. Também acho. Você vai ter que decidir. Sabe que trabalhando da maneira como trabalha não tem como cuidar dele. Terá de contratar uma empregada para que seja cuidado. Sabe que, desde que estamos aqui, ele se tornou outra criança, feliz e saudável. Muito se deve por estar mais tempo ao meu lado. Quero que fique comigo, mas não quero brigar por isso. Portanto, se achar que é melhor para ele ficar com você não vou me opor. Estando comigo, você sabe que ele estará bem e poderá vê-lo sempre que quiser. Ele é seu filho e sempre será.

— Vai abrir mão de seu filho por causa de um homem?

— Não! Estou abrindo mão do meu filho, porque não quero que ele seja usado para me obrigar a ficar ao seu lado. Quero que ele fique distante das nossas possíveis brigas. Estou fazendo isso para que, mais tarde, quando tiver de cuidar de sua vida, eu não o culpe pela minha infelicidade. Estou tentando fazer você compreender que, para mim, nada é mais importante do que a minha liberdade de escolher. Não sei por quanto tempo vou viver, mas desejo que esse tempo seja da maneira que eu escolher.

— O que vai acontecer comigo?

— Você, também, nunca foi feliz ao meu lado. Tivemos alguns ótimos momentos no início, mas, depois, você sabe que tudo terminou. Tanto é verdade que encontrou outra mulher e que só não está com ela, porque eu descobri. Volte para ela ou encontre outra. Para o homem, mulher nunca falta.

— Ela ia vir comigo e só não veio porque você mentiu, me enganou!

— Não, Anselmo! Você agiu da maneira que lhe era mais conveniente! Já que ela queria vir com você, deve estar esperando até o momento. Sinto que não vai ter problema algum. Agora, preciso ir embora. Enquanto você fica pensando no que vai fazer com sua vida, vou para a Vila. Tenho muito trabalho. Quando decidir o que quer para você, para nós e para Rodrigo, vá até lá e resolveremos.

Pegou uma mala. Colocou algumas roupas suas e de Rodrigo. Depois, pegou o menino fez com que beijasse o pai e, calada, saiu.

Anselmo ficou ali, parado, sem saber o que fazer. Não entendia por que Deus estava fazendo aquilo com ele. Não entendia por que Suzana o estava abandonando, trocando-o por outro homem, logo agora que parecia que tudo estava bem. Lembrou-se de Júlia:

O que será que aconteceu com ela? Será que ainda está me esperando? Como pude abandoná-la da maneira como fiz? Não sei viver sozinho...

Deitou-se olhando para o teto, começou a se lembrar de tudo o que havia acontecido em sua vida e, principalmente, de Júlia.

O esclarecimento

Algum tempo depois de ter adormecido, Júlia abriu os olhos e estava novamente no jardim da casa de Maria Inês e ao lado de Alzira e Ciro. Percebeu que eles estavam felizes. Alzira disse:

— Parabéns, Júlia!
— Vocês já sabem que estou grávida?
— Parabéns por isso também!
— Não estou entendendo...
— Você, depois de muitas encarnações, conseguiu passar por uma das provas mais difíceis!
— Que prova?
— Você escolheu a vida! Escolheu ter o seu filho!

Júlia lembrou:

— É verdade, mas foi no último minuto.
— Não importa. O importante é que conseguiu. Usou seu livre-arbítrio com sabedoria. Por isso, daqui para frente, só vai ter felicidade. Tudo vai dar certo.
— Vocês sabem que não preciso me mudar e que vou trabalhar com a Sueli?
— Claro que sabemos e estamos felizes por isso.

— Desde a última vez em que nos vimos, fiquei e curiosa por saber o que aconteceu com Maria Inês e com Luiz Cláudio. Ela ainda continua naquele lugar horroroso? Ele ficou desmoralizado como ela queria? Ele se casou com Eulália?

— Calma! Uma pergunta de casa vez, Júlia. Olhe o que aconteceu.

Júlia entrou e viu quando Zefa encontrou o corpo de Maria Inês. Desesperada, chamou Maria Augusta que, assim que viu o que a irmã havia feito, começou a chorar, desesperada, também. Maria Augusta olhou para os lados e viu o papel onde Maria Inês havia escrito tudo o que acontecera entre ela e Luiz Cláudio e qual era o motivo da sua morte, olhou para Zefa e disse:

— Zefa! Vamos queimar este papel. Ninguém precisa ler e saber que ela se matou, muito menos que foi por causa de um homem.

— *Foi issu qui ela iscreveu aí nessi papér?*

— Sim, foi isso que ela escreveu. Não podemos deixar que papai ou as outras pessoas saibam disso!

— *Vossu pai percisa sabê...*

— Não precisa nem vai saber, Zefa! Ele acabou de perder a mamãe. Já está sofrendo muito. Imagino o que vai sentir, quando souber que Maria Inês também morreu. Vai sofrer mais ainda se souber que ela se matou. Não podemos contar, Zefa.

— *Tá bão, Sinhazinha, mais i as outra pissoa num podi sabê, pur quê?*

— Se souberem, ela não poderá ser enterrada no campo santo, no cemitério. Quando souberem que foi por causa de um homem e que estava esperando um filho, será pior. Vai ficar desmoralizada e sua memória sempre será lembrada como suicida e assassina. Não posso permitir isso. Ela é minha irmã...

— *Tá certu, Sinhazinha, mais u qui nois vai fazê?*

— Vamos dar um banho nela e trocar sua roupa. Depois a colocaremos na cama como se estivesse dormindo. Quando tudo estiver certo, vou contar ao papai e dizer que não sabemos como aconteceu. O doutor Evaristo vai aceitar o que eu disser. Ela vai ser enterrada com toda pompa e as pessoas lamentarão por ela ter morrido tão jovem. Esse segredo é nosso, Zefa! Só nosso! Não conte nem ao Inácio.

— *Num vô cuntá, Sinhazinha. Num vô cuntá. Ela era minha Sinhazinha i ieu gustava muitu dela.*

— Sei que gostava. Por isso vai me ajudar. Vamos, temos muito a fazer.

Enquanto Zefa tirava as flores que estavam dentro de um vaso, Maria Augusta acendeu uma vela e colocou fogo em um dos cantos do papel que começou a queimar as cinzas caíram dentro do vaso, onde havia água. Em poucos segundos, o papel não existia mais.

— Está feito, Zefa. Minha irmã vai ser lembrada com saudade e pesar. Vai ser enterrada dentro da igreja, ao lado de mamãe.

Júlia, ao ver aquilo, perguntou:

— Luiz Cláudio não ficou sabendo? Maria Inês morreu à toa? O que aconteceu com ele, se casou com Eulália?

— Calma, Júlia.— Ciro respondeu, sorrindo:

— Desculpe, sei que sou ansiosa, mas preciso saber!

— A ansiedade é um dos piores males do espírito, no plano espiritual ou no físico, os espíritos sempre se esquecem de que tudo tem um tempo certo para acontecer. Luiz Cláudio, embora soubesse o motivo da morte de Maria Inês, continuou sua vida. Casou-se com Eulália e, durante todo o tempo em que viveram juntos, teve várias outras mulheres. Bebia muito e nunca a tratou com carinho e respeito. Por causa da vida que levou, morreu antes do tempo determinado e, indiretamente cometeu suicídio. Por isso, como aconteceu com Maria Inês, foi levado para o mesmo vale de sofrimento. Eulália, embora sofresse ao ver o que o marido fazia, sempre teve medo de enfrentá-lo, de seguir sozinha. Naquele tempo, a mulher tinha pouco ou nenhum valor. Teve quatro filhos e viveu sua vida para eles.

— Depois da morte, Maria Inês e Luiz Cláudio se encontraram?

— Não, embora estivessem no mesmo Vale, suas culpas eram diferentes, portanto seus caminhos também. Maria Inês, durante muito tempo, ficou se escondendo dos monstros que só ela via. Por muitas vezes, reviveu o momento da sua morte e viu seu corpo sendo devorado pelos vermes na sepultura. Sofreu muito e várias vezes tentou fugir, retornar. Aos poucos, um após o outro foi retornando. Todos estavam preocupados e esperando que ela, finalmente entendesse que o motivo de estar naquele lugar devia-se ao fato de ela haver tirado sua vida. Depois de muito sofrer, finalmente entendeu e começou a chorar e a pedir perdão por aquilo que havia feito. Nesse momento, exultando de felicidade, seus amigos foram até ela e a resgataram. Foi levada para um hospital espiritual, onde se recuperou e lamentou o que havia feito. Disse que precisava de uma nova chance e que, agiria diferente. Luiz Cláudio, também, após passar muito tempo sofrendo, entendeu que se estava ali fora por causa de suas escolhas. Fora por ter dado valor excessivo ao seu poder de sedução e por não ter valorizado as mulheres que seduziu e abandonou. Pediu uma nova chance de redenção. Depois de entender, pedir perdão e ajuda, ele foi resgatado por seus amigos e tratado. Eulália também entendeu que havia deixado que seu espírito fosse aprisionado pelo medo de ser condenada pela sociedade. Todos pediram uma nova chance. Para isso foi convocada uma reunião, onde todos estariam presentes. Quer assistir a essa reunião, Júlia?

— Claro que sim!

— Está bem. Feche os olhos.

Júlia sorriu e fechou os olhos. Alguns segundos depois, Ciro falou:

— Pode abrir os olhos, Júlia.

Ela abriu os olhos e viu que estava em uma sala, onde havia uma imensa mesa e que, ao redor dela, estavam sentados Maria Inês e todos os que haviam participado de sua vida. Em uma das pontas da mesa estava sentado Ciro e, na outra, Alzira. Os demais estavam sentados nas cadeiras que havia em volta. Ciro, olhando para Maria Inês, perguntou:

— Agora que todos voltaram e passaram por tratamento e, portanto, entenderam o que aconteceu, estamos aqui para nos prepararmos para a próxima encarnação. Para isso, precisamos saber o que cada um pretende alcançar e como quer que seja feito. Vamos começar com Luiz Cláudio.

Olhando para Luiz Cláudio, Ciro perguntou:

— O que aprendeu e o que pretende, Luiz Cláudio? Como deseja renascer?

— Primeiro, quero agradecer a todos vocês que tentaram me ajudar a fazer boas escolhas, mas como já acontece há muito tempo, voltei a fazer as mesmas escolhas erradas de sempre. Novamente, usei meu poder de sedução para enganar, iludir, conseguir poder e para ter mais dinheiro. Pretendo libertar meu espírito desses enganos que me escravizaram. Para isso, quero renascer como um homem comum, sem tanto atrativo. Prometo que, desta vez, vou ser o melhor marido e pai que jamais fui.

Ciro sorriu e se voltou para Eulália, perguntando:

— Você, Eulália. O que aprendeu e o que pretende fazer? Como deseja alcançar o seu desejo?

— Eu, pelo medo dos comentários da sociedade e pela dependência econômica, tive medo de viver sem a presença de Luiz Cláudio, Permiti que meu espírito fosse escravizado e humilhado por ele. Pretendo renascer como uma mulher forte, independente e que possa tomar suas próprias decisões sem ter medo do que a sociedade vai falar. Pretendo, assim, libertar meu espírito para poder caminhar.

Novamente, ele sorriu e, voltando-se para Maria Inês, perguntou:

— E você, Maria Inês. O que aprendeu? O que pretende? Como deseja renascer?

Ela, ainda um tanto envergonhada, respondeu:

— Aprendi que, pelo meu orgulho, por não ter dado valor a meus pais, que me amavam e que tudo me deram, me tornei uma pessoa orgulhosa, intolerante e egoísta. Aprendi que, por causa do meu orgulho e por não aceitar ter sido abandonada, cometi o pior dos erros, o suicídio e que se isso não bastasse, ainda impedi que um espírito pudesse renascer. Por isso, pretendo renascer sem família. Ter uma vida pobre e de muito trabalho. Sofrer todo tipo de preconceito, e, desta vez, permitir que meu filho renasça e seja feliz.

Ciro olhando para os três, disse:

— Sabem que, quando estamos aqui, no plano espiritual, tudo parece ser fácil. Sentimos que estamos protegidos e com forças para cumprir o que desejamos, mas, na vida física, tudo é diferente. Espero que todos alcancem o que almejam. Porém, precisam entender que terão de se encontrar e passar pelas mesmas situações e só poderão caminhar quando conseguirem passar por elas. Muitas vezes, não vão aceitar nem entender a vida que vocês mesmos escolheram e irão se revoltar. Todos nós, seus amigos, que estamos aqui, estaremos ao lado de vocês, tentando ajudá-los. Entretanto, nunca poderemos interferir no livre-arbítrio de cada um. Agora, vamos nos preparar para renascer. Alguns, embora tenham de cumprir suas missões e resgatar seus enganos, renascerão para ajudar vocês fisicamente. Outros permanecerão aqui enviando luzes e bons pensamentos. Renasçam, tentem cumprir o que estão dizendo neste momento e queira Deus, que possam voltar vitoriosos.

Júlia ao ouvir aquilo, perplexa, perguntou:

— É verdade tudo o que vocês disseram? Eles escolheram mesmo a vida que queriam ter em uma próxima encarnação? Nenhum deles escolheu ter dinheiro, uma vida boa, por quê?

— Porque, embora na vida física, essas coisas atraiam muitos espíritos, o dinheiro, na maioria das vezes, é motivo de queda, de atraso na caminhada. O dinheiro, muitas vezes, torna a pessoa egoísta, orgulhosa e poderosa. Não que ter dinheiro seja ruim. Ele deve servir para que sonhos possam ser realizados e todos precisam sonhar, desejar a felicidade para si e para os seus. Deve-se lutar por eles, através do estudo, do trabalho, nunca através da trapaça, do engano e do crime. Muitos atrasam a evolução por fazerem de tudo para ter sempre mais dinheiro. Roubam, enganam, matam. Todos têm a oportunidade de ter o dinheiro de que precisarem para poder viver de acordo com a vida que escolheram.

— Eu realmente escolhi a vida que vivo hoje?

— Maria Inês escolheu e foi nesse dia.

— Está dizendo que eu sou...

— Olhe para ela.

Júlia olhou para o lugar onde Maria Inês estava sentada e viu que ela se transformava na sua própria imagem. Assustada, perguntou:

— Eu fui ela? Eu fui Maria Inês e fiz todas aquelas coisas? Não pode ser!

— Foi ela e fez todas aquelas coisas. Lembre-se.

Júlia começou a relembrar sua vida como Maria Inês. Lembrou-se também do tempo em que passou no vale. Desesperada, começou a chorar.

Alzira, tocando em seu braço, fez com que voltasse.

— Tudo isso aconteceu há muito tempo, Júlia. Só fizemos com que se recordasse para que pudesse entender a vida que está levando hoje. Olhe quem está entrando nesta sala.

Ela olhou e, para sua surpresa, viu os pais de Eulália que se transformaram em dois jovens. Ela, sem saber de quem se tratava, sorriu. Alzira continuou:

— Os pais de Eulália sempre gostaram e estiveram ao seu lado. Voltaram, apenas, para que você pudesse nascer. Tinham um projeto de trabalho que vai ajudar a humanidade e que os ajudaria a caminhar mais alguns passos. Porém, por você, adiaram esse projeto. Ficaram por pouco tempo na Terra, somente o tempo necessário para que você pudesse ser gerada e, assim, pudessem voltar para o projeto que adiaram.

A mãe de Eulália, agora, com o rosto de uma jovem se aproximou e, sorrindo, disse:

— Eu renasci com o nome de Jandira e meu marido, pai de Eulália, como Homero. Ele morreu alguns meses depois de você ter sido gerada e eu no dia em que você nasceu. Assim, você teria o que pediu: ser criada sem pais, e nós, felizes pela missão cumprida, continuamos com nosso projeto e, sempre que possível, ao seu lado. Agora, estamos felizes ao ver que passou por suas provas, portanto, podemos continuar com o nosso projeto.

Júlia, emocionada, caminhou ao encontro deles, que estavam com os braços abertos. Enquanto se abraçavam, ela, chorando, disse:

— Pensei tanto em vocês. Imaginava como eram e me perguntava o porquê de terem me abandonado.

— Nunca a abandonamos, Júlia. Estamos há muito tempo na mesma caminhada e continuaremos ao seu lado para sempre, até o dia em que pudermos caminhar juntos.

— Obrigada, muito obrigada.

Alzira se aproximou e, tocando no ombro de Júlia, disse:

— Olhe para Zefa, Júlia.

Júlia olhou para onde Zefa estava e viu que o rosto dela se transformou no rosto de Neide. Perplexa, disse:

— Dona Neide? A senhora foi a Zefa?

— Fui a Zefa, Júlia. Não podia abandonar a minha sinhazinha. Apesar de tudo, eu gostava muito dela, assim como gostei de você, Júlia.

Alzira interrompeu:

— Zefa quis renascer para poder ficar ao seu lado, quando precisasse, e a encaminhar para a vida. Quis ser diretora de um orfanato, porque, além de ajudar você, poderia ajudar outras crianças.

Júlia abraçou-se a Neide e, ainda chorando, disse:

— A senhora foi meu anjo da guarda. Esteve sempre presente em minha vida. Nunca vou conseguir agradecer.

— Você sempre me ouviu e correspondeu às minhas expectativas.

— A senhora morreu tão cedo...

— Assim que você se tornou uma profissional que poderia caminhar sozinha, minha missão terminou e eu pude voltar para casa.

Alzira falou novamente.

— Olhe para Maria Augusta.

Júlia olhou e viu surgir Sueli.

— Sueli? Você foi minha irmã?

Também se abraçaram. Sueli, chorando, disse:

— Precisava pedir perdão a você...

— Perdão, por quê?

— Mesmo tendo tentado ajudar você, quando disse que estava esperando uma criança, não consegui. Sempre me julguei culpada. Se tivesse dado mais atenção, talvez não tivesse cometido o ato que cometeu. O mínimo que podia fazer era renascer ao seu lado para que, quando tivesse de passar pela mesma prova, eu estivesse presente e, dessa vez, ajudasse você realmente.

— Não tenho o que perdoar, pois, hoje, sei que a culpa foi minha, Sueli. Você me ajudou muito! Eu não cometi a mesma loucura. Meu filho está dentro de mim e vai nascer! Você me deu trabalho e um lugar para morar! Obrigada, minha irmã...

Continuaram abraçadas até que Alzira falou novamente:

Olhe para Luiz Cláudio.

Ela olhou e viu que ele se transformava em Anselmo.

— Anselmo?

— Sim, Júlia. Eu pedi uma nova chance e renasci ao seu lado. Dessa vez, eu deveria ter protegido você, mas não resisti. Voltei a fazer o que sempre fiz. Abandonei você e o nosso filho. Tinha também dívidas com Eulália. Eu a fiz sofrer muito. Dessa vez eu pretendia ser um bom marido, mas não consegui e a traí novamente.

Júlia abraçou-se a ele:

— A culpa não foi só sua. Eu fui fraca e não aceitei a rejeição. Não aceitei ser abandonada, trocada por outra. Mas dessa vez foi diferente! Nosso filho vai nascer!

Eulália, agora com o rosto de Suzana, também se aproximou deles:

— Apesar de tudo, todos nós caminhamos um pouco mais. Como Suzana, consegui, finalmente, a minha liberdade. Consegui valorizar o que realmente tem valor, consegui decidir minha vida.

Novamente a voz de Alzira se fez ouvir:

— Tem razão, Suzana. Caminhamos um pouco mais em direção à Luz Divina. Dessa vez, voltamos ao nosso rumo e não nos afastaremos mais. Agora, Júlia, olhe para aqueles que foram os pais de Maria Inês.

Ela olhou e começou a chorar novamente, pois, diante dela os pais de Maria Inês se transformaram em Teca e Altair.

— Teca? Altair? Não pode ser! São vocês?

— Sim, Júlia. Sempre estivemos ao seu lado.

— Senti tanto a morte de vocês e nunca me conformei por terem me abandonado.

— Hoje você entende por que aquilo ocorreu, Júlia. Tivemos que nos afastar para que você desse o verdadeiro valor à família entendesse como ela é importante Você precisou ter uma para saber como era realmente. Porém, nunca saímos do seu lado. Estamos juntos há várias encarnações e continuaremos por muito tempo.

— Vocês foram a melhor coisa que aconteceu em minha vida e se foi para eu aprender, posso falar, com certeza, que aprendi. Obrigada pelos momentos maravilhosos que me proporcionaram.

Teca e Altair abraçaram Júlia que, chorando, conseguiu matar a saudade que sentia deles.

Depois do abraço, afastando-se, disse:

— Nunca imaginei que tivesse tantos amigos. Reclamei muito da solidão, sem saber que eu havia pedido e o quanto precisava dela. Não sei como agradecer a vocês.

Alzira, sorrindo, disse:

Eu e Ciro, dessa vez, não renascemos. Continuamos no plano espiritual tentando ajudar a todos vocês nos momentos de escolhas. Estivemos, sempre, ao lado de vocês, principalmente ao seu lado, Júlia.

Nunca imaginei que tivesse tantos amigos torcendo por mim.

Ciro sorriu:

— Só a nós, Júlia? Olhe!

Júlia olhou e viu a sala ficar lotada de seus antigos escravos e amigos que conheceu como Maria Inês. Via que à medida que entravam, seus rostos iam se transformando em pessoas que conhecera como Júlia. Viu Natália, tia Rosa, Jonas, Margarida, Inácio e até o motorista do táxi que encontrou no dia em que descobriu que Anselmo a havia abandonado.

Espantada, Júlia disse:

— Nem todos são meus amigos. Alguns, assim, como tia Rosa, me magoaram muito. Outros, só vi uma ou algumas vezes.

— Como eu disse, todos tinham seus próprios resgates, sua missão. Só encontrariam você em um momento decisivo. Nem tudo é como parece, Júlia. Os inimigos nem sempre são inimigos. Quando surgem, na maioria das vezes é para nos ajudar a praticar o perdão, a humildade. Rosa precisava fazer você sentir o valor de uma família.

Rosa se aproximou:

— E você me ensinou que embora se tenha muito dinheiro, nunca conseguiremos a felicidade total, se esse dinheiro foi ganho à custa da maldade, da inveja e da trapaça.

Júlia, entendendo o que ela quis dizer, abraçou-se a ela e as duas choraram.

— Logo atrás, apareceu Paulo Octavio que, sorrindo, disse:

— Embora eu tenha tentado, nunca consegui ficar ao seu lado. Luiz Cláudio sempre esteve entre nós. Espero que desta vez, seja diferente.

Júlia, sem entender o que ele dizia, perguntou:

— Eu vi o senhor naquele baile a que Maria Inês foi? Espere! Estou me lembrando! Já nos conhecemos em outras vidas.

— Sim, você me viu no baile. Mais uma vez eu tentei me aproximar, mas você me ignorou. Nesta vida, vou tentar novamente. Talvez eu consiga.

— Espero que, assim que eu o vir, eu o reconheça.

— Também espero.

Alzira os interrompeu:

— Vocês se conhecerão em breve. No casamento de Sueli. Agora que está tudo esclarecido, está na hora de acordar, Júlia.

— Só não entendi uma coisa.

— O que foi, Júlia?

— Maria Augusta era diferente de Maria Inês. Era uma moça de bons sentimentos, recatada, por que, como Sueli, teve de conhecer Nilson e passar por tudo aquilo?

— Como eu disse, todos, além de ajudarem você, precisavam resgatar e cumprir sua missão. Maria Augusta era, sim, uma moça recatada e tinha bons sentimentos, mas, como aconteceu com você, Anselmo e Suzana, por muitas outras encarnações, esteve envolvida com Nilson e com sua esposa. Precisou escolher o caminho que queria caminhar e fazer com que Nilson escolhesse com quem queria ficar. Hoje, como Sueli, ela não tem mais mágoa e, por isso, será feliz ao lado de Eduardo. Ele está, há muito tempo, esperando por ela. Agora precisa acordar, mesmo, Júlia!

— Não posso ficar mais um pouco?

— Não, Júlia. Precisa voltar.

— Está bem, só queria esclarecer uma coisa: de que adianta eu saber de tudo isso, se estou sonhando e quando acordar não me lembrarei do que vi aqui?

— Você terá a impressão de que não se lembra, mas pode ter a certeza de que, quando precisar, se lembrará. Talvez não com a nitidez como está acontecendo aqui, mas saberá sempre que já viveu aquilo e que, agora , precisa mudar a história.

Júlia ia fazer mais uma pergunta, mas, dando um pulo, como se tivesse sido puxada de volta para o corpo, acordou e .

Que sonho louco foi esse?

Epílogo

Durante mais de um mês, Anselmo tentou de todas as maneiras possíveis fazer com que Suzana mudasse de ideia, sem resultado. Ela estava no firme propósito de mudar sua vida e sua maneira de ser. Em uma de suas últimas conversas, ele, nervoso disse:

— Você não sabe o que está fazendo, Suzana! Está morando em um casebre e levou meu filho para morar naquela pobreza toda! Afastou o menino de seus amigos! Isso está errado!

— Em primeiro lugar, não estou morando em um casebre! Moro em uma casa simples só de um quarto, mas estou feliz, como nunca estive e Rodrigo também! Aqui ele brinca na rua com outras crianças. Vive ao ar livre e pode correr o quanto quiser! Não está preso dentro de um apartamento, vendo televisão! Sei que você não entende como outras pessoas não entenderão, mas, apesar de ter estudado tanto, não sabia o que era felicidade. Estou feliz com o meu trabalho. As negociações estão caminhando bem.

— Não me venha com essa conversa! Você fez tudo isso por causa de um homem! Abandonou a nossa casa, a nossa vida e a mim, somente por causa de um homem!

— Não foi por causa de um homem, Anselmo! Talvez ele tenha servido de instrumento para que eu olhasse para a vida que tinha antes, porém, com ele ou sem ele, sei que aquela vida não me trazia felicidade! Não sei se vou continuar com ele ou não, só sei que estou livre de qualquer amarra e que posso escolher a vida que quero para mim. Não sei se é a escolha certa, só sei que escolhi e que vou aguentar as consequências.

— Não está pensando no futuro de seu filho! Ele não precisa nem pode ser criado aqui e dessa maneira!

— Enquanto ele for criança, não existe lugar melhor para ser criado. Quando chegar a hora e ele precisar estudar, pensaremos em como fazer, pois, embora não continuemos juntos, ainda somos pais dele. Enquanto isso, ele vai aprender os reais valores da vida. Vai aprender que o ser deve valer mais do que o ter, assim como eu aprendi.

— Aprendeu o quê, Suzana?

— Aprendi que todo objeto de desejo, perde seu valor assim que adquirido e que nunca estamos satisfeitos, sempre queremos mais coisas e para isso, alguns trabalham demais, outros roubam e até matam. Nosso filho vai aprender que todo sonho deve ser realizado, que poderá ter o que quiser, desde que não deixe de viver, de aproveitar a vida e não fazer como eu fazia, que ficava trabalhando vinte e quatro horas, somente para ter coisas, sem ter tempo de usufruir que conquistara.

— Você mudou mesmo, Suzana...

— Mudei e estou feliz por isso, Anselmo.

Anselmo, sem ter mais argumentos e percebendo, finalmente, que seu casamento havia terminado despediu-se e foi embora.

Faltavam dois dias para o casamento de Sueli. Ela estava empolgada. Enquanto almoçavam, disse:

— Finalmente, está chegando o dia, Júlia. Ainda bem que está tudo pronto e que você está trabalhando aqui.

— Eu é que não sei como agradecer. Se não fosse por você, nem sei o que teria acontecido com a minha vida.

— Nem pense em agradecer, Júlia. Estou muito feliz por ter contratado você. As contas estão em ordem e minha única preocupação foi a de organizar tudo para o meu casamento. Espero que, mesmo depois de a criança nascer, você não me abandone. Não consigo mais ver este restaurante sem os seus cuidados.

Júlia sorriu.

— Não se preocupe com isso. Não tenho intenção alguma de sair daqui. Também estou gostando do trabalho.

Sueli ia dizer alguma coisa, mas, por alguns segundos, ficou calada e olhando para a porta de entrada do restaurante. Depois disse:

Júlia, não olhe agora, mas Anselmo acabou de entrar no restaurante.

— O quê?

— Entrou e está vindo para cá.

Júlia não se conteve. Embora sentisse seu corpo inteiro tremer, levantou-se e se virou para onde ele estava. Anselmo se aproximou e, sorrindo, perguntou:

— Como está, Júlia?

Ela, ainda tremendo muito e sentindo que o sangue sumia de seu rosto, respondeu:

— Estou bem. E você?

— Precisamos conversar.

— Acho que precisamos mesmo, Anselmo. Sente-se.

— Enquanto vocês conversam, vou para a cozinha. Está se aproximando á hora do jantar e tudo precisa estar preparado. Você vai ficar bem, Júlia?

Com a voz trêmula, Júlia respondeu:

— Poder ir, Sueli, e não se preocupe, vou ficar muito bem.

Sueli tentou sorrir e se afastou. Ela sabia que aquilo era o que Júlia mais queria, que Anselmo voltasse.

Assim que ela se afastou, ainda tremendo, Júlia disse:

— O que está fazendo aqui, Anselmo?

— Passei pelo seu prédio e o zelador disse que você estava trabalhando aqui.

— Sim, estou. Sueli pediu que eu a ajudasse com a parte burocrática do restaurante. Estou gostando muito do trabalho.

— Estou aqui para pedir perdão pelo que fiz a você, Júlia.

— Já faz mais de três meses, Anselmo.

— Sinto muito, Júlia. Jamais vou me perdoar pelo que fiz a você, mas foi bom, pois, agora sei que você é a mulher da minha vida. É a única com quero ficar.

Júlia começou a chorar:

— Não pode imaginar como esperei que você voltasse e me dissesse o que está dizendo, Anselmo.

— Por favor, Júlia. Não quero que chore nem que sofra nunca mais. Prometo que vou fazer com que seja a mulher mais feliz deste mundo.

— Como eu disse, muito tempo se passou e coisas aconteceram. Tenho algo importante para dizer a você.

— O que é, Júlia? O que aconteceu de tão importante?

— Nem sei como dizer, pois eu mesma não entendo muito bem o que aconteceu. Andei tendo uns sonhos estranhos. Não me pergunte o que sonhei, pois não me lembro muito bem. Só sei que sempre que despertava, sua lembrança ia ficando mais distante e eu me sentia livre. Não sei por que você me abandonou sem explicação, mas isso não importa mais, Anselmo. Estou bem e, embora eu, em alguns momentos, tenha pensado que tudo havia terminado, como Sueli sempre diz, na realidade estava apenas começando. Sinto que tenho uma vida pela frente e que ela está bem longe de você.

— O que está dizendo, Júlia?

— O que ouviu, Anselmo. Eu tenho uma vida para seguir e não quero que seja ao seu lado.

— Não pode estar dizendo a verdade, Júlia. Você sempre me amou e sempre quis ficar comigo. Está se vingando pelo que fiz?

— Não, Anselmo. Não estou querendo me vingar. Até o momento em que você chegou, achei que se isso acontecesse, eu nada diria ou perguntaria e cairia em seus braços, mas, assim que o vi, percebi que nada mais restava. Não gosto mais de você. Estou livre do seu domínio. Vou seguir minha vida, porém, sozinha. Agora, se me der licença, preciso voltar ao meu trabalho. Até nunca mais, Anselmo.

— Eu preciso explicar o que aconteceu e por que eu agi daquela maneira.

— Não estou interessada em suas explicações. Elas nada representam para mim.

Antes que ele dissesse qualquer coisa, ela se levantou e foi para os fundos do restaurante, onde ficava o escritório.

Sueli, que estava escondida em um lugar de onde podia ver os dois conversando, assim que Júlia passou pela cozinha, viu que Anselmo continuava sentado e olhando para a porta por onde ela havia entrado.

Assim que entrou no escritório, Sueli perguntou, curiosa:

— O que aconteceu, Júlia? Veio pegar a bolsa para sair com ele?

Júlia sentou-se em sua cadeira e, sorrindo, falou:

— Não, Sueli. Ele já saiu da minha vida.

— O que está dizendo? Sei que queria que ele voltasse!

— Também achei isso, mas, assim que o vi, lembrei-me de alguns dos meus sonhos e senti que precisava ser livre e que, para isso, precisava me afastar dele. Depois que conversei com ele, sinto que isso aconteceu. Estou livre, Sueli. Livre dele e de todos os pensamentos ruins que sempre tive em relação à minha vida. Tudo o que sofri ficou no passado. Sinto que, daqui para frente, vou, finalmente, ser feliz!

— Ele contou o que aconteceu para ter ido embora e, agora, voltado?

— Tentou. Você pode não acreditar, mas não me interessa mais. Quero viver a vida da maneira como ela vier, sem reclamar, apenas viver.

— Falou com ele sobre a criança?

— Não.

— Ele precisa saber. É o pai, Júlia!

— Quando meu filho ou filha crescer e quiser conhecer o pai, talvez eu conte, mas agora, não. Essa criança é só minha. Sei que tenho capacidade de dar tudo o que ela precisar além de muito amor e carinho.

— Nada disso faltará a ela, Júlia. Estou aqui para ajudar você.

Júlia levantou os olhos e, rindo, disse:

— Você e nossos amigos lá de cima!

Sueli também riu:

— Tem razão. Agora, vamos preparar o jantar. Os clientes, daqui a pouco, começarão a chegar.

Anselmo saiu dali, sem acreditar no que estava acontecendo em sua vida. Pensou:

Isso não pode estar acontecendo. O que será que fiz para que tudo isso esteja acontecendo? Não sei o que vou fazer. Não sei viver sozinho...

Sueli foi para a cozinha e Júlia continuou no escritório. Colocou a mão sobre a barriga:

Você vai ser feliz. Quando precisar, vai me ter sempre ao seu lado e aos nossos amigos também.

Riu e continuou seu trabalho.

Quando o último cliente saiu, elas também saíram e foram para casa. Quando estavam chegando ao apartamento, viram que um carro parou em frente à porta do prédio. Um rapaz desceu do carro. Assim que o viu, Sueli perguntou:

— Mário, você veio mesmo?

— Claro que sim! Fiquei feliz quando recebi o convite do seu casamento. Nada faria com que eu perdesse e conhecesse melhor essa moça.

Sueli olhou para Júlia e, rindo, disse:

— Este é Mario, filho do seu Osvaldo que me ajudou a levar você para o hospital.

Júlia, um pouco constrangida, disse:

— Desculpe-me pelo trabalho que dei naquele dia.

— Não tem do que se desculpar. Se aquilo não tivesse acontecido, provavelmente, eu não a teria conhecido. Segundo a nossa amiga aqui, tudo está sempre certo e estamos sempre começando. Espero que esse seja um novo começo para nós dois.

Júlia olhou para Sueli que, rindo, disse:

— Não tenho culpa. Só disse aquilo em que acredito. Agora, vamos subir?

Quando entraram no apartamento, Sueli, rindo muito, disse:

— Sabe que Mário não mentiu?

— Sobre o quê?

— Ele veio somente para conversar e conhecer você. Naquele dia, ele ficou impressionado com sua beleza.

— Está brincando, Sueli!

— É verdade, Júlia! Desde aquele dia, temos conversado muito a seu respeito! Ele sabe tudo o que tem acontecido com você.

— Tudo?

— Tudo! Até sobre a criança que está esperando.

— Como pôde fazer isso, Sueli?

— Eu precisava ajudar você e, já que ele demonstrou interesse...

— Está bem. Ele até que é bonitinho...

— Bonitinho? Ele é lindo! Que o Eduardo não nos ouça.

— Não tem perigo, Sueli. Ele só vai chegar amanhã, não é?

— Sim. Depois do casamento, não vai viajar mais. Assim que voltarmos da lua de mel, nós nos mudaremos para nossa casa.

Júlia lembrou-se do rosto de Mário e, sorrindo, disse:

— Ele é bonito mesmo!

— É, sim, Júlia. Agora vamos nos deitar? Estou um prego...

— Eu também.

Quando se deitou, Júlia olhou para o teto do quarto e falou baixinho:

— Obrigada, meus amigos. Espero ter, outra vez, um sonho daqueles.

Sorriu e ajeitando-se no travesseiro, adormeceu.

Alzira e Ciro também sorriram. Ela disse:

— As escolhas foram feitas e tudo de ruim ficou para trás. Agora, ela está no rumo certo e tudo está apenas começando. Vamos esperar para ver o que vai acontecer.

Abraçados, desapareceram.

Fim